gente

gente

Lehrbuch 1

Autores:
Ernesto Martín Peris
Neus Sans Baulenas

Coordinación editorial y redacción: Olga Juan Lázaro
Corrección: Agustín Garmendia

Diseño y dirección de arte: Ángel Viola
Maquetación: Mariví Arróspide
Ilustraciones: Pere Virgili / Ángel Viola

Fotografías: Miguel Raurich, Jordi Bardajil, Antonio García Márquez, Isabel Codina, Carmen Escudero, Europa Press, Firofoto, Zardoya, Foto Format, Iberdiapo, Agencia EFE, A.G.E. Fotostock.
Infografía: Pere Arriaga / Angels Soler

Textos: © Julio Llamazares, *Escenas de cine mudo*
© 1981, Augusto Monterroso, *El dinosaurio* de *El eclipse y otros cuentos*
© Pablo Neruda, *Oda al tomate* y *Oda a la cebolla* de *Odas elementales*
© El País 20 Años (5 de Mayo de 1996). Adaptación de los textos de: Enrique Chueca, Inmaculada Ruiz, Claudia Larraguibel y Eva Larrauri. Fotografías de Javier Salas.

Material auditivo: Voces: Silvia Alcaide, España / Maribel Álvarez, España /
José Antonio Benítez Morales, España / Ana Cadiñanos, España / Fabián Fattore, Argentina /
Laura Fernández Jubrias, Cuba / Montserrat Fernández, España / Paula Lehner, Argentina /
Oswaldo López, España / Gema Miralles Esteve, España / Pilar Morales, España / Pepe Navarro, España /
Felix Ronda Rivero, Cuba / Rosa María Rosales Nava, México / Amalia Sancho Vinuesa, España /
Clara Segura Crespo, España / Carlos Vicente, España / Armand Villén García, España.
Música: Juanjo Gutiérrez.
Grabación: Estudios 103, Barcelona.

Agradecimientos:
Armand Mercier, Margarita Tejado, Pascual Esteve Esteve, Silvia Esteve Salvador, Mireia Boadella Esteve,
José Alberto Juan Lázaro, Elena Martín Martínez, Carlitos Viola López, Rosa María Rosales Nava,
Natalia Rodríguez, Carlos Vicente, Guadalupe Torrejón, Diego, Alberto, Trini García Soriano, Robert Daniels.

Gedruckt auf Papier,
das aus chlorfrei gebleichtem Zellstoff hergestellt wurde.

1. Auflage   A 1 ^{5} ^{4} ^{3} ^{2} | 2005   2004   2003   2002

Alle Drucke dieser Auflage können im Unterricht nebeneinander benutzt werden,
sie sind untereinander unverändert. Die letzte Zahl bezeichnet das Jahr des Druckes.

Druck: Druckerei Raro, Madrid.
Printed in Spain.

ISBN: 3-12-515510-X

gente

Kommunikatives Spanischlehrwerk mit handlungsorientiertem Ansatz

Ernesto Martín Peris
Neus Sans Baulenas

1

Lehrbuch

Ernst Klett Verlag
Stuttgart · Düsseldorf · Leipzig

Konzeption: Handlungsorientierung durch eine zentrale Aufgabe

Gente verbindet die Errungenschaften der kommunikativen, funktional ausgerichteten Lehrwerke mit einem konsequent handlungsorientierten Ansatz. Ziel ist es, innerhalb des Unterrichtsgeschehens sprachliche Handlungen auszulösen, die der natürlichen Kommunikation von Muttersprachlern außerhalb einer Lernsituation möglichst ähnlich sind, aber dennoch einer pädagogisch strukturierten Progression unterliegen. Jedes Sprechen in unserer Muttersprache ist mit einer Absicht verbunden, die in der Regel außerhalb der Sprache selber liegt (es ist z.B. nicht unser primäres Ziel, den Imperativ zu verwenden, sondern eine Aufforderung auszusprechen, wozu wir allerdings den Imperativ als sprachliches Mittel einsetzen). Diese Funktion des Sprechens auch im Fremdsprachenunterricht sicherzustellen, bedeutet vor allem, dass die zu erlernende Sprache als Handlungsinstrument eingesetzt wird, um inhaltlich relevante Aufgaben zu lösen. Die Kommunikation der Lernenden innerhalb des Unterrichts wird damit zum Motor des Lernprozesses.

Das Vehikel, um echte sprachliche Handlungen innerhalb des durch die Unterrichtssituation vorgegebenen Rahmens zu provozieren, ist die zentrale gemeinschaftliche Aufgabe (Tarea), mit der die Lernenden in jeder der 11 Sequenzen von *Gente* konfrontiert werden. Dabei geht es um die gemeinsame Entwicklung eines „Produktes", wobei Kommunikationsprozesse innerhalb der Gruppe ausgelöst werden, die denen echter Kommunikation vergleichbar sind:

– Die Teilnehmer verwenden die Fremdsprache, um eine Aufgabe zu realisieren.

– Sie verwenden die Sprache mit einer bestimmten Absicht, die außerhalb der Sprache selber liegt.

– Dabei werden verschiedene Ebenen der Sprache (Phonetik, Syntax, Morphologie, Sprechabsichten) gleichzeitig aktiviert.

– Sie produzieren diskursive Einheiten, die größer sind als nur ein Satz, wobei sie nicht nur die zuvor erlernten sprachlichen Mittel (Vokabular, Strukturen, Funktionen) verwenden, sondern auch bestimmte Prozesse nachvollziehen, die der „echten" Sprachverwendung eigen sind wie z.B. die Kontrolle der Kommunikation (Nachfragen, Wiederholen, Umschreiben, Erklären etc.) und die Bezugnahme auf den gemeinsamen Kontext.

Diese Kommunikationsprozesse sind zwar sind nicht identisch mit Sprech-

Hilfen für Benutzer/innen

Im Anhang des Lehrbuchs finden Sie drei Rubriken, die Ihnen das Lernen mit *Gente* erleichtern.

Transkription ■ Der Anhang enthält ab S. 121 die Transkription der Texte, die sich auf der Kassette befinden und nicht im Lektionsteil abgedruckt sind.

Lektionbegleitendes Vokabular ■ Das Vokabular ab S. 133 hilft beim Erschließen der Lektionen. Die Lernziele und alle Arbeitsanweisungen sind dort vollständig übersetzt und ermöglichen ein schnelles Erfassen dessen, was in einer Aktivität verlangt wird. Erstmalig vorkommende Wörter werden in der Reihenfolge ihres Vorkommens aufgeführt.

Glossar ■ In diesem Wörterverzeichnis ab S. 169 sind alle in *Gente 1* vorkommenden Vokabeln mit ihrer deutschen Entsprechung in alphabetischer Reihenfolge aufgeführt, auch wenn sie nur im Arbeitsbuch oder auf der Kassette vorgekommen sind. Damit steht ein komfortables Hilfsmittel zur Verfügung, mit dem man jederzeit die Übersetzung eines unbekannten Wortes nachschlagen kann.

Weitere Bestandteile von Gente

Die Kassette zum Lehrbuch ■ Das Lehrbuch wird durch eine Kassette von 75 Minuten Spielzeit ergänzt. Ein großer Teil der Aufnahmen besteht aus spontanen, authentischen Äußerungen, die verschiedene Varianten der spanischen Sprache in Spanien und Lateinamerika widerspiegeln.

Das Arbeitsbuch mit Kassette ■ Das Arbeitsbuch mit der zugehörenden Kassette bietet neben einem umfangreichem Übungsangebot für die Arbeit zu Hause und im Unterricht eine ausführliche lektionsbegleitende Grammatikdarstellung und eine „Agenda" mit Lerntipps, Tests zur Selbstkontrolle und einem Lernertagebuch.

Gente que lee ■ Dieser spannende Kurzroman rund um einen Campingplatz am Mittelmeer folgt der lexikalischen und grammatischen Progression von *Gente 1*.

Gente que canta ■ Die 11 Lieder dieser Kassette bzw. CD repräsentieren unterschiedliche Musikrichtungen (Salsa, Tango, Rock, Flamenco, etc.) und haben einen einfachen, jeweils auf das Lektionsthema abgestimmten Text, der genau auf den Kenntnisstand der Lernenden zugeschnitten ist.

handlungen außerhalb des Unterrichtsgeschehens, wohl aber in gleicher Weise motiviert. Wenn z.B. die Aufgabe darin besteht, eine gemeinsame Reise oder ein Klassenfest zu planen und zu organisieren, so sind die sie begleitenden Kommunikationsprozesse authentisch – man muss Informationen sammeln und austauschen, Vor- und Nachteile abwägen, seinen eigenen Standpunkt darlegen, argumentieren und etwas aushandeln, alles „wie im richtigen Leben" – auch wenn das geplante Unternehmen am Ende Fiktion bleibt und die Klasse keine Reise oder Feier veranstaltet.

Die „Tareas" in *Gente* sind Produkte, die im Kurs gemeinsam erarbeitet werden. Die Lernenden werden in wohl dosierten Schritten mit dem Sprachmaterial vertraut gemacht, das sie zur Bewältigung der Aufgabe benötigen. Die dazu erforderlichen sprachlichen Mittel (Wortschatz, Grammatik, Redemittel) lassen sich vorhersehen und werden in den Lektionen 1 und 2 einer jeden Sequenz eingeführt und gefestigt.

Bisherige Lehrbücher gehen von der sprachlichen Arbeit zu den Aktivitäten über. Bei *Gente* ist es umgekehrt: die angestrebte zentrale Aufgabe bestimmt über die sprachlichen Inhalte, sie erntet die Früchte der vorhergegangenen pragmatischen und diskursiven Analyse der Sprache. Der handlungsorientierte Ansatz verbindet den Prozess der kommunikativen Interaktion mit dem des Sprachenlernens.

Der Aufbau von *gente*
4 Arten von Lektionen

Das Lehrbuch gliedert sich in elf Sequenzen von jeweils vier Lektionen, so dass *Gente 1* insgesamt 44 Lektionen umfasst. Jede Lektion wird auf einer Doppelseite präsentiert, die Material für ein bis zwei Unterrichtsstunden liefert.
Im Mittelpunkt jeder Sequenz steht die Realisierung einer zentralen Aufgabe (Tarea), die sich in der gemeinschaftlichen Entwicklung eines „Produkts" (z.B. Erstellen einer Sammlung von Kochrezepten oder Organisieren einer Reise) niederschlägt. Um sie herum gruppieren sich vier verschiedene Arten von Lektionen, die von zwei Auftaktseiten eingeleitet werden.

Einstieg
Eine Doppelseite zu Beginn jeder Sequenz führt in die Thematik der vier folgenden Lektionen ein. Sie enthält die Lernziele der Sequenz, attraktives Bildmaterial und erste Aktivitäten „zum Aufwärmen".

Erste Lektion: Situativer Kontext
Diese Lektionen präsentieren die thematischen Inhalte der Sequenz und enthalten die Redemittel, die zur Durchführung späterer Aufgaben benötigt werden, in einem kontextuellen Zusammenhang. Im Vordergrund steht hier zunächst nur das Verstehen (rezeptive Fertigkeiten).
Die mit Hilfe von Bildmaterial veranschaulichten schriftlichen oder mündlichen Texte werden eingeleitet durch eine kurze Einführung in die Situation unter dem Stichwort *Contexto*. Aufgaben zur anschließenden Auswertung findet man auf dem mit *Actividades* überschriebenen Karopapier. Mögliche Antworten der Lernenden werden als Mustersätze oder Musterdialoge präsentiert. Man erkennt sie am Piktogramm eines Kopfes.

Zweite Lektion: Strukturen und Redemittel
In diesen Lektionen steht das Beobachten und Einüben formaler Aspekte im Vordergrund. Hier erwerben die Lernenden das sprachliche Rüstzeug, um die Aufgabe, mit der sie sich in der folgenden Lektion befassen werden, zu bewältigen. Das Verstehen und richtige Anwenden von grammatischen Strukturen und Redemitteln bilden den Schwerpunkt dieser Lektionen. Dennoch sind die Übungen überwiegend kommunikativ und personalisiert; sie bewegen sich im Kontext der Unterrichtsrealität und dienen der Übermittlung von inhaltlich relevanten Informationen.
In der Mittelspalte befindet sich eine Signalgrammatik mit der Darstellung der wichtigsten grammatischen Phänomene dieser Einheit, die im Arbeitsbuch vertiefend geübt werden.

Dritte Lektion: Aufgaben (Tareas)
Diese Lektionen sind der Kernbereich einer jeden Sequenz. An ihrem Ende erstellen die Lernenden in gemeinsamer Arbeit ein „Produkt". Auf diese Weise wird die spachliche Handlungskompetenz in größtmöglichem Umfang gefördert, indem die bis dahin präsentierten Redemittel und Strukturen aktiviert und gefestigt und dabei die verschiedenen Fertigkeiten miteinander verbunden werden.
Falls Strukturen und Redemittel benötigt werden, die in der vorangehenden Lektion noch nicht präsentiert wurden, so finden sie sich in einem gelb unterlegten Feld.

Vierte Lektion: Begegnung von Kulturen
Hier werden zum Lektionsthema passende Texte aus Presse oder Literatur in Verbindung mit Aufgaben angeboten, die das interkulturelle Bewusstsein fördern. Sie sind häufig umfangreicher als in Anfängerlehrwerken üblich, denn sie haben das Ziel, einen Kontakt zur Lebenswirklichkeit der spanischsprachigen Welt zu vermitteln und eine Verstehenskompetenz aufzubauen, die über das reine „Überlebensniveau für Reisende" hinausgeht. Sie lassen sich mit Hilfe des lektionsbegleitenden Wörterverzeichnisses gut erschließen und sind ausschließlich zum Verstehen gedacht; neue Wörter und Strukturen sollen keinesfalls gelernt und aktiv angewendet werden. Das schließt aber nicht aus, die Texte als Ausgangspunkt für kommunikative Aktivitäten zu nutzen. Diese stellen, wo immer möglich, einen Bezug zur Erfahrungswelt der Lernenden her.

Inhalt

1 2 3 4

gente que estudia español

5 6 7 8

gente con gente

EINSTIEG

Sensibilisierung für Parallelen und Unterschiede zwischen Aussprache und Schreibweise im Spanischen am Beispiel von Eigennamen, die gehört und gelesen werden.

Spekulation über Alter, Beruf und Charaktereigenschaften einer Reihe von Personen.

SITUATIVER KONTEXT

1

KOMMUNIKATIVE LERNZIELE
Sagen, was einen an der spanischsprachigen Welt interessiert.

GRAMMATISCHE LERNZIELE
Die Zahlen von 1 bis 10.
Der bestimmte Artikel.

WORTSCHATZ
Die Namen der spanischsprachigen Länder.

TEXTE
Schlagerwettbewerb im Fernsehen, Punktevergabe für verschiedene Länder (HV).

5

KOMMUNIKATIVE LERNZIELE
Angaben zur Person verstehen (Beruf, Hobbies, Charakter, Nationalität).
Meinungen und Urteile über Personen verstehen.

WORTSCHATZ
Alter, Nationalität, Familienstand, Hobbies, Ausbildung, Beruf und Charaktereigenschaften.

TEXTE
Gespräch zweier Nachbarinnen über die Mitbewohner/innen (HV).

REDEMITTEL UND STRUKTUREN

2

KOMMUNIKATIVE LERNZIELE
Telefonnummern verstehen und angeben.
Länder auf einer Lateinamerikakarte identifizieren.
Buchstabieren.
Redemittel zur Verständnissicherung.

GRAMMATISCHE LERNZIELE
Die Schreibweise einiger Laute.
Das Subjektpronomen (Formen).
Das Präsens von ser.
Der bestimmte Artikel: el, la, los, las.
Die Demonstrativbegleiter: este/a/os/as und esto.
Bejahung / Verneinung mit sí und no.

WORTSCHATZ
Das spanische Alphabet.

6

KOMMUNIKATIVE LERNZIELE
Informationen über Personen geben und erfragen: Alter, Beruf, Nationalität, Familienstand.
Eigenschaften von Personen bewerten.

GRAMMATISCHE LERNZIELE
Indikativ Präsens der ersten Konjugationsgruppe: trabajar, llamarse.
Das Reflexivpronomen.
Die Possessivbegleiter: mi, tu, su, mis, tus, sus.
Muy, un poco, bastante, nada + Adjektiv.
Das Adjektiv: seine Übereinstimmung in Geschlecht und Zahl. Nationalitätsadjektive.
Die Zahlen von 20 bis 100.

WORTSCHATZ
Verwandtschaftsbezeichnungen.
Nationalitätsbezeichnungen.

TEXTE
Gespräche, Stammbaum (HV, MA).

AUFGABEN UND PROJEKTE

3

Kennenlernen der anderen Kursteilnehmer/innen und ihrer Interessen im Bezug auf die spanischsprachige Welt. Erstellen einer Liste mit den Interessen der Gruppe.

KOMMUNIKATIVE LERNZIELE
Berühmte Persönlichkeiten aus der spanischsprachigen Welt identifizieren: ihre Namen ihren Fotos zuordnen.
Auskunft einholen und geben.
Unsicherheit ausdrücken.
Sagen, dass man etwas nicht weiß.
Vor- und Nachnamen im Spanischen.
Nach einer Telefonnummer fragen.

GRAMMATISCHE LERNZIELE
Die Zahlen von 11 bis 20.

7

Gruppierung der Reisenden einer Kreuzfahrt entsprechend ihren Interessen.

KOMMUNIKATIVE LERNZIELE
Auskunft über Personen geben und verstehen.
Eine Entscheidung begründen.

GRAMMATISCHE LERNZIELE
Porque.
También.
El mismo/la misma.
Los/las dos.

WORTSCHATZ
Wiederholung und Erweiterung des Wortschatzes aus den vorherigen Lektionen.

TEXTE
Gespräche (HV, MA).

BEGEGNUNG VON KULTUREN

4

Lektüre eines Textes in Verbindung mit verschiedenen Fotos aus der spanischsprachigen Welt als Anregung, über Klischees von fremden Kulturen nachzudenken.
Erste Sensibilisierung für die unterschiedliche Aussprache des Spanischen in den verschiedenen spanischsprachigen Ländern und Regionen.

8

Sensibilisierung für die kulturelle Vielfalt der spanischen Regionen und Städte mit Hilfe eines Informationstextes und einer sprechenden Landkarte, die einige kulturelle und sozio-ökonomische Besonderheiten jeder Region darstellt.

gente de vacaciones

Informationsentnahme aus einem Reiseprospekt und Auswahl einer Reise, die den eigenen Interessen und Vorlieben entspricht.

KOMMUNIKATIVE LERNZIELE
Urlaubsgewohnheiten beschreiben.
Neigungen und Vorlieben äußern.

GRAMMATISCHE LERNZIELE
(A mí) me interesa, (a mí) me gusta/n, quiero.
Begründungen mit porque.

WORTSCHATZ
Urlaub und Tourismus. Verkehrsmittel.
Die Jahreszeiten.

TEXTE
Gespräche über den Urlaub (HV und MA).
Zeitungsanzeigen für Urlaubsreisen (LV).

KOMMUNIKATIVE LERNZIELE
Die Existenz und Lage von etwas angeben.
Neigungen und Vorlieben äußern.

GRAMMATISCHE LERNZIELE
Gebrauch von hay und está/n.
Y, ni, también, tampoco.
Die Verben querer und gustar.
Das Dativpronomen.
Gebrauch des Artikels bei hay und está/n.
Die Fragewörter ¿qué?, ¿dónde?, ¿cuántos/as?

WORTSCHATZ
Die Stadt: Gebäude, Einrichtungen und Dienstleistungen.
Unterkunft.

TEXTE
Stadtplan mit beschreibendem Text (LV).
Gespräche (HV und MA).

Auswahl zwischen verschiedenen Urlaubsangeboten und deren Planung in der Gruppe.

KOMMUNIKATIVE LERNZIELE
Vorlieben in Bezug auf Datum, Ort, Verkehrsmittel, Unterkunft und Urlaubsaktivitäten äußern.
Sich mit anderen einigen.

GRAMMATISCHE LERNZIELE
Verben mit Vokalwechsel (e>ie): preferir und querer + Infinitiv.

WORTSCHATZ
Die Monatsnamen.
Urlaubsaktivitäten.

TEXTE
Gespräche (MA).
Reiseprospekte (LV).

Information über das kulturelle Angebot einer Region anhand eines Werbeprospektes.

Spiel zur Lokalisierung von Ländern, Städten, Flüssen, etc. in einer Landkarte von Südamerika.

gente de compras

Präsentation von Vokabular zum Thema Einkauf anhand einer Einkaufsliste und einer gezeichneten Übersicht über die verschiedenen Geschäfte eines Einkaufszentrums.

KOMMUNIKATIVE LERNZIELE
Nach dem Vorhandensein und Preis eines Produktes und der Zahlungsweise fragen.
Produkte und Preise bewerten.

GRAMMATISCHE LERNZIELE
Necesito, tengo que + Infinitiv.

WORTSCHATZ
Geschäfte und Produkte (persönliche, häusliche).

TEXTE
Persönliche Einkaufsliste (LV).
Quittung (LV).
Gespräche (LV, HV).

KOMMUNIKATIVE LERNZIELE
Nach dem Preis fragen.
Meinungen äußern und begründen.
Notwendigkeit ausdrücken.

GRAMMATISCHE LERNZIELE
Die Zahlen über 100.
Währungen und Preise: Geschlecht der Zahlwörter.
Angleichung und Gebrauch der Demonstrativbegleiter mit und ohne Substantiv.
Indikativ Präsens von tener.
Tener que + Infinitiv.
¿Cuánto cuesta?
Un, uno/s, una/s: Formen und Gebrauch.

WORTSCHATZ
Währungen.
Kleidungsstücke und Farben.
Adjektive zur Bezeichnung des Kleidungsstils.

TEXTE
Gespräche (MA).

Vorbereitung einer Feier und Absprache der notwendigen Einkäufe. Suche nach geeigneten Geschenken für einige Personen.

KOMMUNIKATIVE LERNZIELE
Nach dem Vorhandensein von Dingen fragen und darauf antworten.
Eine Notwendigkeit ausdrücken.
Sich anbieten, etwas zu tun.
Etwas aussuchen und die Wahl begründen.

GRAMMATISCHE LERNZIELE
Indikativ Präsens von poder.
Die unbetonten Pronomen (direktes und indirektes Objekt).

WORTSCHATZ
Persönliche Geschenke.
Bei einem Fest: Gegenstände und Produkte.

TEXTE
Gespräche (HV, MA).

Information über spanische Weihnachtsbräuche am Beispiel eines Textes und eines Kinderbriefs an die Heiligen drei Könige.

Einige Gebräuche und kulturelle Unterschiede im Bezug auf Geschenke.

gente en forma

Vergleich des eigenen gesundheitsbewussten Handelns mit dem anderer Kursteilnehmerinnen und -teilnehmer anhand von Fotos und einer Liste von Tätigkeiten.

KOMMUNIKATIVE LERNZIELE
Die Beschreibung von Körperhaltungen verstehen und diese Haltungen einnehmen können.
Nach körperlichen Aktivitäten fragen und seine Meinung dazu äußern.

WORTSCHATZ
Die Körperteile.
Körperliche Aktivitäten.

TEXTE
Zeitschriftenbeitrag: Gymnastikübungen (LV).
Radiointerview (LV, MA).
Gespräch (MA).

KOMMUNIKATIVE LERNZIELE
Gewohnheiten angeben und erfragen.
Ratschläge und Empfehlungen geben.

GRAMMATISCHE LERNZIELE
Indikativ Präsens der regelmäßigen Verben.
Unregelmäßige Verben: dormir, dar, ir, hacer.
Verben mit Vokalwechsel: o>ue, u>ue.
Reflexive Verben: Stellung des Pronomens.
Es necesario/importante + Infinitiv, hay que + Infinitiv.
Häufigkeitsangaben: siempre, todos los días, muchas veces, de vez en cuando, nunca.
Verneinung: nunca + Verb; no + Verb + nunca.
Mengenadverbien: muy, mucho, demasiado, más, menos.
Adjektive: Mucho, demasiado.

WORTSCHATZ
Körperteile. Aussehen. Die Wochentage.

TEXTE
Radiointerview (HV). Umfrage (LV, MA).

Erarbeitung eines Ratgebers, um 100 Jahre alt zu werden und gut in Form zu bleiben.

KOMMUNIKATIVE LERNZIELE
Globales Leseverstehen: Entnahme der Hauptinformationen eines Textes.
Informationen über einen gelesenen Text geben.
Sich über die wesentlichen Punkte einig werden.
Eine Reihe von Ratschlägen ausarbeiten.

GRAMMATISCHE LERNZIELE
Hinweise auf das Geschlecht der Substantive:
Endung auf -ción, -dad, -oma, -ema.

WORTSCHATZ
Wiederholung des Wortschatzes aus den vorherigen Lektionen.

TEXTE
Zeitungsartikel (LV).
Ratgeber zur Gesundheit und Ernährung (SA).
Gespräche (MA).

Kennen lernen eines typischen spanischen Tagesablaufs und der häufigsten Alltagsgewohnheiten anhand einer Zeitungsreportage.

Vergleich mit den Gepflogenheiten im eigenen Land.

gente que trabaja

gente que come bien

gente que viaja

EINSTIEG

Zuordnung von Berufsbezeichnungen und deren bildlicher Darstellung. Diskussion über erforderliche Voraussetzungen für einen dieser Berufe mit Hilfe von angegebenen Redemitteln.

Zuordnung von spanischen Produkten und ihren Bezeichnungen anhand von Fotos. Vergleich von „Geschmäckern" und Vorlieben im Bezug auf das Essen.

Verstehen der Angaben in einem ausgefüllten Terminkalender und Festlegen von Ort und Zeitpunkt für eine Verabredung mit seiner Besitzerin.

SITUATIVER KONTEXT

KOMMUNIKATIVE LERNZIELE
Angaben über den persönlichen/beruflichen Werdegang verstehen.
Stellenanzeigen verstehen.
Vor- und Nachteile verschiedener Berufe.
Meinungen begründen.

WORTSCHATZ
Berufsbezeichnungen.
Berufliche Profile und Charakteristika.

TEXTE
Zeitungsanzeigen (LV).
Gespräche (HV, MA).

KOMMUNIKATIVE LERNZIELE
Einkauf von Lebensmitteln. Maße und Gewichte.
Sich im Restaurant zurechtfinden.
Beschreibung und Bewertung von Ernährungsgewohnheiten. Empfehlungen.

WORTSCHATZ
Lebensmittel und Verpackungen.
Küche: Zutaten, Gerichte und Rezepte.

TEXTE
Speisekarte eines mexikan. Restaurants (LV).
Einkaufszettel (LV).
Zeitungsinterview (MA, LV).
Gespräche (HV, MA).

KOMMUNIKATIVE LERNZIELE
Verstehen wie man sich 1) auf Orte einer Reiseroute 2) auf zukünftige Handlungen bezieht.
Redemittel zum Telefonieren.

GRAMMATISCHE LERNZIELE
Datum und Zeitangaben: todavía, todavía no, ya.
Estar en, estar entre ... y ..., pasar por, llegar a, esta a x km de ...

WORTSCHATZ
Reisen und Reiserouten. Feriensprachkurs.

TEXTE
Informationstext (LV). Studienprogramm (LV).
Telefongespräche (HV).

REDEMITTEL UND STRUKTUREN

KOMMUNIKATIVE LERNZIELE
Über Fähigkeiten informieren und diese bewerten.
Informationen über Berufserfahrung geben und erbitten.

GRAMMATISCHE LERNZIELE
Das Perfekt der regelmäßigen Verben auf -ar, -er und -ir.
Unregelmäßige Partizipien: ver, hacer, escribir, decir.
Häufigkeitsangaben: una vez, dos/tres... veces, muchas veces, varias veces.
Bewertung: (muy/bastante) bien, regular, mal.
Indikativ Präsens von saber.

WORTSCHATZ
Persönliche Daten und Berufserfahrung.
Neigungen und Fähigkeiten.

TEXTE
Gespräche (HV, MA).

KOMMUNIKATIVE LERNZIELE
Im Restaurant etwas bestellen.
Genauere Einzelheiten über ein Gericht erfragen.
Etwas nachbestellen.

GRAMMATISCHE LERNZIELE
Maße und Gewichte.
Poco/un poco de.
Nada, ningún/ninguna.
Mengenangaben: demasiado/s, mucho/s, poco/s, suficiente/s.
Unpersönliche Konstruktion mit se: se come/n.

WORTSCHATZ
Typische Gerichte und Zutaten.
Getränke. Verpackungen.
Zubereitungsarten: asado/a, frito/a, hervido/a, guisado/a, a la plancha, a la brasa, al horno.

TEXTE
Speisekarte eines Restaurants (LV).
Gespräche (HV, MA).

KOMMUNIKATIVE LERNZIELE
Auskunft geben/einholen: Datum und Uhrzeit.
Wichtige Redemittel für's Hotel.
Strecken: Entfernungen, Verkehrsmittel, Ursprung und Ziel.

GRAMMATISCHE LERNZIELE
De... a, desde... hasta.
En + Verkehrsmittel.
Angaben mit Zukunftsbezug: próximo, que viene.
Ya, todavía, todavía no.
Fragewörter: ¿cuándo?, ¿cuánto?, ¿qué día/hora?, ¿a qué hora?
Die Uhrzeit.

WORTSCHATZ
Verkehrsmittel. Öffnungszeiten. Gebäude und Einrichtungen. Autopannen und -probleme.
Unterkunft im Hotel.

TEXTE
Schilder (LV). Gespräche (MA).

AUFGABEN UND PROJEKTE

Verteilung von verschiedenen Arbeitsplätzen an eine Gruppe von Personen.

KOMMUNIKATIVE LERNZIELE
Angaben über berufliche Profile machen und verstehen.
Einen Vorschlag machen und begründen.
Vorschläge akzeptieren oder ablehnen.

WORTSCHATZ
Angaben zur Person: Name, Alter, Wohnsitz.
Beruflicher Werdegang: Ausbildung, Sprachen, Berufserfahrung, persönliche Eigenschaften und Fähigkeiten.

GRAMMATISCHE LERNZIELE
Sí, pero. – Sí, y también.

TEXTE
Radiosendung (HV).
Personalbögen mit beruflichen Daten (LV, SA).

Zusammenstellung der besten Rezepte der Gruppe in einem „Kochbuch".

KOMMUNIKATIVE LERNZIELE
Ein Rezept auf der Grundlage eines Gesprächs, eines Textes und mit Hilfe von Bildern verstehen.
Anweisungen geben und verstehen.
Ein Rezept aufschreiben und erklären.

GRAMMATISCHE LERNZIELE
Angaben zur Reihenfolge: primero, después, luego, al final.

WORTSCHATZ
Erweiterung des Wortschatzes aus den vorigen Lektionen.

TEXTE
Rezept (LV, HV, SA).
Gespräche (HV, MA).

Planung einer Geschäftsreise inklusive Festlegung der Flüge und Unterkunft.

KOMMUNIKATIVE LERNZIELE
Sich auf Fahrpläne beziehen.
Informationen über Hotels einholen.
Flüge und Hotelzimmer buchen.
Vor- und Nachteile erläutern.

GRAMMATISCHE LERNZIELE
Ir a + Infinitiv.
Zeitangaben: tarde/pronto, antes/después de, de día/de noche.
Quisiera + Infinitiv.

WORTSCHATZ
Wiederholung des Wortschatzes aus den vorherigen Lektionen.

TEXTE
Fahrpläne (LV). Hotelanzeigen (LV). Am Telefon (HV).
Gespräch (MA).

BEGEGNUNG VON KULTUREN

Kennen lernen der Probleme spanischer Jugendlicher unserer Zeit, ihrer Ansichten und Einstellungen, die sich in einer Zeitungsreportage widerspiegeln.

Lektüre eines Romanauszugs und Vergleich von Ernährungsgewohnheiten.

Gedichte lesen und schreiben.

Text zur Sensibilisierung für interkulturelle Unterschiede und daraus folgende Missverständnisse im Bereich der beruflichen Kontakte.

gente de ciudad

Lesen einer ungeordneten Liste von landeskundlichen Informationen und deren Zuordnung zu vier verschiedenen Städten aus der spanischsprachigen Welt.

KOMMUNIKATIVE LERNZIELE
Einen Fragebogen lesen und ausfüllen.
Etwas bewerten, persönliche Prioritäten setzen und darüber Auskunft geben.

WORTSCHATZ
Die Stadt: öffentliche Einrichtungen (Verkehrsmittel, Erziehung, Gesundheit ...); Kultur und Freizeit; Ökologie und Klima; Handel und Industrie; Bevölkerung, Gesellschaft und Geschichte.

TEXTE
Fragebogen (LV). Informationstexte über zwei Städte (LV). Gespräch (MA).

KOMMUNIKATIVE LERNZIELE
Beschreibung einer Stadt.
Bewertungen und Vergleiche vornehmen.
Ansichten, Einverständnis und Widerspruch äußern.
Neigungen angeben und Wünsche äußern.

GRAMMATISCHE LERNZIELE
Vergleiche: **más/menos ... que, mejor, peor.**
Überlegenheit: **el/la/los/las ... más ...**
Gleichheit: **el mismo, tan ... como, tanto/a/os/as ... como**
Relativsätze: **que, en el/la/los/las que, donde.**
(A mí) me gusta/me gustaría ...
(A mí) me parece que ...
Yo (no) estoy de acuerdo con ...

WORTSCHATZ
Wiederholung aus den vorherigen Lektionen.

TEXTE
Gespräche (MA). Freizeit (LV).

Diskussion über die Probleme einer Stadt und Erarbeitung einer Prioritätenliste für die Lösung dieser Probleme.

KOMMUNIKATIVE LERNZIELE
Etwas bewerten.
Eine Rangfolge aufstellen.
Vorschläge machen und diese verteidigen.
Einverständnis und Widerpruch ausdrücken.

GRAMMATISCHE LERNZIELE
Es urgente/fundamental/... + Infinitiv.
Lo más grave/urgente/importante es ...
Eso (no) es verdad.

WORTSCHATZ
Wiederholung und Erweiterung des Wortschatzes aus den vorherigen Lektionen.

TEXTE
Zeitungsbericht (LV). Radiointerview (HV).
Kurzreferat (MA).

Erkennen von drei Städten aufgrund einer mündlichen Beschreibung und Zuordnung dieser Städte zu den passenden Fotos.

gente en casa

Anordnung von Möbelstücken verschiedener Mitglieder einer Familie auf einem Wohnungsgrundriss.

KOMMUNIKATIVE LERNZIELE
Besuch bei Freunden: Begrüßung, Vorstellung von Personen, Abschied, gesellschaftliche Rituale.
Wohnungsbeschreibungen verstehen.

WORTSCHATZ
Die Wohnung: Lage, Räumlichkeiten.

TEXTE
Gespräch (HV, LV).
Wohnungsanzeigen (LV).

KOMMUNIKATIVE LERNZIELE
Die Anschrift erfragen und angeben.
Etwas anbieten.
Jemandem den Weg beschreiben.
Erlaubnis erbitten und erteilen.
Jemanden vorstellen.
Wichtige Redemittel für das Telefonieren.
Kriterien für das Duzen und Siezen.

GRAMMATISCHE LERNZIELE
Der Imperativ in den drei Konjugationsgruppen.
Gebrauch von **tú/vosotros** und **usted/ustedes.**
Indikativ Präsens, Imperativ (mit und ohne Reflexivpronomen), **te/le/se/os.**
Estar + *Gerundium.*
Wegbeschreibung: **por... hasta, allí, luego.**

WORTSCHATZ
Abkürzungen bei Adressen (Pza, Av, c/).

TEXTE
Gespräche (HV).

Rollenspiel: der Besuch einer spanischen Familie bei uns zu Hause.

KOMMUNIKATIVE LERNZIELE
Einladungen aussprechen und annehmen.
Komplimente von Gastgebern und Gästen: etwas anbieten, ein Geschenk mitbringen, sich nach der Familie erkundigen.
Sich begrüßen und verabschieden.
Eine Wegbeschreibung geben und befolgen.

GRAMMATISCHE LERNZIELE
¿Qué tal + *Substantiv?*
¡Qué + *Substantiv* + **tan** + *Adjektiv!*
¿Por qué no ...? ; así ...

WORTSCHATZ
Die Wohnung.
Die Stadt: Anschriften und Verkehrsmittel.

TEXTE
Gespräche (MA).

Auswahl von unterschiedlichen Wohnungen für verschiedene Personen aufgrund der Angaben in einem Erzähltext und mehrerer Wohnungsanzeigen.

gente e historias

Zuordnung von wichtigen Daten und Ereignissen aufgrund von Zeitungsüberschriften.
Information über Ereignisse aus der Geschichte des eigenen Landes.

KOMMUNIKATIVE LERNZIELE
Verstehen des objektiven Informationsgehaltes eines persönlichen Tagebuchs.
Die gefundenen Daten mit dem eigenen geschichtlichen Allgemeinwissen in Beziehung setzen.
Ereignisse datieren.

WORTSCHATZ
Ereignisse aus der Geschichte.
Tagesablauf und Alltag.

TEXTE
Persönliche Tagebücher (LV).
Gespräch (MA).

KOMMUNIKATIVE LERNZIELE
Daten aus dem eigenen Leben kommentieren.
Lebensbedingungen der Vergangenheit beschreiben.
Den Tagesablauf einer Person in der Vergangenheit erzählen.

GRAMMATISCHE LERNZIELE
Das Indefinido der regelmäßigen Verben und von **ser, tener** und **estar.**
Das Imperfekt der regelmäßigen Verben, **ser** und **ir.**
Gebrauch von Perfekt und Indefinido: Signalwörter der Vergangenheit.
Gebrauch des Imperfekts: Begleitumstände und gewohnheitsmäßige Handlungen.
Vergangene Ereignisse zueinander in Beziehung setzen: **por eso, así que, luego, después, entonces.**

WORTSCHATZ
Wiederholung aus der vorherigen Lektion.

TEXTE
Radiointerview (HV). Gespräche (HV, MA).

Schriftliches Abfassen der Biografie einer Person aus dem eigenen Land.

KOMMUNIKATIVE LERNZIELE
Einen biografischen Text strukturieren.
Zeitpunkte angeben und Ereignisse datieren.
Sich auf historische Bedingungen und Begleitumstände beziehen.

GRAMMATISCHE LERNZIELE
A los ... años; de niño/joven/mayor.
Al + *Infinitiv;* **desde ... hasta ...**

WORTSCHATZ
Etappen in der Biografie einer Person: Alter, Ausbildung, Berufs- und Familienleben.
Historische, politische und gesellschaftliche Ereignisse.

TEXTE
Zettel mit persönlichen Daten (LV). Gespräch (MA).
Bericht über die Biografie einer Person (SA).

Lektüre eines Romanauszugs mit Kindheitserinnerungen des Protagonisten, um etwas über die politische und gesellschaftliche Situation Spaniens in der Nachkriegszeit zu erfahren.

gente que estudia español

❶ El primer día de clase

Esto es una escuela de idiomas en España. Laura, la profesora, está pasando lista: lee los nombres de los estudiantes.
¿Están todos? Pon una cruz al lado de los estudiantes que sí están.

NOMBRE	APELLIDOS
	REDONDO CORTÉS
01 Ana	RODRIGO SALAZAR
02 Luis	TOMÁS ALONSO
03 Eva	VALLE PÉREZ
04 José Antonio	OLANO ARTIGAS
05 Raúl	RODRÍGUEZ PRADO
06 Mari Paz	LEGUINECHE ZUBIZARRETA
07 Francisco	CASTRO OMEDES
08 Cecilia	VIZCAINO MORCILLO
09 Alberto	JIMÉNEZ LUQUE
10 Silvia	HERRERO GARCÍA
11 Nieves	GUILLÉN COBOS
12 Paz	BERMEJO BERMEJO
13 Gerardo	BLANCO HERRERO
14 David	

Vallés
×7
falta no está
×

❷ ¿Cómo suena el español?

Escucha otra vez los nombres. Tu profesor los leerá despacio. ¿Has oído sonidos "nuevos" para ti?

Vamos a tener un primer contacto con el español y los países en los que se habla.

También vamos a conocer a los compañeros de la clase.

❶ El español y tú

Cada uno de nosotros es diferente y tiene intereses diferentes. Aquí tienes algunas imágenes del mundo hispano.

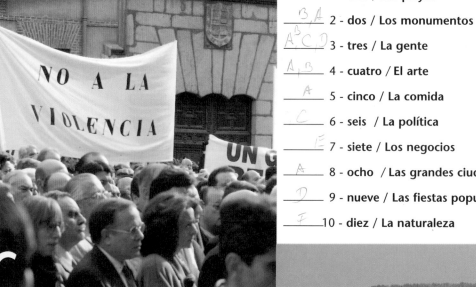

_____F_____ 1 - uno / Las playas

_____B,A_____ 2 - dos / Los monumentos

_____A,C,D_____ 3 - tres / La gente

_____A,B_____ 4 - cuatro / El arte

_____A_____ 5 - cinco / La comida

_____C_____ 6 - seis / La política

_____E_____ 7 - siete / Los negocios

_____A_____ 8 - ocho / Las grandes ciudades

_____D_____ 9 - nueve / Las fiestas populares

_____F_____ 10 - diez / La naturaleza

Actividades

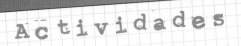

A Intenta relacionar los temas con las fotos.

B ¿Tú qué quieres conocer del mundo hispano?
  • Yo, las playas y la comida.

C ¿Sabes ya contar hasta diez en español? A ver... Inténtalo sin mirar.

2 El español en el mundo

La televisión está transmitiendo el "Festival de la Canción Hispana". Participan todos los países en los que se habla español. Ya sabes, son muchos: se habla español en cuatro continentes.
Ahora, está votando Argentina.

	ARGENTINA				
3	BOLIVIA	5	COLOMBIA		COSTA RICA
2	CUBA	9	CHILE		ECUADOR
1	ESPAÑA		FILIPINAS		GUATEMALA
6	GUINEA ECUATORIAL	8	HONDURAS		MÉXICO
	NICARAGUA	7	PANAMÁ	4	PARAGUAY
	PERÚ		PUERTO RICO	9	REP. DOMINICANA
	EL SALVADOR	10	URUGUAY		VENEZUELA

Actividades

A ¿Cuántos puntos da Argentina a cada país? Anótalo en la pantalla.

B Cierra ahora el libro: ¿puedes decir en español el nombre de cinco países de la lista?

❶ Un juego: tres, cuatro, cinco...
Lee uno de estos números: ¿de quién es?

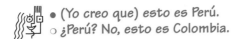

● Tres, seis, cinco, cero, cero, ocho.
○ Pérez Pérez, V.

Pérez Fernández, C. - Pl. de las Gardenias, 7	36 5501
Pérez Medina, M.E. - Río Tajo, 9	38 7925
Pérez Montes, J.L. - García Lorca, 5	31 3346
Pérez Moreno, F. - Fernán González, 16	39 4321
Pérez Nieto, R. - Pl. Santa Teresa, 12-14	30 3698
Pérez Ordóñez, A. - Pl. Independencia, 2	37 4512
Pérez Pérez, S. - Puente de Toledo, 4	34 4329
Pérez Pérez, V. - Galileo, 4	36 5008
Pérez Pescador, J. - Av. del Pino, 3-7	33 0963
Pérez Pico, L. - Av. Soria, 11	35 7590

❷ Un poco de geografía
¿Podéis situar en el mapa estos países?

● (Yo creo que) esto es Perú.
○ ¿Perú? No, esto es Colombia.

CHILE
ARGENTINA
PERÚ
MÉXICO
CUBA
VENEZUELA
COLOMBIA
URUGUAY

La Habana · México D.F. · JAMAICA · REP. DOMINICANA · HAITÍ · PUERTO RICO · GUATEMALA · HONDURAS · NICARAGUA · COSTA RICA · PANAMÁ · Caracas · GUYANA · SURINAM · GUYANA FRANCESA · Bogotá · ECUADOR · B R A S I L · Lima · BOLIVIA · PARAGUAY · Santiago · Montevideo · Buenos Aires

SER: EL PRESENTE

(yo)	soy
(tú)	eres
(él, ella, usted)	es
(nosotros, nosotras)	somos
(vosotros, vosotras)	sois
(ellos, ellas, ustedes)	son

¿Luis Sancho...?
Soy yo.

GÉNERO Y NÚMERO

	masculino	femenino
singular	**el / este** el país este país	**la / esta** la ciudad esta ciudad
plural	**los / estos** los países estos países	**las / estas** las ciudades estas ciudades
	esto Esto es Chile.	

SÍ, NO

sí, no,
sí, no,
sí , no,
Siiiiiiiiii....

PARA LA CLASE

¿Cómo se escribe?
¿Se escribe con hache / be / uve...?
¿Cómo se dice... en español?
¿Cómo se pronuncia...?
¿Qué significa...?

EL ALFABETO

A a	B be	C ce
CH che/ce hache	D de	E e
F efe	G ge	H hache
I i	J jota	K ka
L ele	LL elle	M eme
N ene	Ñ eñe	O o
P pe	Q cu	R ere/erre
S ese	T te	U u
V uve	W uve doble	X equis
Y i griega	Z zeta	

Yo soy la a.

Yo soy la zeta.

③ Sonidos y letras

Escucha estos nombres y apellidos. Observa cómo se escriben.

Hugo
Hernández
Hoyo

Carolina
Cueto
Cobos

J
Jaime
Jiménez
Juárez

Gerardo
Ginés
Gil

Vicente
Víctor
Beatriz

Celia
Ciruelo
Zamora

Rita
Aranda
Parra

Pancho
Chaves
Chelo

Guerra
Guevara
Guillén

Guadalupe
Gala
Gómez

Valle
Llorente
Llave

Toño
Yáñez
Paños

④ ¿Qué ciudad es?
Elige una etiqueta y deletréala. Tu compañero tiene que adivinar el nombre de la ciudad.

● Be, ce, ene.
○ ¡Barcelona!

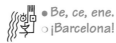 MGA — Managua
 GUA — Guatemala
 BOG — Bogotá

 MAD — Madrid
 PMI — Palma de Mallorca
 SAL — San Salvador
 ASU — Asunción

 BCN — Barcelona
 ALC — Alicante
 SDQ
 LIM

 HAV — La Habana
 CCS
 MEX — México

S O L U C I O N E S

MGA: Managua
GUA: Guatemala
GUA: Guatemala
BOG: Bogotá
MAD: Madrid

PMI: Palma de Mallorca
ASU: Asunción
BCN: Barcelona
SAL: San Salvador
LIM: Lima
HAV: La Habana

ALC: Alicante
SDQ: Santo Domingo
CCS: Caracas
MEX: México

1 **¿Quién es quién?**

Éstos son algunos personajes famosos del mundo hispano. ¿Los conoces? Habla con tu compañero.

- 8 ☐ JUAN CARLOS I
- 10 ☐ PABLO PICASSO
- 7 ☐ PLÁCIDO DOMINGO
- 3 ☐ MIGUEL DE CERVANTES
- 5 ☐ PACO DE LUCÍA
- 1 ☐ SALVADOR ALLENDE
- 4 ☐ CARMEN MAURA
- 6 ☐ RIGOBERTA MENCHÚ
- 2 ☐ CONCHITA MARTÍNEZ
- 9 ☐ GLORIA ESTEFAN

- ● Ésta es Carmen Maura, ¿no?
- ○ No, creo que es Conchita Martínez. Carmen Maura es ésta, la cuatro.
- ● ¿Y el siete?
- ○ No sé.
- ● Yo creo que el siete es...

¿Conoces tú a otros personajes? ¿Cuáles?

2 **El país más interesante (para nuestra clase)**

¿Cuál es? Vamos a hacer una estadística en la pizarra. Escribe tu elección:

3 puntos:
_____
2 puntos:
_____
1 punto:
_____

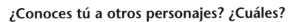

ARGENTINA		
BOLIVIA	FILIPINAS	PARAGUAY
COLOMBIA	GUATEMALA	PERÚ
COSTA RICA	GUINEA ECUATORIAL	PUERTO RICO
CUBA	HONDURAS	REPÚBLICA DOMINICANA
CHILE	MÉXICO	EL SALVADOR
ECUADOR	NICARAGUA	URUGUAY
ESPAÑA	PANAMÁ	VENEZUELA

Si queréis, podéis buscar información sobre los países ganadores y presentarla a la clase.

DEL ONCE AL VEINTE

11 once
12 doce
13 trece
14 catorce
15 quince
16 dieciséis
17 diecisiete
18 dieciocho
19 diecinueve
20 veinte

3 **Nombres y apellidos**

¿Puedes clasificarlos en las cajas? Piensa en personajes famosos, en nombres parecidos en tu lengua...

Compara, después, tu lista con las de dos compañeros.

24

Carlos	Pablo
García	Miguel
Márquez	Ana
Susana	Ernesto
María	Mateo
Pedro	Juan
Luis	José
Isabel	Villa
Martínez	Castro
Fidel	Felipe
González	Salvador
Plácido	Fernández

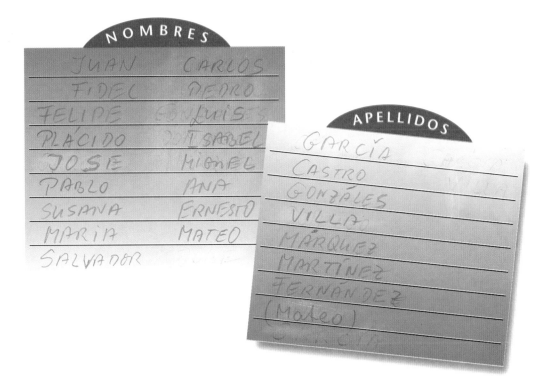

NOMBRES

JUAN	CARLOS
FIDEL	PEDRO
FELIPE	GONZÁLES?
PLÁCIDO	ISABEL
JOSE	MIGUEL
PABLO	ANA
SUSANA	ERNESTO
MARIA	MATEO
SALVADOR	

APELLIDOS

GARCÍA
CASTRO
GONZÁLES
VILLA
MÁRQUEZ
MARTÍNEZ
FERNÁNDEZ
(Mateo)

- ● ¿González es nombre o apellido?
- ○ No sé...
- ■ Apellido: Felipe González, por ejemplo.

NOMBRES Y TELÉFONOS

- ● ¿Cuál es tu número de teléfono?
- ○ (Es el) 344562.

¿Cómo te llamas?

Luigi Caffo.

¿Caffo es nombre o apellido?

4 **La lista**

¿Sabes cómo se llaman todos tus compañeros de clase? Vamos a hacer la lista. Tienes que preguntar a cada uno cómo se llama: nombre y apellido. Y, luego, pregúntales su número de teléfono.

Ahora, alguien puede pasar lista. ¿Cuántos sois?

5 **De la A a la Z**

Mira la lista de la página 11 y ordénala alfabéticamente. Luego, vamos a comparar nuestros resultados.

- ● Bermejo, Castro...
- ○ No, Bermejo, Blanco, Castro...

Bermejo... Blanco Castro

A B C D

EL MUNDO DEL ESPAÑOL

T odos sabemos algo de los países en los que se habla español: de sus ciudades, de sus tradiciones, de sus paisajes, de sus monumentos, de su arte y de su cultura, de su gente.

Pero muchas veces nuestra información de un país no es completa; conocemos sólo una parte del país: sus ciudades más famosas, sus paisajes más conocidos, sus tradiciones más folclóricas.

El mundo hispano tiene países muy diferentes, y cada país tiene aspectos muy diferentes.

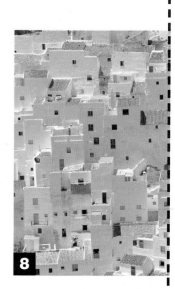

1 ¿Puedes decir de qué país son estas fotos?

● ¿La tres es España?

○ No, no es España. Es Latinoamérica, Ecuador o Bolivia, creo.

2 El español también suena de maneras diferentes. Vas a escuchar tres versiones de una misma conversación.

S O L U C I O N E S

1/ Picos de Europa, España. 2/ Ávila, España. 3/ Quito, Ecuador. 4/ Cataluña, España. 5/ Pirámide de Chichén Itzá, México. 6/ San Pedro de Atacama, Chile. 7/ Tarragona, España. 8/ Casares, España.

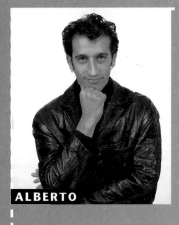

ALBERTO

DIEGO

SILVIA

gente con gente

5 6 7 8

Vamos a organizar un grupo de turistas. Para hacerlo, tenemos que aprender a:

das zu machen, wir müssen um zu lernen

✔ pedir y dar información sobre personas,
✔ expresar nuestra opinión sobre los demás.

❶ ¿Quiénes son? *Wer sind sie*

Tú no conoces a estas personas pero tu profesor sí. ¿Tienes intuición?
Asígnales los datos de las listas.

Hausfrau

es profesor/a de español   tiene 16 (dieciséis) años
es ama de casa   es español/a   tiene 47 (cuarenta y siete) años
es estudiante   tiene 22 (veintidós) años
trabaja en una editorial   es latinoamericano/a   tiene 40 (cuarenta) años
es sociólogo/a   tiene 30 (treinta) años

ALBERTO

Es camarero.

Es latinoamericano.

Tiene 27 (veintisiete) años.

MIREIA

Es socióloga

Es española

Tiene 30 años

DIEGO

Es estudiante

Es español

Tiene 16 (dieciséis) años

ROSA

Es latinoamericana

Tiene 22 años

AGUSTÍN

Es trabaja en una editorial

Es española

Tiene 30 años

SILVIA

Es ama de casa

Es alemana

Tiene 40 años

und danach

Compara tus fichas con las de dos compañeros. Y, luego, preguntad al
profesor si vuestros datos son correctos. ¿Quién ha tenido más intuición?

- Yo creo que Alberto es profesor de español.
- ○ Yo también creo que es profesor.
- ■ No... Yo creo que es camarero.

Von wem
Wovon sprechen sie

❷ ¿De quién están hablando?

¿A qué personas de la actividad 1 crees que se refieren estas opiniones? ¿Tus
compañeros están pensando en las mismas personas?

- ¡Qué simpático es!
- ○ Sí, es una persona muy agradable.
- Y muy trabajador.
- ○ Sí, es cierto. Y no es nada egoísta...
- No, qué va... Al revés...

- ■ Es una mujer muy inteligente.
- ❑ Sí, pero es pedante, antipática...
- ■ Sí, eso sí... Y un poco egoísta...
- ❑ ¡Muy egoísta...!

❸ Las formas de los adjetivos

Subraya los adjetivos de las conversaciones anteriores. ¿Puedes clasificarlos
en masculinos y femeninos?

ROSA

AGUSTÍN

MIREIA

5 gente con gente

① La gente de la calle Picasso

Contexto

Toda esta gente vive en la calle Picasso. Son personas muy diferentes: hombres y mujeres; niños, jóvenes y personas mayores; casados y solteros; españoles y de otros países... El sábado por la mañana están todos en casa.

casa 1

MARIBEL MARTÍNEZ SORIA
Es ama de casa.
Es española.
Hace aeróbic y
estudia historia.
Es muy sociable
y muy activa.

JUANJO RUIZ PEÑA
Trabaja en un banco.
Es español.
Corre y hace
fotografías.
Es muy buena
persona pero un
poco serio.

MANUEL RUIZ MARTÍNEZ
Juega al fútbol.
Es muy travieso.

EVA RUIZ MARTÍNEZ
Toca la guitarra.
Es muy inteligente.

casa 2

BEATRIZ SALAS GALLARDO
Es periodista.
Es española.
Juega al tenis y estudia inglés.
Es muy trabajadora.

JORGE ROSENBERG
Es fotógrafo.
Es argentino.
Colecciona sellos.
Es muy cariñoso.

DAVID ROSENBERG SALAS
Come mucho
y duerme poco.

casa 3

RAQUEL MORA VILAR
Estudia Económicas.
Es soltera.
Juega al squash.
Es un poco pedante.

SARA MORA VILAR
Estudia Derecho.
Es soltera.
Toca el piano.
Es muy alegre.

casa 4

JOSÉ LUIS BAEZA PUENTE
Es ingeniero.
Está separado.
Toca la batería.
Es muy callado.

UWE SCHERLING
Es profesor de alemán.
Es soltero.
Toca el saxofón.
Es muy simpático.

casa 5

LORENZO BIGAS TOMÁS
Trabaja en IBERIA.
Es divorciado.
Es muy tímido.

SILVIA BIGAS PÉREZ
Es estudiante.
Baila flamenco.
Es un poco perezosa.

Adiós.
Buenos
días.

Hola,
¿qué
tal?

Bien,
¿y tú?

¿El
señor...
Serlín?

Bien,
bien...

en
venta

casa 6

ADRIANA GULBENZU RIAÑO
Trabaja en una farmacia.
Es viuda.
Pinta.
Es muy independiente.

TECLA RIAÑO SANTOS
Está jubilada.
Es viuda.
Hace punto y cocina.
Es muy amable.

Actividades

A Si miras la imagen y lees los textos, puedes saber muchas cosas de estas personas. Busca gente con estas características y escribe su nombre.

un niño:_____
un hombre soltero:_____
una persona que hace deporte:_____
una chica que estudia:_____
una señora mayor:_____
una persona que no trabaja:_____

B Escucha a dos vecinas. ¿De quién están hablando? ¿Qué dicen?

HABLAN DE...   ES / SON...

1. Uwe, José Luis   1._____
_____   _____

2. Jorge   2._____
_____   _____

3. Maribel   3._____
_____   _____

4. Raquel, Sara   4._____
_____   _____

5. Lorenzo, Silvia   5._____
_____   _____

6. Tecla   6._____
_____   _____

6 gente con gente

❶ Personas famosas

¿Qué tal tu memoria? En equipos de dos o tres compañeros, vamos a completar esta lista. A ver qué equipo termina antes.

una actriz italiana
un pintor español
un director de cine italiano
un actor norteamericano
una escritora inglesa

un político europeo
un músico alemán
una cantante francesa
un deportista argentino
un personaje histórico español

- Una actriz italiana...
○ Catherine Deneuve.
- ¿Es italiana?
■ No, es francesa.

❷ Español, española...

En este mapa puedes encontrar todos los países de la U.E. Une el nombre del país con los adjetivos correspondientes. ¿Puedes sacar alguna regla sobre el género de estas palabras?

danés   finlandés   luxemburgués
danesa   finlandesa   luxemburguesa

inglés   alemán   griego
inglesa   alemana   griega

irlandés   austriaco
irlandesa   austriaca

italiano   belga
italiana   belga

portugués   sueco
portuguesa   sueca

español
española

francés
francesa

holandés
holandesa

❸ Tu país y tu ciudad

¿Sabes ya el nombre de tu país y de sus habitantes? Si no ha salido aún, pregúntaselo a tu profesor. Pregúntale también por tu ciudad, a lo mejor hay una traducción al español.

- ¿Cómo es München en español?
○ Munich.

Después, pregúntale a tu compañero de qué ciudad es:

- ¿De dónde eres?
○ De Río de Janeiro.

EL PRESENTE:
1ª CONJUGACIÓN

	TRABAJar
(yo)	trabajo
(tú)	trabajas
(él, ella, usted)	trabaja
(nosotros, nosotras)	trabajamos
(vosotros, vosotras)	trabajáis
(ellos, ellas, ustedes)	trabajan

EL NOMBRE

¿Cómo te llamas?   Antonio.

LLAMARSE

Me	llamo	Nos	llamamos
Te	llamas	Os	llamáis
Se	llama	Se	llaman

ADJETIVOS

	masculino	femenino
o, a	simpático	simpática
or, ora	trabajador	trabajadora
e consonante ista	inteligente difícil pesimista	

Es **muy** amable.
Es **bastante** inteligente.
Es **un poco** antipática.
No es **nada** sociable.

Un poco, sólo para cosas negativas: *un poco guapa

	singular	plural
vocal	simpático inteligente trabajadora	simpáticos inteligentes trabajadoras
consonante	difícil trabajador	difíciles trabajadores

LA EDAD

- ● ¿Cuántos años tiene?
  ¿Cuántos años tienes?
- ○ Treinta.
  Tengo treinta años.
- *Soy treinta.

DEL 20 AL 100

20 veinte
  veintiuno, veintidós, veintitrés
  veinticuatro, veinticinco,
  veintiséis, veintisiete,
  veintiocho, veintinueve
30 treinta
  treinta y uno
40 cuarenta
  cuarenta y dos
50 cincuenta
  cincuenta y tres
60 sesenta
  sesenta y cuatro
70 setenta
80 ochenta
90 noventa
100 cien

EL ESTADO CIVIL

Soy   { soltero/a.
Estoy { casado/a.
      { viudo/a.
      { divorciado/a.

LA PROFESIÓN

- ● ¿A qué se dedica usted?
  ¿A qué te dedicas?
- ○ **Trabajo en** un banco.
  Estudio en la universidad.
  Soy camarero.

RELACIONES FAMILIARES

mi padre ┐
mi madre ┘ ● **mis** padres

tu hermano ┐
tu hermana ┘ ● **tus** hermanos

su hijo ┐
su hija ┘ ● **sus** hijos

En muchos países
latinoamericanos se dice:
mi mamá, mi papá y **mis papás.**

4 **El árbol genealógico de Paula**
Paula está hablando de su familia: escúchala y completa su árbol genealógico.

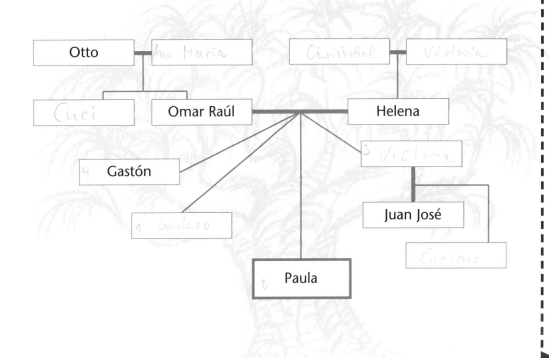

Ahora compara tus resultados con los de un compañero. Después, haz preguntas a tu compañero para construir su árbol.

5 **Los verbos en español: -ar, -er, -ir**
¿Haces algunas de estas cosas? Señálalo con flechas.

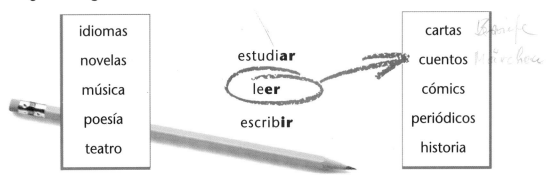

idiomas
novelas
música
poesía
teatro

estudi**ar**
le**er**
escrib**ir**

cartas
cuentos
cómics
periódicos
historia

Haz preguntas a tu compañero y, luego, informa a la clase.

 ● ¿Estudias idiomas?
¿Lees cuentos?
¿Escribes poesía?

 ● Paul estudia italiano, lee periódicos y escribe poesía.

❶ Un crucero por el Mediterráneo

Todas estas personas van a hacer un crucero por las Islas Baleares. Tú y otro
compañero trabajáis en la agencia de viajes "OLATOURS" y tenéis que
organizar un poco el grupo. ¿Puedes reconocer en la imagen a los pasajeros
de la lista? Escribe en las etiquetas su número.

1. SR. LÓPEZ MARÍN
Biólogo jubilado. *Reutner*
67 años.
Sólo habla español.
Colecciona
mariposas.

2. SRA. LÓPEZ MARÍN *La le*
Jubilada. *Reutnerin*
65 años.
Habla español y
francés.
Muy aficionada
al fútbol.

3. SRA. MARINA TOLEDO *La*
51 años.
Profesora de música.
Habla español e
inglés.
Soltera.

4. MANUEL GÁLVEZ
Profesor de gimnasia.
50 años.
Separado.
Habla español y
francés.
Colecciona mariposas.

5. KEIKO TANAKA
Arquitecta.
35 años.
Habla japonés y un
poco de inglés.
Casada.

6. AKIRA TANAKA
Pintor.
40 años.
Habla japonés y un
poco de español.

7. IKUKO TANAKA
6 años.
Habla japonés.

8. CELIA OJEDA
Chilena.
Arquitecta.
32 años.
Habla español y un
poco de inglés.

9. BLAS RODRIGO
Chileno.
Trabaja en una
empresa de
informática.
20 años.
Habla español, inglés
y un poco de alemán.
Muy aficionado al
fútbol.

10. BERND MÜLLER
Suizo.
Pianista.
35 años.
Soltero.
Habla alemán,
italiano y un poco de
francés.

11. NICOLETTA TOMBA
Italiana.
Estudia Informática.
26 años.
Soltera.
Habla italiano, francés
y un poco de inglés.

12. VALENTÍN PONCE
Funcionario.
43 años.
Casado.
Sólo habla español.
Muy aficionado al
fútbol.

**13. ELISENDA GARCÍA
DE PONCE**
Ama de casa.
41 años.
Casada.
Sólo habla español.

14. JAVI PONCE GARCÍA
8 años.

15. SILVIA PONCE GARCÍA
Estudia Biología.
18 años.
Habla español,
inglés y un poco
de italiano.

Compara tus resultados con los de tu compañero. ¿Lo habéis hecho igual?

2 La distribución de los turistas en el restaurante
Queréis que vuestros clientes lo pasen bien: ¿cómo vais a distribuirlos en las
mesas? Escucha a otros empleados de la empresa para tener más
información.
Y otra cosa: ¿con quién vais a sentaros vosotros?

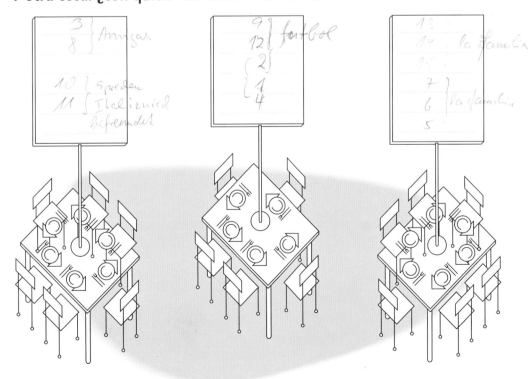

3 Vuestra propuesta
Tenéis que explicar y razonar vuestra distribución a toda la clase.

Woher kommen Sie

¿DE DÓNDE ES USTED?

Dos españoles se conocen en una fiesta, o en un tren, o en la playa, o en un bar... **¿De dónde es usted?** o **¿De dónde eres?** son, casi siempre, las primeras preguntas. Luego, lo explican con muchos detalles. Por ejemplo: "Yo soy aragonés, pero vivo en Cataluña desde el 76... Mis padres son de Teruel y bla, bla, bla".

Y es que cada región española es muy diferente: la historia, las tradiciones, la lengua, la economía, el paisaje, las maneras de vivir, incluso el aspecto físico de las personas.

1 Lee el texto. ¿También es así en tu país?

Schau auf die Karte

2 Mira el mapa. ¿Qué reconoces (regiones, ciudades, monumentos, costumbres...)?

3 ¿Conoces a españoles? ¿Cómo son? Haz una lista de adjetivos. Seguro que no todos tenemos la misma imagen de los españoles.

Vamos a organizar unas vacaciones en grupo. Aprenderemos a:

✔ expresar gustos y preferencias,
✔ hablar de lugares.

über Orte sprechen

gente de
vacaciones

Leute, die Urlaub machen

los molinos
de viento

la puerta de Alcalá
en Madrid

❶ Un viaje: ¿Madrid o Barcelona?

Mira las fotos con tu compañero y señala las que conoces.

● Esto es la Sagrada Familia.
○ No, esto es el Reina Sofía. Y esto, la Sagrada Familia.

¿Qué prefieres? ☐ **Ir a Madrid.**
☐ **Ir a Barcelona.**

Querido cliente: der Reisen

Herzlichen Glückwunsch! Sie haben gewonnen eine

¡Enhorabuena! Ha ganado usted uno de los
viajes que sorteamos

MADRID

Besuch

Visita de la ciudad en autocar.

*V*isita al Museo del Prado o al Reina Sofía.

*E*xcursión a Toledo o al Monasterio de El Escorial.

*E*ntrada al Teatro de la Zarzuela o corrida de toros.

BARCELONA

Visita de la ciudad en autocar.

*E*xcursión a la Costa Brava o al Monasterio cisterciense de Poblet.

*V*isita al Museo Picasso o a la Sagrada Familia.

*C*oncierto en el Palau de la Música o partido de fútbol.

Verb: asistir a

❷ Tus intereses

Escribe los nombres de los tres lugares o actividades que más te interesan.

zuerst   visitar el museo Picasso
En primer lugar ___Quiero ir a un concierto_____
Y también _____quiero hacer una___ y ___quiero asistir a una___
auch   excursión   corrida

Habla con tus compañeros. Utiliza estas expresiones:

besuchen
● Yo quiero visitar _____, _____ y _____
○ Yo, también. Ich auch.
■ Pues yo, _____
Namich,

9 gente de vacaciones

S. 139

1 Tus vacaciones

Actividades

handwritten: Was machst du gewöhnlich im Kreuze es an im dear

A ¿Qué haces normalmente en vacaciones? Márcalo en los cuadros.

handwritten: Rechtecken

handwritten: Möchtest du es sagen

B ¿Quieres decírselo a tus compañeros?

handwritten: Deinen Mitschülern

handwritten: Ich im Winter werde mit meine

• Yo, en invierno, voy con la familia a la montaña.

handwritten: Familie ins Gebirge fahren

handwritten: a pie / zu Fuß

 ☐ solo/a

 ☐ con los amigos

 ☐ con la familia

 ☐ en viajes organizados

 ☒ con mi novio/a *handwritten: Freundin Verlobten*

 ☐ en coche

☒ en avión *handwritten: (ir) voy*

 ☒ en tren

 ☐ en bicicleta

 ☐ en moto

 ☐ a la montaña

 ☐ a países o ciudades diferentes

 ☐ a la playa

 ☒ en primavera

 ☐ en verano

 ☐ en otoño

 ☐ en invierno

2 Las vacaciones de Clara, de Isabel y de Toni

Clara y la prima Ester, preparadas para un paseo en bici. Los del jardín son tía Julia y tío Andrés.

Verano del 93, fiestas del pueblo, preparados para ir a bailar. Isabel con su novio y unos amigos.

Camping de Malgrat, verano de 1993, Toni y unos amigos suizos.

Actividades

A Mira estas fotos y habla con tus compañeros. Responde a las preguntas:
- ¿Dónde están Clara, Isabel y Toni? *handwritten: Wo sind*
- ¿Con quién? *handwritten: mit wem?*

B 🎙 Ahora vas a oír tres conversaciones. Clara, Isabel y Toni hablan de sus vacaciones. Dicen muchas cosas. Tú sólo tienes que hacer una cosa: saber quién habla en cada conversación. Completa:

	Conversación nº
Isabel	1
Clara	2
Toni	3

❸ Se busca compañero de viaje

Man michtamen Bylektri die Reise

el anuncio
die Annonce

¿ERES AVENTURERO? ¿TE INTERESA LATINOAMÉRICA?

Tenemos dos plazas libres para un viaje a Nicaragua y Guatemala.

AVIÓN + JEEP

Interesados, llamar al 4631098.

Estás preparando tus vacaciones. Has encontrado estos tres anuncios. Son tres viajes muy diferentes.

Actividades

A ¿Te interesa alguno de estos anuncios?
Vas a hablar con tu compañero. Pero antes tienes que prepararte. Elige alguna de estas frases para poder expresar tus preferencias y explicar los motivos:

PREFERENCIAS: *ich interessive mich für*
A mí me interesa...
- el viaje a Latinoamérica.
- el apartamento en Tenerife.
- el viaje a Andalucía.

MOTIVOS:
Me gusta...
- la aventura.
- conocer otras culturas.
Me gustan...
- los viajes organizados.
- las vacaciones tranquilas.
Quiero...
- visitar Centroamérica.
- conocer Andalucía.

B Ahora puedes hablar con tus compañeros:
● A mí me interesa el apartamento en Tenerife. Me gustan las vacaciones tranquilas.
○ Pues a mí me interesa el viaje a Centroamérica porque quiero conocer Nicaragua.

¿Te interesan: la historia, la cultura, las costumbres de otros pueblos?

Plaza libre en viaje organizado a Andalucía. Avión ida y vuelta a Sevilla. Viaje en autocar a Granada y Córdoba. Visitas con guía a todos los monumentos. Muy barato. Llamar al 4867600.

● ● ●

SOL, MAR Y TRANQUILIDAD

Ocasión: apartamento muy barato en Tenerife. 1-15 de agosto. Para 5 personas. Muy cerca de la playa. Viajes Solimar. Tlf. 4197654

del 1 al 15 de agosto

S 139/140

① Un típico pueblo español

Mira la imagen y lee el texto. ¿Sabes qué nombre tiene cada lugar?
Escríbelo en el recuadro correspondiente.

En un pueblo español suele haber una calle que se llama Calle Mayor y una plaza que se llama Plaza de España. En el centro, generalmente en la Plaza de España, están el ayuntamiento y la iglesia. En casi todos los pueblos hay escuela y oficina de correos, pero no todos tienen estación de ferrocarril o farmacia; actualmente en casi todos hay también una oficina de una Caja de Ahorros o un banco, y un ambulatorio de la seguridad social. Y siempre hay un bar o una cafetería (o más) y un supermercado.

② ¿Quién puede escribir más frases?

Trabajad en parejas: escribid frases sobre el pueblo del dibujo. Sólo valen las frases ciertas y correctas. La pareja que más frases escriba, gana.

③ ¿Qué hay en el pueblo?

Habla con tu compañero sobre el dibujo. Puedes hacerle preguntas como éstas:

- ¿Hay supermercado en el pueblo?
- ¿Cuántas farmacias hay en el pueblo?
- ¿Cuántos bares hay?
- ¿Dónde está la escuela?

QUÉ HAY Y DÓNDE ESTÁ

En el pueblo **hay** un supermercado.

El supermercado **está** en la Calle Mayor.

La iglesia y el ayuntamiento **están** en el centro.

	ESTAR
(yo)	estoy
(tú)	estás
(él, ella, usted)	está
(nosotros, nosotras)	estamos
(vosotros, vosotras)	estáis
(ellos, ellas, ustedes)	están

HAY

	Singular
HAY	**Hay** una farmacia. No **hay** escuela.
	Plural
	Hay dos farmacias. **Hay** varias farmacias.

S 140

Y, NI, TAMBIÉN, TAMPOCO

En el pueblo **hay** un hotel **y** dos bares.
También hay un casino.

En el pueblo **no hay** cine **ni** teatro.
Tampoco hay farmacia.

YO/A MÍ: DOS CLASES DE VERBOS

	QUERER
(yo)	quiero
(tú)	quieres
(él, ella, usted)	quiere
(nosotros, nosotras)	queremos
(vosotros, vosotras)	queréis
(ellos, ellas, ustedes)	quieren

	GUSTAR
(a mí)	me gusta
(a ti)	te gusta
(a él, ella, usted)	le gusta
(a nosotros, nosotras)	nos gusta
(a vosotros, vosotras)	os gusta
(a ellos, ellas, ustedes)	les gusta

Me gusta { viajar en tren. / este pueblo.

Me gustan los pueblos pequeños.

4 Tu barrio

Anota en una lista las cosas que hay en tu barrio y las que no hay; luego, explícaselo a tus compañeros.

 Hay: - 2 bares
- 3 farmacias
No hay: - parques
- cines

 ● En mi barrio hay dos bares y tres farmacias. Pero no hay parques ni cines.

5 Tus compañeros: sus vacaciones

Haz una lista con las cosas y servicios que hay en el lugar de vacaciones de uno de tus compañeros.

 ● ¿Dónde pasas normalmente tus vacaciones?
○ En un camping, en Mallorca.
● ¿Hay pistas de tenis?
○ Sí.
● ¿Y piscina? ¿Hay piscina?
○ No, piscina no hay.

hotel
apartamento
camping

piscina	pista de tenis
sauna	discoteca
supermercado	peluquería

6 Gente joven de vacaciones

Estos amigos están hablando de las vacaciones. Coinciden bastante en sus gustos. Antes de escucharlos, imagínate lo que les gusta:

- ¿Ir a otros países? ¿Conocer gente?
- ¿Ir solos o en viajes organizados? ¿A hoteles, a albergues, a campings...?

 ● Normalmente les gusta ir a campings.
○ Sí, no les gustan los viajes organizados.

Ahora, escuchad la grabación. Comparad lo que dicen con lo que habéis dicho vosotros.
¿Qué razones dan para justificar sus preferencias?

11 gente de vacaciones

S. 140

❶ Vacaciones en grupo

Marca tus preferencias entre las siguientes posibilidades.

Viaje:
- ☐ en coche particular
- ☐ en tren
- ☒ en avión
- ☐ en autostop

(Unterkunft) Alojamiento:
- ☒ hotel *el*
- ☐ camping *el*
- ☐ caravana *la*
- ☐ albergue de juventud

mi Schlafsack   el saco de dormir

Lugar:
Ort
- ☐ playa
- ☐ montaña
- ☐ campo *el*
- ☒ ciudad *la*

Interessen Intereses:
- ☐ naturaleza
- ☐ deportes *Sport*
- ☒ monumentos
- ☒ museos y cultura

Formula tus preferencias:

● A mí me interesan los museos y la cultura. Por eso quiero ir *Deshalb*
a visitar una ciudad. Quiero ir en coche particular y alojarme
en un hotel.

Escucha lo que dicen tus compañeros. Anota los nombres de los que tienen
preferencias más próximas a las tuyas.

❷ Morillo de Tou o Yucatán

En primer lugar, formáis grupos según los resultados del ejercicio anterior.
Para vuestras vacaciones en grupo podéis elegir una de estas dos opciones.
Leed los anuncios.

CENTRO DE VACACIONES
Morillo de Tou

Pueblo del siglo XVIII, abandonado en los años 60
y rehabilitado en los 80 por CC. OO. de Aragón.

Instalaciones: centro social, en la antigua iglesia
del pueblo (gótico cisterciense, restaurada), bar-restaurante,
piscina, 4 posibilidades de alojamiento: camping con caravanas,
albergues-residencia, casas de pueblo rehabilitadas
para alojamiento y hostal.

A 4 Km., la ciudad de Aínsa, conjunto histórico-artístico:
castillo, murallas, iglesia románica del s. XII.

A 50 Km., el Parque Nacional de Ordesa:

deportes de montaña y esquí.

Playas de Cancún (México)

*U*n fabuloso y exótico viaje de tres semanas a la península de Yucatán.

Vuelo en Aeroméxico, Madrid-México D.F.- Cancún. Alojamiento en Cancún: apartamentos u hotel con instalaciones deportivas. Visita a los monumentos de la cultura maya (siglos VI-X de nuestra era): Pirámide de El Castillo, Observatorio astronómico de El Caracol, Pirámide de El Adivino.

Información de interés:
La península de Yucatán está en el Sur de México. El clima es semi-tropical. Entre junio y septiembre, las lluvias intermitentes provocan un calor húmedo. Temperaturas entre 20 y 28 grados en enero, y entre 24 y 33 en agosto. Las carreteras entre las playas turísticas y los monumentos mayas son buenas, y el viaje es rápido. Los hoteles y muchas agencias organizan excursiones a estos lugares, pero también es posible alquilar un coche, por unos 65 dólares EE.UU. diarios.

- Yo prefiero el viaje a México. Me interesan mucho los monumentos de la cultura maya.
  - A mí, no. Yo prefiero ir a Morillo de Tou.
  - Yo también prefiero México.
  - Bueno, pues vamos a México.
  - De acuerdo. Vamos a México.

Debéis poneros de acuerdo sobre:
– las fechas,
– el alojamiento,
– las actividades.

❸ **El plan de cada grupo**
Cada grupo explica a la clase la opción que ha elegido y las razones de su elección.

Nuestro plan es	ir a _____
	salir el día _____ y regresar el día _____
Queremos	alojarnos en _____
	pasar un día / X días en _____
Preferimos	visitar / estar en _____
... porque	a _____ le gusta/interesa mucho visitar _____
	nos gusta/interesa _____

OS SERÁ ÚTIL...

- Yo prefiero ir en junio, porque hago mis vacaciones en verano.
  - Yo, en diciembre.

- A mí me gusta más ir a un camping.
  - Yo prefiero un hotel.

- Yo quiero:
  - practicar deportes de montaña.
  - alquilar un coche y hacer una excursión.

PREFERIR

(yo)	prefiero
(tú)	prefieres
(él, ella, usted)	prefiere
(nosotros, nosotras)	preferimos
(vosotros, vosotras)	preferís
(ellos, ellas, ustedes)	prefieren

Preferir como **querer** son irregulares: **e / ie.**

1 Una agencia de publicidad ha elaborado este anuncio. Escúchalo y léelo.

VEN A CONOCER CASTILLA Y LEÓN

Sus ciudades, llenas de historia y de arte: Ávila y sus murallas, Salamanca y su universidad, Segovia y su acueducto; León, Burgos: sus catedrales góticas. Ven a pasear por sus calles y visitar sus museos.

El campo castellano: la Ruta del Duero, el Camino de Santiago. Sus castillos: Peñafiel, La Mota. Sus monasterios: Silos, Las Huelgas. Pueblos para vivir y para descansar.

Castilla y su gente: ven a conocernos.

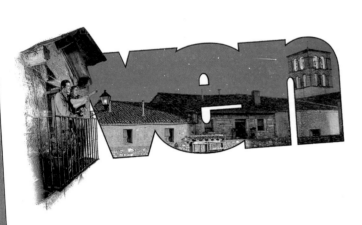

Ven a conocer
Castilla y León

Castilla y León

¿Por qué no elaboráis en grupos anuncios parecidos a éste sobre vuestras ciudades? Escribid el texto y el slogan, y pensad qué imágenes podéis utilizar. Luego, elegid el que más os guste.

[handwritten] Einer) von euch wählt einen Ort auf dieser Landkarte und fragt, wo es sich befindet.

2 Uno de vosotros elige un nombre que figure en el mapa y pregunta dónde está. Si alguien lo sabe, gana un punto. Al final gana quien más puntos ha obtenido. Si los compañeros no lo encuentran, da pistas como:

Es	un río.	Está	al Norte.	Está	cerca de...
	un lago.		al Sur.		lejos de...
	una ciudad.		al Este.		
	una montaña.		al Oeste.		
	una isla.		en el centro.		

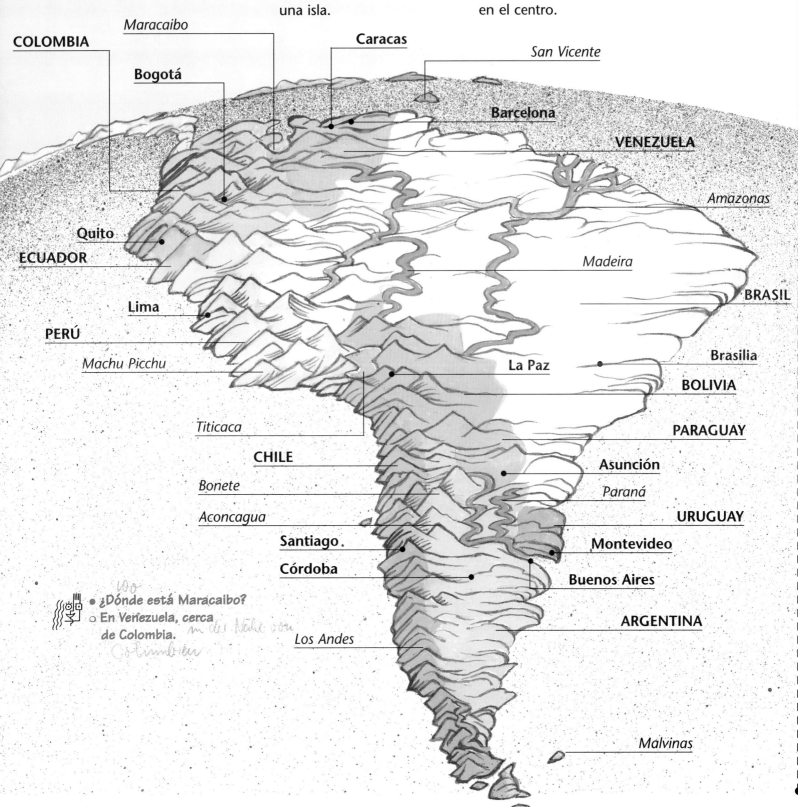

COLOMBIA
Maracaibo
Bogotá
Caracas
San Vicente
Barcelona
VENEZUELA
Amazonas
Quito
ECUADOR
Madeira
BRASIL
Lima
PERÚ
Machu Picchu
Brasilia
La Paz
BOLIVIA
Titicaca
PARAGUAY
CHILE
Asunción
Bonete
Paraná
Aconcagua
URUGUAY
Santiago
Montevideo
Córdoba
Buenos Aires
ARGENTINA
Los Andes
Malvinas

● ¿Dónde está Maracaibo?
○ En Venezuela, cerca de Colombia.
[handwritten] in der Nähe von Colombien

Vamos a buscar regalos adecuados para algunas personas. Aprenderemos a:

✔ describir y valorar objetos,
✔ ir de compras.

gente de **compras**

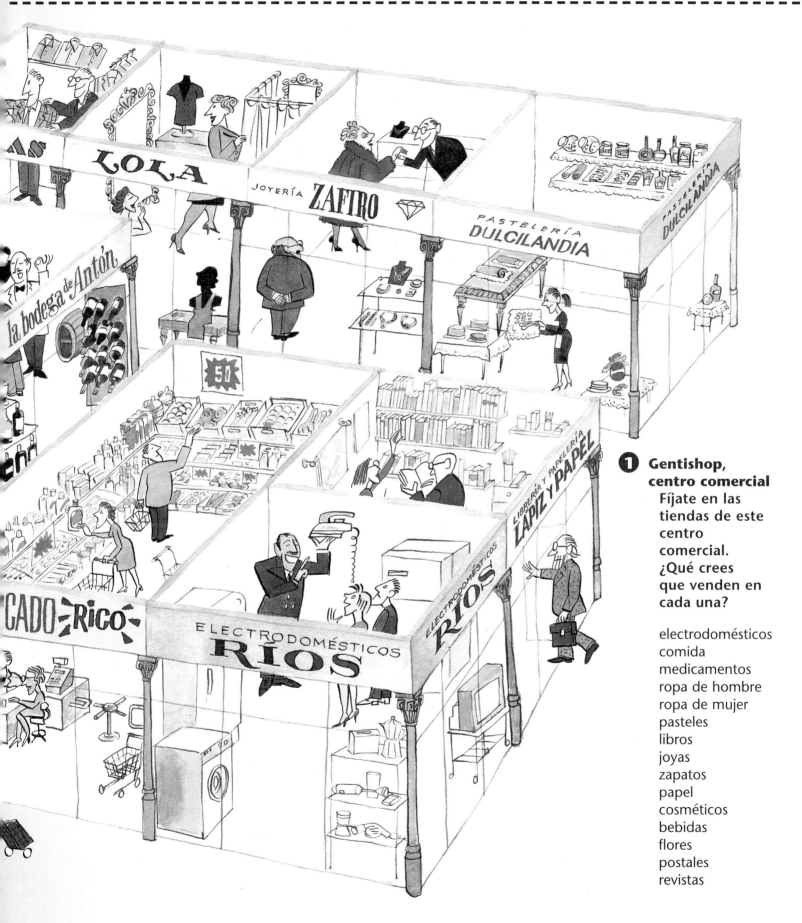

1 **Gentishop, centro comercial**
Fíjate en las tiendas de este centro comercial. ¿Qué crees que venden en cada una?

electrodomésticos
comida
medicamentos
ropa de hombre
ropa de mujer
pasteles
libros
joyas
zapatos
papel
cosméticos
bebidas
flores
postales
revistas

● En "Lola" venden ropa de mujer.
○ Y en "La orquídea", flores.

1 La lista de Daniel

Contexto

Daniel tiene que hacer muchas compras y va al centro comercial Gentishop. Además, Lidia, su novia, cumple 30 años y él quiere darle una sorpresa. Lleva una lista para no olvidar nada.

2 botellas de cava
americana
espuma de afeitar
aspirinas
desodorante
pilas
cinta de vídeo
comida para el gato
calcetines
sobres
periódico
regalo para Lidia
(¿un pañuelo? ¿un reloj?)
pastel de cumpleaños
flores

Actividades

A ¿A qué tiendas tiene que ir Daniel? Señálalo con cruces.

☐ a una librería
☐ a una perfumería
☐ a una papelería
☐ a un quiosco
☐ a un supermercado
☐ a una tienda de ropa de hombre
☐ a una tienda de ropa de mujer
☐ a una tienda de deportes
☐ a una bodega
☐ a una farmacia
☐ a una pastelería

☐ a una joyería
☐ a una floristería
☐ a una tienda de electrodomésticos
☐ a una tienda de muebles

B ¿Y tú? ¿Tienes que comprar algo hoy o mañana? Haz una lista. Puedes usar el diccionario o preguntar al profesor.

C ¿En qué tiendas de Gentishop puedes hacer tus compras? Explícalo a tus compañeros.

● Yo tengo que ir a la farmacia. Necesito aspirinas.

❷ Las compras de Daniel

A veces comprar no es nada fácil. Hay que buscar, elegir, pagar... Hoy Daniel tiene algunos problemas.

A c t i v i d a d e s

A Escucha las conversaciones y di en cuáles hace estas cosas.

Daniel: en las conversaciones nº...

- pregunta el precio
- busca un regalo para su novia
- se prueba una americana
- se compra algo para él
- va a pagar

B Mira el ticket de la compra de Daniel. ¿Qué cosas te parecen caras o baratas?

- ● **La espuma es muy barata.**
- ○ **Sí, mucho.**
- ■ **En cambio, el reloj es un poco caro.**
- ◆ **Sí, un poco.**

Al final, Daniel compra todo esto:

```
* G E N T I S H O P *
    Gracias por su visita
2 botellas de cava..............4.000 pts.
americana...................15.000 pts.
espuma de afeitar................300 pts.
tubo de aspirinas................250 pts.
bolsa de comida para gatos.....3.800 pts.
pastel de cumpleaños...........1.700 pts.
1 orquídea.......................900 pts.
reloj.........................89.000 pts.
```

❶ ¿Cuánto cuesta?

El profesor va a leer algunos de estos precios. Trata de identificarlos y señálalos con una cruz.

- ☐ 58 dólares
- ☐ 100 francos
- ☐ 200 francos
- ☐ 30.706 liras
- ☐ 1.400 marcos
- ☐ 4.246 pesos
- ☐ 892 pesetas
- ☐ 28 dólares
- ☐ 37.630 liras
- ☐ 70 dólares
- ☐ 5.709 pesetas
- ☐ 205 francos
- ☐ 14.624 pesos
- ☐ 111 libras
- ☐ 14.000 marcos
- ☐ 950 pesetas

❷ Cien mil millones

Fíjate en esta serie del 3. Cada pareja hace una serie con otro número. Después, la lee y el resto de la clase la escribe.

3	tres
33	treinta y tres
333	tres**cientos** treinta y tres
3.333	tres **mil** tres**cientos** treinta y tres
33.333	treinta y tres **mil** tres**cientos** treinta y tres
333.333	tres**cientos** treinta y tres **mil** tres**cientos** treinta y tres
3.333.333	tres **millones** tres**cientos** treinta y tres **mil** tres**cientos** treinta y tres

❸ ¿Éste?

Piensa en uno de estos relojes, sólo en uno, en el que más te guste. A ver si tu compañero lo adivina.

- ● ¿Éste?
- ○ No.
- ● ¿Éste?
- ○ ¡No...!
- ● Pues éste.
- ○ ¡Sí...!

❹ ¿Tienes ordenador?

Arturo es el típico "consumista". Le gusta mucho comprar y tiene todas estas cosas. ¿Y tú? Señala cuáles de estas cosas no tienes.

ordenador	bicicleta	microondas
lavavajillas	tienda de campaña	esquís
cámara de vídeo	moto	lavadora
CD-ROM	patines	teléfono móvil

¿Necesitas alguna de estas cosas? Coméntalo con tus compañeros.

- ● Yo no tengo ordenador pero quiero comprarme uno.
- ○ Yo sí tengo ordenador.
- ■ Yo también.

TENER

(yo)	**tengo**
(tú)	**tienes**
(él, ella, usted)	**tiene**
(nosotros, nosotras)	**tenemos**
(vosotros, vosotras)	**tenéis**
(ellos, ellas, ustedes)	**tienen**

- ● ¿Tienes coche?
- ○ Sí, tengo **un** Seat Toledo.

DEMOSTRATIVOS

Señalamos sin referencia a su nombre:

esto

Señalamos con referencia a su nombre:

éste
ésta
éstos
éstas

Mencionamos el nombre del objeto:

este jersey
esta cámara
estos discos
estas camisetas

DE 100 A 1.000

100 - cien
200 - doscientos/as
300 - trescientos/as
400 - cuatrocientos/as
500 - quinientos/as
600 - seiscientos/as
700 - setecientos/as
800 - ochocientos/as
900 - novecientos/as
1.000 - mil

MONEDAS Y PRECIOS

un dólar   una peseta
un marco   una lira
un florín   una libra
un peso   una corona

● ¿Cuánto **cuesta** esta camisa?
○ Doscient**as** pesetas.

● ¿Cuánto **cuestan** estos zapatos?
○ Doscient**os** dólares.

NECESIDAD U OBLIGACIÓN

TENER	QUE	Infinitivo
Tengo		ir de compras.
Tienes	que	llevar corbata.
Tiene		trabajar.
...		

COLORES

blanco/a   azul   verde
amarillo/a   gris   rosa
rojo/a   marrón   naranja
negro/a

UN/UNA/UNO

Primera mención:

● Quiero { un libro.
{ una cámara.
{ unos esquís.
{ unas botas.

Ya sabemos a qué nombre
nos referimos:

○ Yo también quiero { uno.
{ una.
{ unos.
{ unas.

⑤ Ropa adecuada

Estas personas van a diferentes sitios. ¿Qué crees que tienen que ponerse? Escríbelo y luego discútelo con tus compañeros.

MARÍA
Va a una
reunión de
trabajo.

PABLO
Va a
una
discoteca.

JUAN
Va a casa de
unos amigos
en el campo.

ELISA
Va a un
restaurante
elegante.

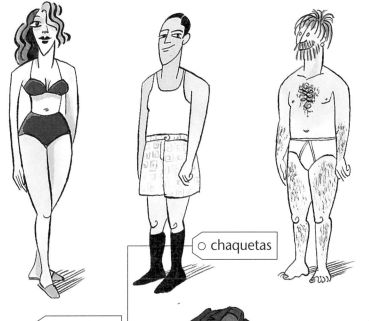

○ chaquetas

○ pantalones

○ camisas

○ falda

○ vestido

○ zapatos

camiseta ○

jersey ○

○ cazadoras

 María ——→ el vestido rojo.

● Yo creo que María tiene que ponerse el vestido rojo.
○ No... Es demasiado elegante. Mejor
   unos pantalones.
■ Sí, mejor.

serio/a
clásico/a
informal
juvenil
elegante

❶ Una fiesta

Vamos a imaginar que nuestra clase organiza una fiesta.
Decidid en pequeños grupos qué tenéis, qué necesitáis, cuánto queréis gastar en cada cosa (en la moneda del país donde estáis) y quién se encarga de cada cosa. Podéis añadir otras cosas a la lista.

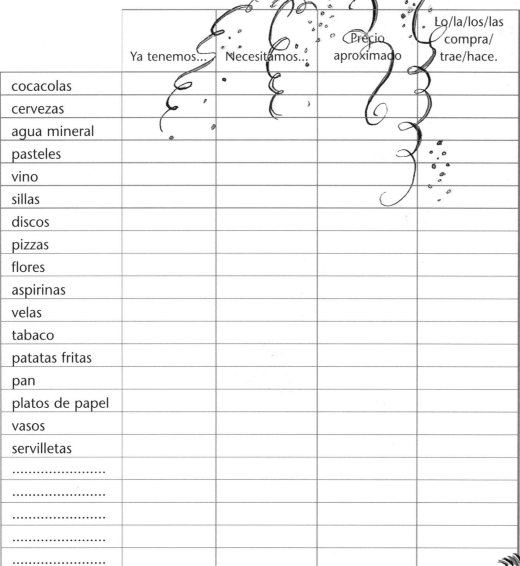

	Ya tenemos...	Necesitamos...	Precio aproximado	Lo/la/los/las compra/ trae/hace.
cocacolas				
cervezas				
agua mineral				
pasteles				
vino				
sillas				
discos				
pizzas				
flores				
aspirinas				
velas				
tabaco				
patatas fritas				
pan				
platos de papel				
vasos				
servilletas				
....				
....				
....				
....				
....				

- ¿Necesitamos sillas?
- No, yo tengo sillas.
- ¿Y platos de papel?
- Tampoco. Puedo traerlos yo.
- Vale.

2 Premios para elegir

En un sorteo de la galería comercial Gentishop te han tocado tres premios. Puedes elegir entre estas cosas para ti o para un familiar o amigo. ¿Qué eliges? ¿Para quién? ¿Por qué? Explícaselo a tus compañeros.

● Yo, el sofá, la botella de coñac y el teléfono móvil. El teléfono móvil para mi mujer porque necesita uno...

3 ¿Qué le regalamos?

Estos amigos buscan un regalo para alguien. Haz una lista con las cosas que proponen.

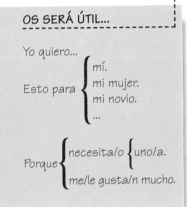

CONVERSACIÓN A

CONVERSACIÓN B

¿Qué crees que deciden comprar?

4 Felicidades

En parejas, tenéis que elegir regalos de cumpleaños para cuatro compañeros de clase. Tenéis que pensar también cuánto cuestan, más o menos.

Nosotros le queremos comprar ___una chaqueta___ a ___Hans___
porque ___le gusta mucho la ropa___
Cuesta unos/unas ___20.000 ptas.___

5 De compras

En grupos, representaremos una escena de compras de nuestros regalos. Antes, cada grupo se prepara.

FELIZ NAVIDAD

Cada país, cada cultura, tiene costumbres propias respecto a los regalos. En España, por ejemplo, los regalos de Navidad los traen los tres Reyes Magos: Melchor, Gaspar y Baltasar vienen de Oriente en sus camellos y llegan a todos los pueblos y ciudades españolas la noche del día 5 de enero. Los niños les escriben cartas y les piden lo que quieren.

En los últimos años, en la noche del 24 de diciembre (la Nochebuena) también llega a algunas casas españolas Papá Noel.

5 de enero de

Queridos Reyes Magos:

Estas Navidades quiero para mí una ~~moto~~ muñeca muy grande, que se llama Virginia, la que sale en la Televisión. También quiero unos patines en línea como los de mi hermano Javier. Y otra cosa: un ordenador de juguete Playgentix.

Para mi papá, lo mejor es un coche ~~nuevo~~ nuevo. Y para mamá, una tele. Tenemos tele pero ella quiere una para su habitación.

Para mi hermano Javi, mucho carbón, que es muy malo.

Y para los abuelitos, un apartamento en Benidorm.

Muchos besos para los tres y muchas gracias.

Tina

1 ¿Y tú? ¿Por qué no escribes tu carta a los Reyes?

2 En todas las culturas hacemos regalos, pero a lo mejor elegimos cosas distintas para las mismas situaciones. Completa este cuadro y coméntalo con tus compañeros.

En España, cuando...	En mi país...
... nos invitan a comer a casa unos amigos, llevamos vino o pasteles.	
... es el cumpleaños de un familiar, le regalamos ropa, colonia, un electrodoméstico...	
... queremos dar las gracias por un pequeño favor, regalamos un disco, un libro, un licor...	
... se casan unos amigos, les regalamos algo para la casa o dinero.	
... visitamos a alguien en el hospital, le llevamos flores, un libro...	

17 18 19 20

En esta unidad vamos a elaborar una guía para vivir 100 años en forma. Aprenderemos a:

✔ informar sobre nuestros hábitos diarios, relativos a la salud, y valorarlos,

✔ recomendar actividades físicas y alimentos.

gente
en forma

❶ Para estar en forma

En esta lista hay unas costumbres buenas para estar en forma y otras malas. ¿Cuáles tienes tú? Marca dos buenas y dos malas. Después, cuéntaselo a dos de tus compañeros. Puedes añadir algunas cosas que haces y que no están en la lista.

Duermo poco.
Voy en bici.
Como pescado a menudo.
Trabajo demasiadas horas.
Bebo mucha agua.
Como mucha fruta.
Ando poco.
Fumo.
No bebo alcohol.
Tomo demasiado café.
No tomo medicamentos.
Como poca fibra.
Hago yoga.
No hago deporte.
Juego al tenis.
Como muchos dulces.
Estoy mucho tiempo sentado/a.
Como mucha carne.
No tomo azúcar.
Como sólo verduras.

_____

_____

 ● Yo voy en bici y no bebo alcohol, pero duermo poco y como mucha carne.
○ Pues yo tampoco bebo alcohol. Y hago yoga. Pero estoy mucho tiempo sentada y como poca fibra.
■ Yo hago gimnasia y como muchas verduras. Pero fumo y trabajo demasiado.

1 El cuerpo en movimiento

Mantenerse en FORMA

Una buena dieta es fundamental para estar en forma y el ejercicio físico es el complemento ideal: ayuda a perder peso y mantiene el tono de los músculos.

Ésta es la página de salud del suplemento semanal de un periódico. En ella hay información sobre ejercicios físicos para estar en forma e instrucciones para realizarlos.

hacer flexiones con las manos apoyadas en el suelo

nadar

andar

correr

subir escaleras a pie

ir en bicicleta

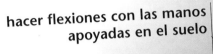

Actividades

A ¿Cómo se llaman las partes del cuerpo? Puedes saberlo si lees los textos y miras las imágenes de estas dos páginas.

B Ahora seguro que puedes describir la imagen 6.

C También puedes decir para qué son buenas las actividades de 7 y 8.

piernas	brazos	cintura
espalda	corazón	circulación

● Saltar es bueno para las piernas y para...

Es muy FÁCIL

No es necesario recurrir a la práctica de deportes complicados y sofisticados: los ejercicios más simples son los más recomendables y los más efectivos. Cada uno puede practicar en su casa actividades como éstas:

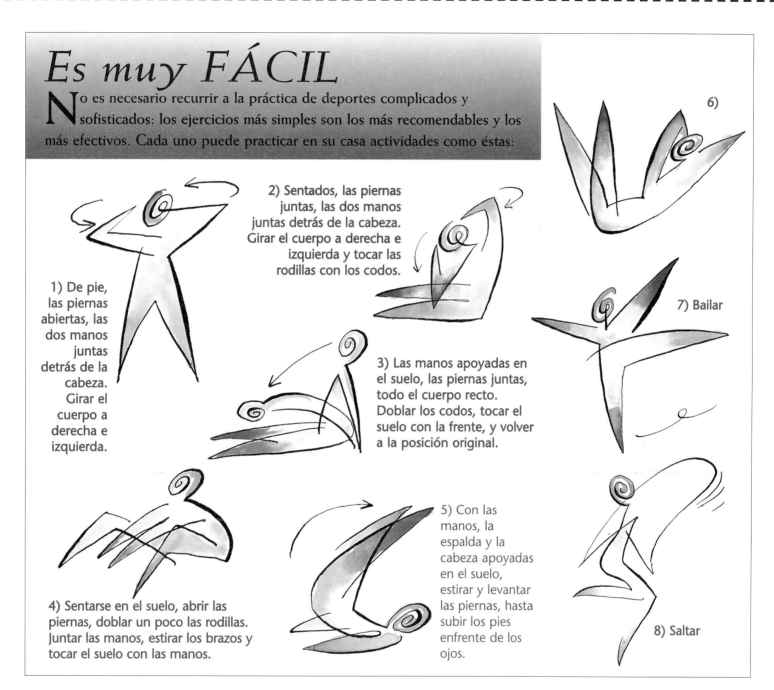

1) De pie, las piernas abiertas, las dos manos juntas detrás de la cabeza. Girar el cuerpo a derecha e izquierda.

2) Sentados, las piernas juntas, las dos manos juntas detrás de la cabeza. Girar el cuerpo a derecha e izquierda y tocar las rodillas con los codos.

3) Las manos apoyadas en el suelo, las piernas juntas, todo el cuerpo recto. Doblar los codos, tocar el suelo con la frente, y volver a la posición original.

4) Sentarse en el suelo, abrir las piernas, doblar un poco las rodillas. Juntar las manos, estirar los brazos y tocar el suelo con las manos.

5) Con las manos, la espalda y la cabeza apoyadas en el suelo, estirar y levantar las piernas, hasta subir los pies enfrente de los ojos.

6)

7) Bailar

8) Saltar

❷ ¿Hacen deporte los españoles?

Contexto

La radio ha salido a la calle. Quieren saber si los españoles hacen deporte. Preguntan a las personas que pasan por allí.

Actividades

A Escucha las entrevistas. Según esta encuesta, ¿hacen mucho deporte los españoles?

☐ mucho
☐ bastante
☐ no mucho

B Ahora hazle la entrevista a tu compañero. Luego explicaréis al resto de la clase:
- las cosas que hacéis los dos,
- las cosas que sólo hace cada uno de vosotros.

- Los dos jugamos al tenis.
- Y los dos vamos en bici.
- Y él/ella juega al fútbol, pero yo no.

18 gente en forma

❶ Causas del estrés

El estrés no ayuda nada a estar en forma. Tiene muchas causas y síntomas. Algunos están en esta lista. Hazle una encuesta a tu compañero y anota las respuestas que te da.

☐ Comer cada día a una hora distinta.
☐ De vacaciones o durante el fin de semana, pensar frecuentemente en asuntos del trabajo.
☐ Ir siempre deprisa a todas partes.
☐ Desayunar de pie y haciendo otras cosas al mismo tiempo.
☐ Ponerse nervioso en los atascos de tráfico.

☐ Ir inmediatamente al médico ante cualquier síntoma.
☐ Dormir menos de 7 horas al día.
☐ Leer mientras comes.
☐ Discutir frecuentemente con la familia, con los amigos o con los colegas.
☐ No levantarse y acostarse cada día a la misma hora.

● ¿Comes cada día a una hora distinta?
○ No, siempre como a la misma hora.

¿Crees que tu compañero puede sufrir estrés? ¿Por qué?

❷ Malas costumbres para una vida sana

Escucha lo que dicen las personas en estas entrevistas de la radio y anota lo que hacen. ¿Qué consejo le damos a cada una?

PRESENTES REGULARES E IRREGULARES

Regulares:

HABLAR	COMER	VIVIR
hablo	como	vivo
hablas	comes	vives
habla	come	vive
hablamos	comemos	vivimos
habláis	coméis	vivís
hablan	comen	viven

Irregulares:

DORMIR	DAR	IR	HACER
duermo	doy	voy	hago
duermes	das	vas	haces
duerme	da	va	hace
dormimos	damos	vamos	hacemos
dormís	dais	vais	hacéis
duermen	dan	van	hacen

Como **dormir**: jugar, poder, acostarse...
u / ue   o / ue

LA FRECUENCIA

siempre
muchas veces
de vez en cuando
nunca

Nunca voy al gimnasio por la tarde.
No voy **nunca** al gimnasio por la tarde.

los { lunes / martes / miércoles / jueves / viernes / sábados / domingos
los fines de semana

todos los días
todas las semanas

VERBOS REFLEXIVOS

LEVANTARSE

Me	levanto	Nos	levantamos
Te	levantas	Os	levantáis
Se	levanta	Se	levantan

Son verbos reflexivos: acostar**se**, dormir**se**, despertar**se**, duchar**se**...

Tengo que levantar**me** a las seis.
Hay que levantar**se** pronto.
No queremos levantar**nos** tarde.
Podéis levantar**os** a las 9h.

LA CUANTIFICACIÓN

Duermo **demasiado**.
Estás **demasiado** delgada.

Trabajo demasiado.

Come
{
demasiado chocolate.
demasiada grasa.
demasiadas patatas.
demasiados dulces.
}

Estás **muy** delgada.
Trabaja **mucho**.

Tiene **mucha** experiencia.
          mucho trabajo.
Trabaja **muchas** horas.
          muchos domingos.

RECOMENDACIONES Y CONSEJOS

Personal:
No descansas bastante. **Tienes que** dormir **más**.
Estás muy gordo. **Tienes que** comer **menos**.

Impersonal:

Hay que
Es necesario
Es bueno
Es importante
} hacer ejercicio.

---

❸ La cabeza, el pie, la boca...
Un alumno da la orden y el resto la sigue. Otro alumno modifica la postura con una nueva orden, y así sucesivamente. El que se equivoca, queda fuera. Gana el último.

> tocarse (con **la** mano): **el** pie, **la** cabeza, **la** espalda
>
> doblar: **las** rodillas, **el** codo, **la** cintura
>
> estirar: **los** brazos, **las** piernas
>
> abrir/cerrar: **la** mano, **la** boca
>
> levantar/bajar: **el** brazo derecho

● Tocarse la cabeza con la mano derecha y abrir la boca.
○ Cerrar la boca y tocarse la cabeza con la mano izquierda.
■ Levantar la rodilla derecha y estirar los brazos hacia delante.

¿EL PIE DERECHO O EL IZQUIERDO?

❹ Más ideas para estar en forma
Escribe con un compañero una lista de consejos. ¿Cuál es la pareja que tiene la lista más larga?

- Si quieres
- Para

estar más delgado/adelgazar,
estar en forma,
engordar/estar más gordo,
estar más fuerte,
estar más ágil,
mantenerte joven,

tienes que_____
es bueno_____

❶ Nuestra guía para vivir 100 años en forma

Para vivir 100 años en forma hay que comer bien, hacer ejercicio físico y vivir sin estrés. En otras palabras, son importantes tres cosas:

A: la alimentación sana
B: el ejercicio físico
C: el equilibrio anímico

¿A cuál de estas tres cosas corresponde cada una de las reglas siguientes? Marca con una X la casilla correspondiente.

	A	B	C
Comer pescado.			
No tomar bebidas alcohólicas.			
Controlar el peso.			
Darle al dinero la importancia que tiene, pero no más.			
Consumir menos y vivir mejor.			
Disfrutar del tiempo libre.			
Llevar una vida tranquila.			
Tener tiempo para los amigos.			
Tener relaciones agradables en la familia y en el trabajo.			
Dar un paseo diario.			
Tener horarios regulares.			
Tomarse las cosas con calma.			
Ir a dormir y levantarse cada día a la misma hora.			

Piensa un poco, y con ayuda del diccionario o de tu profesor, seguro que puedes añadir alguna idea más. Después, muéstrasela a tus compañeros.

❷ Vamos a informarnos

¿Qué podemos hacer para llevar una vida sana? Trabajaremos en grupos de tres. Pero antes, realizaremos una tarea individual de lectura.
Cada miembro del grupo debe tomar un texto de los tres que hay a continuación: lo lee, extrae las ideas principales y completa la ficha.

Texto número: _____   Idea principal: Para llevar una vida

sana es importante...

Razones:

Formas de conseguirlo:

1

EL EJERCICIO FÍSICO

Actualmente en nuestras ciudades mucha gente está sentada gran parte del tiempo: en el trabajo, en el coche, delante de la televisión... Sin embargo, nuestro cuerpo está preparado para realizar actividad física y, además, la necesita. Por eso, conviene hacer ejercicio en el tiempo libre, ya que no lo hacemos en el trabajo.

No es necesario hacer ejercicios físicos fuertes o violentos. El golf, por ejemplo, es un deporte ideal para cualquier edad. Un tranquilo paseo diario de una hora es tan bueno como media hora de bicicleta. Es importante realizar el ejercicio físico de forma regular y constante: todos los días, o tres o cuatro veces por semana.

LA ALIMENTACIÓN

2

Conviene llevar un control de los alimentos que tomamos. Normalmente, las personas que comen demasiado engordan, y estar gordo puede ser un problema; de hecho, en las sociedades modernas occidentales, hay gente que está enferma a causa de un exceso de comida. Para controlar el peso es aconsejable:

- No tomar grasas. Si comemos menos chocolate y menos pasteles, podemos reducir la cantidad de grasa que tomamos. También es bueno comer más pescado y menos carne. El pescado es muy rico en proteínas, y no tiene tantas grasas como la carne o el queso. Para una dieta sana, es aconsejable tomar pescado dos veces por semana, como mínimo. La forma de preparar los alimentos también ayuda a reducir la cantidad de grasas: es mejor comer la carne o el pescado a la plancha que fritos o con salsa.

- Comer frutas y verduras. Las frutas y las verduras contienen mucha fibra, que es muy buena para una dieta sana. La Organización Mundial de la Salud recomienda tomar un mínimo de 400 gramos diarios de frutas y verduras.

EL EQUILIBRIO ANÍMICO

3

El equilibrio anímico es tan importante para una buena salud como el ejercicio físico. Tener un carácter tranquilo es mejor que ser impaciente o violento. Ser introvertido tiene más riesgos que ser extrovertido. Realizar el trabajo con tranquilidad, sin prisas y sin estrés, es también muy importante.

Por otra parte, hay muchos estudios e investigaciones que establecen una relación entre las emociones negativas y la mala salud. La preocupación por las enfermedades y por la muerte contribuye a aumentar las emociones negativas. Ver la vida de forma positiva y evitar los sentimientos de culpabilidad puede ser una buena ayuda para conseguir el equilibrio anímico.

Finalmente, hay que señalar que unos hábitos regulares suponen también una buena ayuda: acostarse y levantarse cada día a la misma hora, y tener horarios regulares diarios para el desayuno, la comida y la cena.

3 **El contenido de nuestra guía**

Los tres miembros de cada grupo exponen sucesivamente las ideas principales de su texto.
Con esa información, discuten y deciden cuáles son las diez ideas más importantes. Pueden añadir otras.

4 **¿Elaboramos la guía?**

Éste será nuestro texto. La introducción ya está escrita. Sólo os falta formular las recomendaciones.

OS SERÁ ÚTIL...

Para mí... { lo más importante es...
lo mejor es...

SUSTANTIVOS EN
-CIÓN, -DAD Y -OMA, -EMA

femeninos {
la alimentación
la relación
la emoción
...
la actividad
la tranquilidad
la enfermedad
...

masculinos {
el problema
el tema
el síntoma
...

La esperanza de vida es cada vez mayor. Pero no solo es importante vivir más: todos queremos también vivir mejor. Para eso es necesario adoptar costumbres y formas de vida que nos preparen para una vejez feliz. En otras palabras, debemos llevar ahora una vida sana si queremos después vivir en forma. ¿Cómo? Nosotros hemos seleccionado diez consejos. Son éstos:

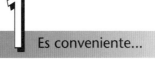 Es conveniente...

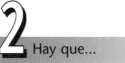 Hay que...

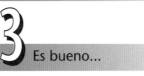 Es bueno...

SE LEVANTAN SOLOS

La mitad de los españoles que viven en pareja se levantan solos. Una encuesta sobre cómo usan su tiempo las familias muestra una homogeneidad importante en cuanto a la hora de levantarse, comer y acostarse. Después de la cena, la gran mayoría de los españoles sólo ve la televisión.

1. LEVANTARSE
La mayoría se levanta a las 8.15 h (54%).
El 25% se levanta después de las 9.00 h.
El 51% lo hace solo y el 22%, en compañía de su pareja.

2. DESAYUNO
A las 8.50 h. (hora media).
El 90% lo toma en casa.
El 52% solo y el 16% con su pareja.

3. ACTIVIDAD MATINAL
El 40% de los hombres va al trabajo.
El 46% de las mujeres hace tareas domésticas.

4. COMIDA
Se come a las 14.00 h.
El 85% lo hace en casa.

5. LA TARDE
El 21% ve la televisión.
El 17% vuelve al trabajo y el 19% (de mujeres) recoge la cocina.

6. CENA
A las 21.30 h.
El 90% cena en casa con la familia.

Los datos corresponden al tipo de familia más común: una pareja con hijos.

7. LA NOCHE
La actividad principal para el 62% es ver la televisión.

8. ESTRÉS
Hacen las cosas con prisa: 35%.
Hacen las cosas con tranquilidad: 65%.

10. EL SUEÑO
Los españoles dedican al sueño un promedio de 8 horas y 18 minutos. Generalmente se acuestan alrededor de las 12 y se levantan alrededor de las 8.

9. OCIO
Comparten su tiempo libre con los amigos.

Por sexos:
hombres: 22 %
mujeres: 10 %

Por ocupación:
estudiantes: 50%
parados: 25 %
jubilados: 11%

Por edades:
18-29 años: 34%
+ de 50 años: 7%

11. LAS CONVERSACIONES EN FAMILIA
Se concentran en tres grandes temas:
- personales y familiares,
- el dinero,
- el reparto de las tareas domésticas y la hora de llegar a casa.

Apenas hablan sobre política o religión, o del tiempo libre.

12. EL TIEMPO LIBRE
Dicen que no tienen tiempo para...
- hacer más deporte: 25% (hombres: 18%; mujeres: 7%);
- pasear: 8%;
- trabajar: 8% (los que no están en el paro);
- leer: 8%.

El 5% dice que no necesita más tiempo para hacer nada más.

1 **¿Cómo sería esta información referida a tu país? Trata de imaginarlo y cuéntaselo a tus compañeros.**

gente que trabaja

21 22 23 24

Distribuiremos diferentes trabajos entre un grupo de personas. Aprenderemos a:

✔ hablar de nuestra vida profesional,
✔ valorar cualidades y aptitudes.

❶ Las profesiones y las cualidades de las personas

Ésta es la entrada a un edificio comercial y de oficinas. Hay mucha gente que entra y sale: unas personas trabajan aquí, otras vienen a comprar o a la consulta del médico, otras vienen a ver a un abogado, a estudiar idiomas, etc. Mira la imagen y escribe la letra correspondiente delante del nombre de cada profesión. Luego compara tus respuestas con las de dos compañeros.

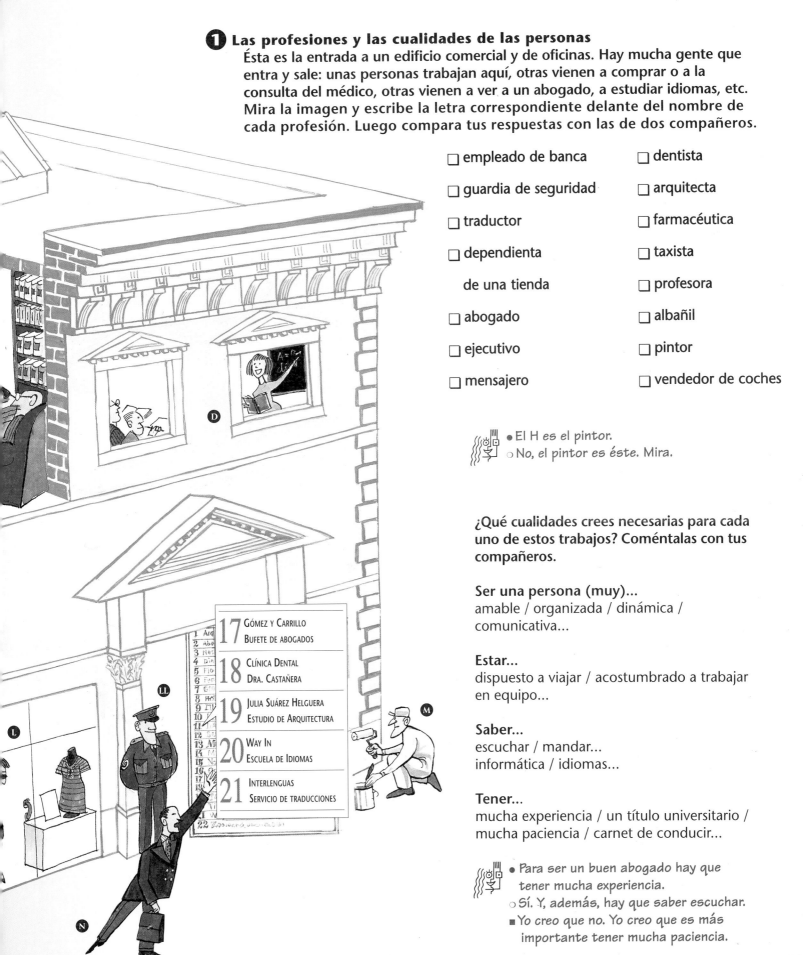

- ☐ empleado de banca
- ☐ guardia de seguridad
- ☐ traductor
- ☐ dependienta de una tienda
- ☐ abogado
- ☐ ejecutivo
- ☐ mensajero
- ☐ dentista
- ☐ arquitecta
- ☐ farmacéutica
- ☐ taxista
- ☐ profesora
- ☐ albañil
- ☐ pintor
- ☐ vendedor de coches

● El H es el pintor.
○ No, el pintor es éste. Mira.

¿Qué cualidades crees necesarias para cada uno de estos trabajos? Coméntalas con tus compañeros.

Ser una persona (muy)...
amable / organizada / dinámica / comunicativa...

Estar...
dispuesto a viajar / acostumbrado a trabajar en equipo...

Saber...
escuchar / mandar...
informática / idiomas...

Tener...
mucha experiencia / un título universitario / mucha paciencia / carnet de conducir...

● Para ser un buen abogado hay que tener mucha experiencia.
○ Sí. Y, además, hay que saber escuchar.
■ Yo creo que no. Yo creo que es más importante tener mucha paciencia.

17 GÓMEZ Y CARRILLO
BUFETE DE ABOGADOS

18 CLÍNICA DENTAL
DRA. CASTAÑERA

19 JULIA SUÁREZ HELGUERA
ESTUDIO DE ARQUITECTURA

20 WAY IN
ESCUELA DE IDIOMAS

21 INTERLENGUAS
SERVICIO DE TRADUCCIONES

1 **Profesiones: interesantes, aburridas, seguras, peligrosas...**

PROFESIÓN	ASPECTO POSITIVO	ASPECTO NEGATIVO
farmacéutico/a		
músico/a		
agricultor/ora		
asistente social		
camionero/a		
albañil		
intérprete		
cartero/a		
abogado/a		
maestro/a		
policía		
psicólogo/a		
mi profesión: *.....................*		

Actividades

Escribe, al lado de cada profesión, un aspecto positivo y otro negativo. Fíjate en la lista de ideas que tienes a la derecha. Luego, compara tus respuestas con las de dos compañeros.

● **Los mensajeros tienen una profesión peligrosa.**
○ **Y además no ganan mucho dinero.**
■ **Sí, pero es un trabajo muy independiente.**

ES UN TRABAJO MUY...	LOS TAXISTAS/MÉDICOS...
creativo	conocen a mucha gente
interesante	conocen muchos países
seguro	ganan mucho dinero
independiente	tratan con personas agradables
autónomo	ayudan a personas con problemas

ES UN TRABAJO MUY...	LOS TAXISTAS/MÉDICOS...
monótono	pueden tener accidentes
duro	están fuera de casa mucho tiempo
aburrido	ganan poco dinero
peligroso	tratan con personas desagradables

2 **Maribel busca un nuevo trabajo**

C o n t e x t o

Maribel quiere cambiar de trabajo. Ahora está hablando de sus experiencias pasadas y de sus proyectos, del tipo de trabajo que busca, de dónde quiere vivir, etc.

Actividades

A Escucha lo que dice Maribel y completa la ficha.

Ha vivido en _____
Ha estado en _____
Ha trabajado en _____
Tiene experiencia en _____
Habla _____

B Ahora, discute con tus compañeros qué empleo puede solicitar.

● Yo creo que puede solicitar el 1. Ha estudiado medicina.
○ Pero no quiere viajar por el extranjero. Mejor, el 3.
■ Sí, pero no habla francés. Mejor el...

1

EMPRESA MULTINACIONAL DEL SECTOR HOSPITALARIO SOLICITA

VENDEDOR/A

para MADRID

PERFIL REQUERIDO:
- Experiencia en ventas.
- Disponibilidad para viajar.
- Buena presencia y don de gentes.
- Edad entre 25 y 45 años.
- Conocimientos de inglés.

OFRECEMOS:
- Contrato laboral y alta en Seguridad Social desde el momento de su incorporación.
- Formación a cargo de la empresa.
- Sueldo fijo más comisión.
- Agradable puesto de trabajo.
- Vehículo de la empresa.
- Gastos pagados.

Escribir A MANO carta
y Curriculum MECANOGRAFIADO a:

CESERAM

Balmes, 145, ático 1ª - 08003 BARCELONA.

2

Máximo Duque

P R E C I S A

ENCARGADO/A

Para sus tiendas de ropa en Madrid.
- Edad entre 23 y 35 años.
- Experiencia en un puesto similar y acostumbrado a liderar grupos.
- Buena presencia.
- Incorporación inmediata.

Interesados enviar urgentemente C.V. al n° de fax: (91) 345 55 11

3

Importante empresa multinacional necesita para su sede en Madrid

TITULADO SUPERIOR

Se requiere:
- Licenciatura universitaria.
- Dominio del francés hablado y escrito. Conocimientos del italiano y/o portugués hablados.
- Capacidad de trabajo y de liderar grupos.

Se ofrece:
- Remuneración según experiencia del candidato/a.
- Formación técnica y comercial.
- Contrato laboral de un año de duración.

Los candidatos interesados deberán remitir urgentemente un detallado Curriculum Vitae, fotografía reciente y teléfonos de contacto. Escribir a: Apartado de Correos 27007 - 28080 MADRID.

22 gente que trabaja

❶ ¿Quién ha hecho estas cosas?

Trabajad en pequeños grupos. Uno de vosotros es el secretario, tiene que hacer las preguntas y escribir las respuestas en su lugar correspondiente. ¿Qué grupo termina el primero?

Arantxa S. Vicario   José Carreras
Adolfo Suárez   Gloria Estefan
Violeta Chamorro   Octavio Paz
Fernando Trueba   Antonio Banderas
Miguel Induráin   Javier Pérez de Cuéllar

- ¿Quién ha estado muy enfermo?
○ José Carreras.
■ ¿Estás seguro/a? Yo creo que es Octavio Paz.
○ No, no. Es José Carreras. Estoy seguro/a.

DATOS	NOMBRE
Ha ganado el trofeo de Roland Garros.	
Ha jugado en los cinco continentes.	
Ha ganado el Óscar a la mejor película en lengua no inglesa.	
Es mexicano.	
Ha vendido muchos discos en Miami.	
Ha ganado muchas veces el Tour de Francia.	
Es de origen cubano.	
Ha sido presidenta de Nicaragua.	
Ha estado muy enfermo.	
Se ha casado con una actriz americana.	
Ha cantado con Pavarotti y Plácido Domingo.	
Ha sido secretario general de la ONU.	
Ha obtenido el Premio Nobel de Literatura.	
Ha trabajado con Pedro Almodóvar.	
Ha sido presidente de Gobierno en España.	
Es peruano.	

❷ Hablamos del pasado

En la actividad 1 hemos usado los verbos en Pretérito Perfecto. Subráyalos y escribe el Infinitivo.

ha ganado ——→ ganar

PRETÉRITO PERFECTO

HABLAR

he
has
ha
hemos
habéis
han
} hablado

Participio
hablar ——→ hablado
tener ——→ tenido
vivir ——→ vivido

PARTICIPIOS IRREGULARES

ver ——→ visto
hacer ——→ hecho
escribir ——→ escrito
decir ——→ dicho

¿HAS ESTADO ALGUNA VEZ EN...?

He estado una vez.
            dos/tres/... veces.
            muchas veces.
            varias veces.
No, no he estado nunca.

HABLAR DE HABILIDADES

¿Sabéis tocar algún instrumento?

Yo sé tocar el piano.
Yo toco la guitarra.
Yo no toco ningún instrumento

Puedo tocar el piano.

Juego el piano.

LOS IDIOMAS

el griego
el árabe
el francés
el alemán

Es **griega**.
Habla **griego**.

- **Entiendo** el japonés, pero lo **hablo** muy poco. Y no lo **escribo**.
- Hablo **un poco de** italiano.

- ¿Habla usted inglés?
- Sí, **bastante bien**.

SABER

sé	sabemos
sabes	sabéis
sabe	saben

VALORAR HABILIDADES

muy bien
bastante bien
regular
bastante mal
muy mal

Elvira toca el piano muy bien. Yo, regular.

---

❸ No he estado nunca en Sevilla
Practica con dos compañeros. Tú les preguntas y anotas sus respuestas afirmativas (+) o negativas (-) en cada caso:

- ¿Habéis estado alguna vez en Sevilla?
- Yo sí. He estado muchas veces.
- Yo no. No he estado nunca.

	COMPAÑERO A	COMPAÑERO B
Visitar México.		
Hablar con un argentino.		
Comer paella.		
Bailar un tango.		
Bailar flamenco.		
Perder una maleta en un aeropuerto.		
Ganar un premio.		
Hacer teatro.		
Escribir un poema.		
Ir en globo.		
Enamorarse a primera vista.		
Hacer un viaje a la selva.		
Ir a...		

❹ ¿Verdad o mentira?
Tienes que escribir tres frases sobre tu vida: cosas que has hecho o que sabes hacer. Una por lo menos debe ser verdad; las otras pueden ser mentira. Puedes utilizar las expresiones siguientes.

Sé japonés / ruso / chino / árabe...
　　He vivido tres años en Japón.

Toco el piano / la guitarra / el saxofón...
　　He estudiado dos años en el conservatorio.

Escribo poesía. He escrito dos libros.

Hago teatro / yoga / cine / ballet clásico...

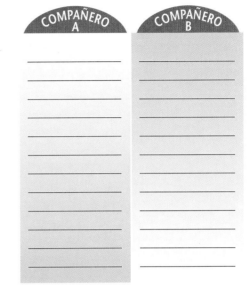

Trabajad en grupos de cuatro. Cada uno lee ante el grupo las frases que ha escrito. Los demás deben adivinar cuáles son verdad y cuáles no.

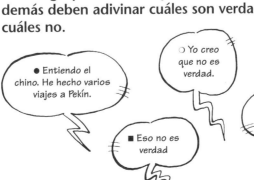

- Entiendo el chino. He hecho varios viajes a Pekín.
- Yo creo que no es verdad.
- Eso no es verdad
- Sí, sí es verdad.

65

❶ Anuncios de trabajo: ¿qué piden?

Estás en casa y escuchas en la radio un programa para jóvenes. En él hablan de una empresa nueva que se instala en una ciudad española. Va a crear muchos puestos de trabajo.
Primero, escucha lo que dicen y, después, rellena estas fichas. En la columna de la izquierda tienes las palabras que faltan.

OS SERÁ ÚTIL...

Hemos seleccionado a... para el puesto de...

Silvia puede ser vendedora.

Sí, pero no tiene experiencia.

Sí, y también decoradora. Sabe pintar...

para el trabajo

la experiencia

de progresar

programas informáticos

20/30 años

muy organizada

trabajo en equipo

nivel de lectura

con la gente

edad

formación especializada

VENDEDORES

Edad: 20/26 años.
Se valorará _____
Carácter amable y buena presencia.
Abierto al trato _____
Voluntad de progresar.
Capacidad de trabajo en equipo.

ADMINISTRATIVOS

Edad: 22/35 años.
Se valorará la experiencia.
Persona _____
Conocimiento de _____
a nivel de usuario (Windows...).
Idiomas: francés o inglés a _____
_____

DECORADORES

_____: 22/28 años.
_____ en decoración y presentación de escaparates.
Aptitud y sensibilidad para presentar el producto.
Capacidad de _____

MOZOS DE ALMACÉN

Edad: _____
Libre de servicio militar.
Buena disposición _____
Voluntad _____

❷ Selección de candidatos

Tú y dos de tus compañeros trabajáis en una empresa de selección de personal. Tenéis que seleccionar empleados para **HOME & COMFORT**. Los puestos de trabajo son los que tenéis en las fichas de la actividad 1. De momento tenéis cuatro solicitudes. ¿Qué puesto le dais a cada uno? Tenéis que poneros de acuerdo y seleccionar al mejor candidato para cada puesto.

Apellidos: *Pellicer Alpuente*
Nombre: *Silvia*
Lugar y fecha de nacimiento: *Gijón (Asturias), 25-4-71*
Domicilio actual: *Pza. Doctor Garcés, 8-3°- 28007 Madrid.*
Teléfono: *375 42 10*
Estudios: *licenciada en psicología.*
Idiomas: *inglés, bastante bien, y un poco de francés.*
Experiencia de trabajo: *6 meses administrativa, Jofisa (Oviedo). 1 año vendedora, Gijón.*
Resultados test psicotécnico: *comunicativa, sociable, organizada.*
Òtros: *pintura, informática (Windows, WordPerfect).*

Apellidos: *Ríos Gómez*
Nombre: *Isidro*
Lugar y fecha de nacimiento: *Madrid, 18-8-76*
Domicilio actual: *Núñez de Arce, 253, Ático 1ª - 28012 Madrid*
Teléfono: *416 42 38*
Estudios: *BUP*

Idiomas: *ninguno*

Experiencia de trabajo: *Construcción (2 años); Empresa Autobuses (6 meses).*
Resultados test psicotécnico: *trabajador, capacidad de iniciativa, introvertido.*
Otros: *permiso conducir (camión). Servicio militar cumplido.*

Apellidos: *Fernández Rico*
Nombre: *Nieves*
Lugar y fecha de nacimiento: *Tudela (Navarra); 14-2-1972*
Domicilio actual: *Alonso Ventura, 49-6°-A. 28022 Madrid*
Teléfono: *408 67 45*
Estudios: *BUP y FP (artes gráficas).*
Idiomas: *muy bien francés, bastante bien italiano, un poco de alemán.*
Experiencia de trabajo: *6 meses en una tienda de ropa*
Resultados test psicotécnico: *tímida e introvertida. Organizada.*
Otras aptitudes: *informática (Windows, WP, PaintBrush).*

Apellidos: *Sanjuán Delgado*
Nombre: *Alberto*
Lugar y fecha de nacimiento: *Betanzos (La Coruña), 15-9-71*
Domicilio actual: *Hermanos Escartín, 25- 1°-C - 28015 Madrid*
Teléfono: *367 98 76*
Estudios: *EGB, FP (carpintería).*
Idiomas: *un poco de francés.*
Experiencia de trabajo: *taxista (cinco años). Recepcionista en un hotel.*
Resultados test psicotécnico: *comunicativo y amable. Organizado.*
Otras aptitudes: *informática (Word Perfect).*

❸ Tu ficha

Ahora elabora tu propia ficha. ¿A qué puesto prefieres presentarte?

JÓVENES ESPAÑOLES A LOS 20 AÑOS

El periódico EL PAÍS nació en 1976, el día 4 de mayo. Con ocasión de su XX aniversario, el 5 de mayo de 1996 publicó un número extraordinario de 490 páginas. La última sección de ese número extraordinario consiste en el retrato de 20 jóvenes que nacieron el mismo año que el periódico, es decir, en 1976. Vamos a conocer algunos de ellos, su situación laboral o profesional, sus puntos de vista, sus opiniones...

Rocío Martínez

En la cabeza de R. Martínez ya está escrito el guión de su vida en los próximos años: solicitar una beca Erasmus para estudiar en Europa, acabar la carrera antes de cumplir los 22 y, después, buscar trabajo.

Mientras tanto, esta bilbaína del barrio de Deusto reparte su tiempo entre la universidad, las horas de estudio, la asociación de estudiantes de empresariales AIESEC, las actividades del grupo pacifista Gesto por la Paz y la participación ocasional en una tertulia radiofónica.

Va a menudo al teatro con sus padres, sale los fines de semana con sus amigas y encuentra en dos sesiones semanales de kárate la válvula de escape a la adrenalina que le sobra. Escucha indistintamente a Aute o a Rod Stewart; apenas ve la televisión ni le gusta el cine.

"No se puede pasar la juventud vegetando", dice: por eso se unió a Gesto por la Paz.

EL PAIS

Feminismo paradójico

Compromiso social

Ilusión por progresar profesionalmente

Polifacética

❶ ¿Puedes asignar uno de estos eslóganes a cada texto? Para ello no es necesario que realices una lectura a fondo; te bastará con una lectura por encima.

❷ Busca en cada texto las frases que reflejan el punto de vista o las opiniones de los jóvenes. ¿Con cuál de ellos estás más de acuerdo? ¿Estás en desacuerdo con alguna de ellas?
En los textos pueden aparecer referencias a la realidad española que tal vez no conoces bien. Tu profesor te facilitará esta información.

Joaquín Aragón
En busca de empleo 7-5-76

"Espero que mi mujer no tenga que trabajar"

Joaquín Aragón

Los días no tienen nombre para Juaqui: qué más da. No estudia ni trabaja. Ser gaditano del barrio obrero de Loreto y parado es casi la misma cosa.

Se levanta a la hora que se despierta. Se ducha, desayuna, hace la cama y baja a la plaza. Allí pasa las horas, fumando, hablando, tomando zumos y fantas, con sus amigos, parados todos -"menos uno, que está de camarero"-. No bebe alcohol. Después de comer se acuesta o pone la tele.

"La política no me gusta: creo que a lo mejor con una mujer de presidente no pasarían estas cosas". No milita en ningún partido ni organización; es ecologista y solidario "pero de nacimiento".

Le gusta el cine, aunque apenas va, y bailar bakalao con su novia. Le encantan los reportajes de animales, ir al campo, pescar. Lo que quiere es encontrar trabajo, casarse y tener dos hijos. "Espero que mi mujer no tenga que trabajar. Para trabajar estoy yo". Esta frase anacrónica tiene su explicación: su madre sale de casa todas las mañanas para ir a limpiar oficinas.

Francisco Gayurt
Camarero 17-10-76

"El trabajo es de todos. Que se lo quede el mejor"

francisco Gayurt tomó la alternativa durante la pasada Feria de Abril de Sevilla. Fue de la mano de Jesulín de Ubrique y Francisco Rivera Ordóñez.

Francisco Gayurt

Trabaja de camarero y al mismo tiempo estudia hostelería en un instituto de formación profesional. Invierte la mitad de su salario -700 pesetas a la hora- en perfeccionar idiomas: francés e inglés. En un año ha cambiado de trabajo en seis ocasiones.

Quiere llegar más lejos en la vida, hacer algo más que ser un simple camarero: "No me pasaré toda la vida ejerciendo de simple camarero, quiero llegar a ocupar algún puesto de responsabilidad", afirma este joven, vecino del barrio de la Macarena, seguidor del Betis, enemigo de la música bakalao de discoteca y amante del cine de acción.

Se presenta a sí mismo como tranquilo y trabajador. Su vida es rutinaria: de casa al trabajo y del trabajo a casa; los fines de semana, sale a dar una vuelta con su novia y una pareja de amigos. Es todo lo contrario del tópico andaluz: no le gusta la Feria de Sevilla, la Semana Santa ni los toros. Está en contra de las actitudes racistas y xenófobas. Piensa que los extranjeros tienen derecho a trabajar en España: "El trabajo está aquí, es de todos. Que se lo quede el que esté más preparado".

Inge Schweiger
Escritora 16-7-76

"Estamos decidiendo nuestra vida según el paro"

Inge Schweiger

Vive en Tres Cantos, muy cerca de Madrid, y su jornada es una carrera contrarreloj. Apenas despierta, toca un rato el violín y luego corre a las clases de música; por la tarde va al instituto, vuelve a casa y practica de nuevo, y todavía tiene tiempo para leer el periódico. Además, los domingos colabora en un hospital de niños, una actividad asociada a la iglesia evangélica, adonde suele ir con su madre.

Su fórmula es simple: organizarse bien; así, aún puede ir de gira con orquestas juveniles de España y de Alemania, leer hasta altas horas de la madrugada y salir de juerga. "Vamos a discotecas a bailar, pero siempre salgo con un dolor de cabeza impresionante. Prefiero los bares".

Inge también es escritora: escribe cuentos, relatos cortos; uno de éstos, *Ella*, fue seleccionado por la editorial Alfaguara para la antología *Realidades paralelas*. Era su primer intento de escribir en castellano; antes lo redactaba todo en alemán, la lengua de su padre, que estudió durante once años.

25 26 27 28

Vamos a hacer el "Libro de cocina" de nuestra clase con nuestras mejores recetas.
Aprenderemos a desenvolvernos en tiendas y restaurantes:
- ✔ refiriéndonos a los alimentos,
- ✔ informándonos sobre las características de un plato.

gente que
come bien

❶ Productos españoles

Muchos de estos productos se exportan a otros países y algunos de ellos son ingredientes de la cocina española. ¿Sabes cómo se llaman? Intenta descubrirlo en la lista y compruébalo con un compañero o con el profesor.

- ¿Qué es esto?
- ○ Garbanzos.

- ¿Cómo se dice "wine" en español?
- ○ Vino.

¿Cuáles te gustan? Márcalos con estos signos.

+	=	Me gusta/n.
-	=	No me gusta/n.
?	=	No lo sé, no lo he comido nunca.

- ☐ garbanzos
- ☐ gambas
- ☐ aceite de oliva
- ☐ jamón serrano
- ☐ uva
- ☐ limones
- ☐ centollo
- ☐ chorizos
- ☐ almendras

- ☐ sardinas
- ☐ espárragos
- ☐ vino
- ☐ cava
- ☐ fresas

- ☐ naranjas
- ☐ plátanos
- ☐ tomates
- ☐ avellanas

Coméntalo con dos compañeros. Luego vais a explicar al resto de la clase en qué coincidís.

- Las naranjas, las fresas y el cava nos gustan a los tres.
- ○ Las sardinas y el chorizo no nos gustan a ninguno de los tres.
- ■ Ninguno de los tres ha comido nunca centollo.

25 gente que come bien

1 Supermercado Blasco

Contexto

En el supermercado Blasco, Gema, la dependienta, está hablando por teléfono con una cliente, la Sra. Millán, y anota su pedido. Luego, tiene un problema: no sabe cuál de estas listas es la de la Sra. Millán.

> 2 kg de naranjas
> 1/2 docena de huevos
> 200 g de queso manchego
> 2 cartones de leche entera Asturivaca
> 1 botella de vino Castillo Manchón tinto
> 6 latas de cocacola
> 1 paquete de azúcar

> 2 kg de naranjas
> 1/2 docena de huevos
> 150 g de jamón york
> 2 cartones de leche entera Asturivaca
> 6 latas de cocacola
> 12 cervezas Danbier
> 2 botellas de vino Castillo Manchón blanco
> 1 paquete de espaguetis de 1/2 kg

Actividades

A ¿Puedes ayudar a Gema? ¿Cuál es la lista de la Sra. Millán?

B Escribe una lista con lo que necesitas para cocinar tu especialidad, ingredientes y cantidades.

C Un compañero será ahora Gema. Tú llamas al supermercado para hacer tu pedido. Tu compañero va a anotarlo.

2 Cocina mexicana

Contexto

Amalia, una española, va a comer a un restaurante mexicano. No conoce la cocina mexicana y la camarera le explica qué es cada plato.

RESTAURANTE DON PANCHO
MENÚ DEL DÍA

Quesadillas
Caldo de cola de buey
~
Mole poblano
Chiles en nogada
~
Capirotada

Actividades

A Lee el menú y escucha la grabación.

	de primero, _____
Amalia toma,	de segundo, _____
	de postre, _____

B ¿Puedes hacer una lista de algunos ingredientes de estos platos?

C Imagina que tú vas a este restaurante. Encarga tu menú.

● Yo, de primero, caldo.

❸ Dieta mediterránea

P: Doctor Rebollo, ¿se come bien en España?

R: En general, sí. Tenemos una dieta mediterránea: se toma mucha fruta, mucha verdura, mucho pescado. No se come mucha carne, se come bastante cordero... Además, tomamos vino y cocinamos con aceite de oliva.

P: ¿Vino?

R: Sí, un cuarto de litro al día no es malo.

P: Pero mucha gente hace dieta, quiere adelgazar, está preocupada por la comida...

R: Sí, es verdad. La gente quiere reglas, recetas mágicas... Pero la mayoría de nosotros podemos solucionar nuestros problemas de dos maneras: comer un poco menos y hacer un poco más de ejercicio.

P: Otra moda: beber mucha agua.

R: El organismo necesita unos dos litros y medio al día. Un litro nos llega con los alimentos. O sea, que hay que tomar un litro y medio de líquido al día.

P: ¿Hay que beber leche?

R: La leche aporta dos cosas importantes: calcio y proteínas. Hay que tomar medio litro de leche al día, leche o queso o yogur, lácteos.

P: ¿Cuántos huevos se pueden comer al día?

R: Una persona adulta sana puede comer tres huevos por semana, sin problemas. Las proteínas del huevo son las mejores.

P: ¿Qué opina de la comida rápida, del llamado "fast food"?

R: El problema de la comida rápida es que se toma demasiada grasa y demasiada sal.

P : ¿Se puede vivir siendo vegetariano, sin comer carne?

R: Por supuesto: el secreto es combinar bien las legumbres y los cereales.

En la revista *Gente de hoy* han entrevistado al famoso dietista Ignacio Rebollo. El profesor Rebollo comenta algunas modas, tópicos e ideas que existen sobre la dieta.

CARNE ROJA — Algunas veces por mes

DULCES

HUEVOS

AVES DE CORRAL

PESCADO — Algunas veces por semana

QUESO Y YOGUR

ACEITE DE OLIVA

FRUTA — **LEGUMBRES Y FRUTOS SECOS** — **HORTALIZAS**

PAN, PASTA, ARROZ, CUSCÚS, POLENTA, OTROS CEREALES Y PATATAS — A diario

Actividades

A Antes de leer la entrevista, vamos a ver cuáles son nuestras costumbres en el tema de la alimentación. Haz a un compañero las preguntas que tienes a la derecha.

B Lee el texto y compara las respuestas de tu compañero con la información que da el Doctor Rebollo. ¿Puedes darle algún consejo? ¿Tiene que cambiar algún hábito?

 • *Tienes que comer más pescado y cocinar con aceite de oliva.*

	sí	no
¿Comes mucho pescado?		
¿Comes mucha verdura?		
¿Comes mucha carne?		
¿Bebes vino?		
¿Cocinas con aceite de oliva?		
¿Bebes mucha agua?		
¿Bebes leche?		
¿Comes muchos huevos?		
¿Consumes comida rápida?		
¿Comes legumbres?		

❶ Compras para el menú del día

El cocinero de Casa Leonardo ha comprado todas estas cosas para preparar el menú de hoy. ¿Qué crees que lleva cada plato? Consulta el diccionario, si quieres, y haz hipótesis. Luego, coméntalo con tus compañeros.

huevos	garbanzos	patatas	gambas
tomates	chorizo	leche	calamares
cebollas	pollo	harina	mejillones
arroz	carne de ternera	pimientos	

Menú del día

macarrones
paella
gazpacho
cocido madrileño

escalopa milanesa
tortilla española
calamares a la romana

naranja o flan

pan
vino, cerveza o agua

 ● Los mejillones son para la paella, creo.
○ Sí, la paella lleva mejillones...
● Y calamares.

Ahora imagina que estás en Casa Leonardo. El camarero (que es un compañero) va a tomar nota de lo que pedís cada uno.

● Yo, de primero, macarrones.
○ Yo también, macarrones.
■ Yo, gazpacho.

❷ ¿Es carne o pescado?

La comida de Hispanoamérica y de España es muy variada. Por tanto, lo mejor será aprender a pedir información. Pregunta a tu profesor sobre estos platos y subraya los que quieres probar.

bacalao al pil pil
angulas
pollo al chilindrón
pulpo a la gallega
fideuá
calamares en su tinta
cabrito al horno
pipirrana
ajo blanco

lubina a la sal
migas
tortilla sacromonte
arroz a banda
zarzuela
percebes
cocochas
morteruelo
pisto manchego

LA FORMA IMPERSONAL

Se come demasiada grasa.
Se comen muchos dulces.

CANTIDADES

Llevan
- **demasiado** arroz.
- **mucho** arroz.
- **suficiente** arroz.
- **poco** arroz.

- **demasiados** huevos.
- **muchos** huevos.
- **suficientes** huevos.
- **pocos** huevos.

No llevan arroz.
No llevan huevos.

> **un poco de** =
> una pequeña cantidad

No llevan **nada de** arroz.
No llevan **ningún** huevo.
No llevan **ninguna** botella de agua.

PESOS Y MEDIDAS

100 gramos de...
200 gramos de...
300 gramos de...

un cuarto de kilo / litro de...
medio kilo / litro de...
tres cuartos de kilo / litro de...
un kilo / litro de...

un **paquete de** arroz / sal / azúcar / harina...
una **botella de** vino / agua mineral / aceite...
una **lata de** atún / aceitunas / tomate...

3 **Buenas y malas costumbres**

Piensa en los hábitos alimentarios de tu país. Luego, si quieres, puedes volver a leer la entrevista del Dr. Rebollo. Anota en estas listas tres costumbres sanas y tres malas costumbres. Luego, se lo comentas a tus compañeros.

demasiado alcohol

- En mi país se toma demasiado alcohol.

4 **Comida de excursión**

La familia Zalacaín se va a pasar cuatro días de acampada a la montaña. Son cinco personas, tres adultos y dos niños. Se llevan toda la comida porque allí no hay tiendas. Ésta es la lista que han hecho. ¿Qué te parece? ¿Olvidan algo importante? Tacha o añade cosas y coméntalo con tus compañeros.

100 g de mantequilla
10 l de leche
1/2 l de aceite
2 kg de patatas
3 kg de espaguetis
1 lata de tomate
24 yogures
7 kg de carne
50 g de queso
3 plátanos
12 kg de manzanas
100 g de azúcar
1 l de vino

NO LLEVAN HUEVOS

SÍ, ES VERDAD. Y LLEVAN POCO AZÚCAR ¿NO?

AZÚCAR 100 gr.

SÍ, MUY POCO

- No llevan huevos.
- Sí, es verdad. Y llevan poco azúcar, ¿no?
- Sí, muy poco.

❶ La tortilla española

Para aprender un poco de cocina española, lee estos textos.

Se come en todas las regiones de España. Y a cualquier hora del día, fría o caliente: por la mañana para desayunar, a media mañana en el bar de la esquina, o de pie a la hora del aperitivo. Pero también como entrante o como segundo plato en la comida. O a media tarde, para merendar. O para cenar. Y en el campo, cuando vamos de picnic. Se come sola o con pan. Es un alimento completo y equilibrado: proteínas, fécula, grasa vegetal... Los ingredientes son baratos y casi siempre los tenemos en casa. Y le gusta a casi todo el mundo. En resumen: un plato perfecto.

TORTILLA ESPAÑOLA

DIFICULTAD: media
TIEMPO: 70 minutos
INGREDIENTES (para 6 personas):
8 huevos
750 g de patatas peladas y cortadas en rodajas finas
1 cebolla grande, pelada y picada
1 taza de aceite de oliva
sal

Calentar el aceite en una sartén y echar las patatas y la cebolla. Salar. Hacerlas a fuego lento durante 40 minutos hasta que las patatas están blanditas (hay que moverlas a menudo y así no se pegan).
Escurrirlas.
Batir los huevos, salarlos, añadir las patatas y la cebolla, y mezclar todo muy bien.
Poner una cucharada de aceite en una sartén. Echar la mezcla y dejarla en el fuego 5 minutos por cada lado, más o menos. Darle la vuelta con un plato.

Ahora escucha cómo lo explica este español. Da algunos trucos.

La sartén tiene que estar _____

Las patatas tienen que llevar _____

Las patatas hay que cortarlas _____

Las patatas hay que freírlas _____

Hay que sacar un poco de _____

Hay que añadir a las patatas un poco de _____

La tortilla hay que comerla con un poquito de _____

y _____

OS SERÁ ÚTIL...

Se pone/n en una sartén.
              una olla.
              una cazuela.
              una fuente.

Se pone un huevo.
Se ponen tres huevos.

se echa/n	se añade/n
se fríe/n	se asa/n
se hierve/n	se pela/n
se corta/n	se saca/n
se mezcla/n	

con mantequilla
sin grasa

Primero, ...
después, ...
luego, ...
Al final, ...

---

2 **Recetas**

Formad pequeños grupos. Cada grupo va a escribir una receta. Puede ser un plato fácil o que alguno sabe hacer. Primero, tenéis que elegir un plato y completar esta ficha.

Ahora, hay que escribir la receta. Fijaos en la de la tortilla. Puede serviros de modelo. Podéis trabajar con un diccionario.

DIFICULTAD: _____

TIEMPO: _____

INGREDIENTES: _____

_____

_____

_____

_____

_____

3 **La lista de la compra**

Un alumno de otro grupo va a ser el encargado de las compras. Hay que dictarle la lista.

● Necesitamos medio kilo de harina, tres huevos...

4 **El "Libro de cocina" de la clase**

Cada grupo explica a toda la clase el modo de preparación de la receta que ha escrito. Al final, podemos pegarlas en el tablón de la clase o fotocopiar todas las recetas y hacer un libro con nuestras especialidades.

HOY NO CENO

Son las nueve de la noche. Pepe y Elvira ya están en casa.
-Nada, hoy no ceno -dice Pepe a Elvira, su mujer-. Me ha sentado mal algo, me parece. No estoy nada bien...

Pepe come casi todos los días en Casa Juana, al lado de la oficina, con algunos compañeros de trabajo. En Casa Juana tienen un menú baratito, que está bastante bien.

-Seguramente ha sido el bacalao. Bueno, no sé... Estaba rico, con unos pimientos y unas patatitas...

-¿Y de primero, qué has tomado? -pregunta Elvira.

-Una ensalada...

-¿Y por la mañana?

-Lo normal, el café con leche en casa y... A media mañana, a las once, hemos ido a desayunar al Bar Rosendo con Pilar y Gonzalo y me he tomado un bocadillo de atún y otro café.

-¿Y el aperitivo?

-No, hoy no hemos bajado...

-Pues a lo mejor sí ha sido el bacalao... Y yo he puesto pescado para cenar... Y verdura.

-Ufff... Nada, nada, yo no quiero nada. Una manzanilla, quizá. Estoy fatal...

❶ Pepe Corriente es una persona muy normal, un español medio. Señala aquellas cosas que hace Pepe y que tú nunca haces. Seguro que descubres alguna costumbre típicamente española.

●Yo nunca desayuno con los compañeros de trabajo.

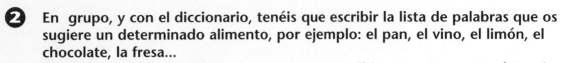

2 En grupo, y con el diccionario, tenéis que escribir la lista de palabras que os sugiere un determinado alimento, por ejemplo: el pan, el vino, el limón, el chocolate, la fresa...

Después, con estas palabras, intentaremos escribir un poema como éstos de Pablo Neruda.

ODA A LA CEBOLLA

(...)
cebolla,
clara como un planeta,
y destinada
a relucir,
constelación constante,
redonda rosa de agua,
sobre
la mesa
de las pobres gentes.

ODA AL TOMATE

Debemos, por desgracia,
asesinarlo:
se hunde
el cuchillo
en su pulpa viviente,
en una roja
víscera,
un sol
fresco,
profundo,
inagotable,
llena las ensaladas
de Chile,
se casa alegremente
con la clara cebolla,
y para celebrarlo
se deja
caer
aceite,
hijo
esencial del olivo,
sobre sus hemisferios
                    entreabiertos,
agrega
la pimienta
su fragancia,
la sal su magnetismo (...)

En esta secuencia **E**vamos a organizar viajes.
Aprenderemos a:

- ✔ indicar fechas, horas y lugares,
- ✔ obtener información sobre rutas, transporte y alojamiento.

MADRID
Plano Monumental
España•Spain•Espagne•Spanien

Granada

gente que

viaja

❶ La agenda de Ariadna Anguera

Ésta es la agenda de Ariadna Anguera, una ejecutiva muy dinámica que vive en Madrid. Trabaja para un empresa que fabrica muebles de oficina. Tú quieres hablar con ella. ¿Cuándo y dónde puedes verla?

Puedo verla el _____ en _____

a las _____ o el _____

en _____ a las _____

O también _____

_____

Ahora mira las fotos. Son cosas que se necesitan habitualmente en los viajes. ¿Cuáles necesitas tú cuando viajas?

Según la leyenda, el apóstol Santiago está enterrado en Santiago de Compostela. Desde la Edad Media hasta hoy, miles de peregrinos cruzan los Pirineos y viajan hacia el oeste, hasta la tumba dcl Santo.

Los peregrinos van a pie, a caballo o en bicicleta; por motivos religiosos, turísticos o culturales. Algunos viajan solos y otros, en grupo, con amigos o con la familia. De Roncesvalles a Compostela encuentran iglesias románicas, catedrales góticas, pueblos pintorescos, paisajes muy variados...; y cada pocos kilómetros, una posada, un lugar donde dormir gratis, normalmente con camas y duchas. En total son unos 835 km, o sea, unos 28 días a una media de 30 km/día.

En 1993, el Consejo de Europa definió el Camino de Santiago como el Primer Itinerario Cultural Europeo y la UNESCO declaró la ciudad de Santiago de Compostela Patrimonio Cultural de la Humanidad.

❶ El Camino de Santiago

Contexto

Jaime, Santi, Jaume, Yago, Jack, Jacques, Jacob y Jim son ocho peregrinos que van a Santiago de Compostela. Están en diferentes puntos del Camino.

Actividades

Mira el mapa y lee las informaciones. Así sabrás quién es cada uno: Jaime, Santi, Jaume, Yago, Jack, Jacques, Jacob y Jim.

- Santi acaba de cruzar la frontera. Todavía está muy lejos de Compostela.
- Jacob todavía no ha pasado por Burgos.
- Jaime ya ha pasado por Villafranca del Bierzo pero no ha llegado a Ligonde.
- Yago está entre Sahagún y Frómista.
- Jack está a punto de llegar a Compostela.
- Jacques está a 5 km de Nájera.
- Jaume ya ha visitado León. Esta noche quiere dormir en Astorga.
- Jim ha estado esta mañana en Burgos.

2 **Un curso de español en Granada**

CENTRO DE ESPAÑOL
Gran Vía de Colón, 24
18010 GRANADA

CURSOS INTENSIVOS DE ESPAÑOL

DURACIÓN: 1 mes.
HORARIO DE CLASES: 9.30h a 13.30h.

ACTIVIDADES CULTURALES:
– visitas guiadas por la ciudad
– curso de guitarra
– curso de sevillanas
– excursiones a Sevilla y a Córdoba

ALOJAMIENTO: en familias u hotel
(la escuela se ocupa de las reservas).

IMPORTE DE LA MATRÍCULA: 122.500 pesetas (alojamiento y cursos optativos no incluidos).

FORMA DE PAGO: transferencia bancaria, giro postal o tarjeta de crédito.

Contexto

Rick Van Patten es un joven holandés. Se ha inscrito en un curso de español en Granada. Ahora está haciendo algunas llamadas telefónicas porque le faltan informaciones importantes.

Actividades

Lee el folleto y escucha las conversaciones para completar estas informaciones.

1. Para llamar a España el prefijo es el _____, y para llamar a Granada el prefijo es el _____.

2. El número del Centro de Español es el _____. El curso empieza el _____ a las _____.

3. La dirección de la familia española es _____. Pero hay un problema: la habitación _____.

4. Hay un vuelo Madrid-Granada a las _____ y otro a las _____.

5. Rick reserva el hotel _____ para las noches de _____. La habitación cuesta _____.

6. Va a estar en Granada un mes, desde _____ hasta _____.

1 Un juego: Oviedo-Sevilla-Oviedo

Una famosa marca de tabaco, DROMEDARIO, ha organizado un rally por una parte de España. Tenéis que formar pequeños grupos, de tres o cuatro. Gana el alumno que termina la vuelta el primero. Pero, ojo, los medios de locomoción y la velocidad se deciden con los dados de este modo:

si a un estudiante le sale un...	tiene que ir	y en esa jugada puede recorrer
1	= A PIE	20 Km
2	= EN BICICLETA	40 Km
3	= EN MOTO	100 Km
4	= EN TREN	200 Km
5	= EN COCHE	400 Km
6	= EN AVIÓN	de una ciudad a la siguiente

En algunos lugares tendréis que esperar un turno:

 - si vas a salir en moto o coche, no tienes gasolina.

 - si vas a salir en moto o coche, tienes una avería.

 - si vas a salir en moto, coche o bicicleta, tienes un pinchazo.

 - si os sale un 6, sólo podéis salir de las ciudades que tienen aeropuerto.

 20 Km.

- Un cinco.
- En coche... Cuatrocientos kilómetros. De Madrid hasta...

2 ¿Cuándo es tu cumpleaños?

¿Sabes las fechas de cumpleaños de los compañeros de clase? A ver quién consigue, en cinco minutos, anotar más nombres y fechas de cumpleaños, como en el ejemplo.

- ¿Cuándo es tu cumpleaños, María?
- El veintiuno de abril.

 21 de abril: María

DISTANCIAS

- ¿Cuánto hay

| de / desde | Madrid | a / hasta | Sevilla? |

○ 520 kilómetros.

Madrid **está a** 520 km **de** Sevilla.

DÍAS Y MESES

¿Qué día / ¿Cuándo } te vas/llegan/...?

el (día) veintitrés
el veintitrés **de** mayo
el viernes (próximo)

la semana / el mes / el año } que viene

enero, febrero, marzo, abril, mayo, junio, julio, agosto, septiembre, octubre, noviembre, diciembre

YA, TODAVÍA, TODAVÍA NO

- ¿A qué hora llega el avión de Sevilla?
- o **Ya** ha llegado.

HORAS

- ¿A qué hora abren/cierran/ empiezan/...?

o A las
- ocho.
- ocho **y cinco.**
- ocho **y cuarto.**
- ocho **y veinte.**
- ocho **y media.**
- ocho **y veinticinco.**
- nueve **menos cuarto.**
- nueve **menos** cinco.

a las diez **de la mañana** = 10h
a las diez **de la noche** = 22h

Para informaciones de servicios (medios de comunicación, transportes, etc.) se dice también:
a las veintidós horas,
a las dieciocho horas, etc.

Está abierto **de** ocho **a** tres.
Está cerrado **de** tres **a** cinco.

- ¿Qué hora es?
- o Las cinco y diez.
  La una.

---

3 **Hotel Picos de Europa**

Eres el recepcionista de un pequeño hotel en la montaña. El hotel sólo tiene nueve habitaciones. Algunos clientes quieren hacer reservas, cambiarlas o confirmarlas. Escucha la cinta. ¿Qué cambios u observaciones tienes que anotar en el libro de reservas?

habitación número	viernes, **11**	sábado, **12**	domingo, **13**
1	GONZÁLEZ	GONZÁLEZ	–
2	MARQUINA	MARQUINA	MARQUINA
3	VENTURA	–	–
4	–	MAYORAL	MAYORAL
5	SÁNCHEZ PINA	SÁNCHEZ PINA	SÁNCHEZ PINA
6	–	–	IGLESIAS
7	LEÓN	SANTOS	COLOMER
8	–	–	–
9	BENITO	BENITO	–

4 De 9h a 14h

En este mismo momento, mientras vosotros estáis en clase, ¿cuáles de estos establecimientos están abiertos?

RIZOS Peluquería
10h-20h (sábados 10h-14h)

discoteca **ACUARIO**
de 21h a 6h

Gestoría **PALOMO**
9h-14.30h 17h-20h

AYUNTAMIENTO
8h-15h

Restaurante **EL ARENQUE**
13.30h-16h

Farmacia **IBÁÑEZ**
9.30h-13h 16h-20h

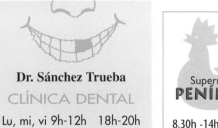
Dr. Sánchez Trueba
CLÍNICA DENTAL
Lu, mi, vi 9h-12h 18h-20h

Supermercado **PENÍNSULA**
8.30h -14h 16h-20.30h

Gimnasio en forma
Fitness aeróbic artes marciales
8h-23h

¿Son parecidos estos horarios a los de tu país o son muy diferentes?

❶ Un viaje de negocios

Os habéis convertido en las/los secretarias/-os del Sr. Berenstain. Es un ejecutivo que trabaja en Frankfurt y que viaja mucho. En parejas, tenéis que organizarle un viaje a España: elegir los vuelos. Conocéis su agenda de trabajo, sus "manías" y, además, tenéis un fax con los horarios de los vuelos.

LUNES	MARTES	MIÉRCOLES	JUEVES	VIERNES	SÁBADO	DOMINGO
	1	2	3	4	5	6
7	8	9	10	11	12	13
14	15	16	17	18	19	20
21	22	23	24	25	26	
28	29	30				

El día 13 está en Frankfurt.

El próximo día 14 tiene una reunión en Madrid a las 16.15h (en el Paseo de la Castellana).

Tiene una reunión en San Sebastián el día 16 a las 9h.

Tiene que estar en su oficina en Frankfurt el día 17 antes de las 18h.

No le gusta viajar de noche.

En Madrid quiere alojarse en un hotel céntrico y no muy caro.

En San Sebastián va a alojarse en casa de unos amigos.

VIAJES MARTINSANS, S.A.
CENTRAL DE EMPRESAS
TEL.433 35 33 - FAX 433 01 02

FAX DE/FROM Carolina Mayoral

PARA/TO: alumnos de español de esta clase

Número de páginas/number of pages: 1

FRANKFURT / MADRID

		salida	llegada
LH4812	FRA/MAD	09.25	11.55
IB3507	FRA/MAD	12.55	15.25
LH4700	FRA/MAD	16.30	19.05
LA171	FRA/MAD	17.10	19.35

MADRID / SAN SEBASTIÁN

		salida	llegada
AO106	MAD/EAS	07.45	08.35 (lu, mi, vi)
AO110	MAD/EAS	16.00	16.50 (mi, ju, sa, do)
ZR 447	MAD/EAS	17.50	19.30 (lu, ma, mi, vi)

———— NO HAY VUELOS DIRECTOS SAN SEBASTIÁN / FRANKFURT ————

SAN SEBASTIÁN / BARCELONA / FRANKFURT

YW3473	EAS/BCN	13.40	14.40
LH4743	BCN/FRA	18.40	20.45

SAN SEBASTIÁN / MADRID / FRANKFURT

AO105	EAS/MAD	09.15	10.05
LH 4701	MAD/FRA	12.50	15.20

Códigos de líneas aéreas:
LH= Lufthansa
LA= Lan Chile
AO= Aviaco
IB= Iberia
ZR= Muk Air
YW= Air Nostrum

OS SERÁ ÚTIL...

el (vuelo) *de* las 7.12h
el (vuelo) *de* IBERIA

Con el de las...
Si toma el de las..., } va a llegar...

... a la hora.
... demasiado tarde.
... pronto.
... antes de las 12h.
... después de las 13h.
... de día /de noche.

IR + A + INFINITIVO

El día 1...
A las 4h...
El martes...

voy
vas
va
vamos
vais
van
} a {
salir
llegar
venir
ir
...

Ahora haced la reserva. El profesor va a simular que es el empleado de una agencia de viajes.

2 El hotel

También tenéis que reservar hotel. Éstos son los que os propone la agencia.
¿Cuál vais a reservar? Escucha la cinta para tener más información.

HOTEL UNIVERSIDAD
* * *

- A un paso de la Ciudad Universitaria
  y de los centros de negocios.
- A 10 minutos del Paseo de la Castellana.
- 120 habitaciones con aire acondicionado.
- Tranquilo y bien comunicado.
- Sauna y Fitness.

HOTEL SAN PLÁCIDO
HP
* * * *

EN EL CENTRO DE MADRID
Un "cuatro estrellas" muy especial...
• Aire acondicionado • Música • Teléfono
• Caja fuerte • Antena parabólica • Jacuzzi

Plaza de Santa Domingo, 5 - 28013 MADRID
Tel.: 91- 544 88 00 - Fax: 91- 546 79 78

HOTEL TRAP

• Situación estratégica con relación a:
  Estación de FF.CC. de Chamartín,
  Recinto Ferial y Aeropuerto
  • Entre la M-30 y la N-II
  (Carretera de Barcelona)
• Aparcamiento propio

M-30

Ahora uno de vosotros llama por
teléfono para reservar la habitación
del Sr. Berenstain. Otro alumno será el recepcionista.

OS SERÁ ÚTIL...

Quisiera reservar...

... un billete para San
Sebastián, en el
vuelo de las...

... una habitación
para el día...

3 Un fax para el jefe

Tenéis también que preparar el texto de un fax para vuestro jefe,
explicándole el plan del viaje:

- cómo y cuándo va a viajar   - dónde va a alojarse y por qué

Como es su primer viaje a España, podéis darle algunas recomendaciones o
informaciones útiles.

¡QUÉ RAROS SON!

Cuando viajamos siempre descubrimos cosas diferentes, maneras diferentes de ser, de actuar, de comunicarse. Es lo que les pasa al Sr. Blanco y al Sr. Wais.

Julián Blanco es un ejecutivo español que trabaja para una multinacional. Tiene que trabajar a veces con el Sr. Wais, un europeo del norte que trabaja para la misma multinacional. Blanco va a veces al país de Wais y Wais visita de vez en cuando España. A veces Blanco piensa: "qué raros son estos nórdicos". Lo mismo piensa Wais: "qué curiosos son los españoles".

Cuando Blanco va al país de Wais, la empresa le reserva una habitación a 15 km del centro de la ciudad, en un lugar precioso. "En este hotel va a estar muy tranquilo", piensa Wais. "¡Qué lejos del centro!", piensa Blanco, "qué aburrido: ni un bar donde tomar algo o picar unas tapas".

Cuando Wais va a Madrid, siempre tiene una habitación reservada en un hotel muy céntrico, en una calle muy ruidosa, con mucha con-taminación. Así, puede salir por ahí por la noche, piensan en la empresa de Blanco.

En las reuniones de trabajo también hay algunos problemas. "Los españoles siempre hablan de negocios en los restaurantes", dice Wais. "Primero, comen mucho y beben vino. Y luego, al final de la comida, empiezan a hablar de trabajo". "En el norte de Europa no se come", explica Blanco a su mujer: "una ensalada, o un sándwich, al mediodía, y nada más... Y luego, por la noche, a las nueve, está todo cerrado..."

Respecto a la forma de trabajar también hay malentendidos: "¿Para qué nos reunimos? Lo llevan todo escrito, todo decidido... Papeles y papeles", dice Blanco.

"Los españoles no preparan las reuniones", piensa Wais. "Hablan mucho y muy deprisa, y todos al mismo tiempo".

"Son un poco aburridos", explica Blanco a sus compañeros de oficina. "Muy responsables y muy serios pero... un poco sosos... Sólo hablan de trabajo..."

"Son muy afectivos, muy simpáticos pero un poco informales", piensa Wais.

¿Quién tiene razón? Seguramente los dos. Cada cultura organiza las relaciones sociales y personales de formas distintas, ni peores ni mejores, simplemente distintas.

Aprender un idioma extranjero significa también conocer una nueva forma de relacionarse, de vivir y de sentir.

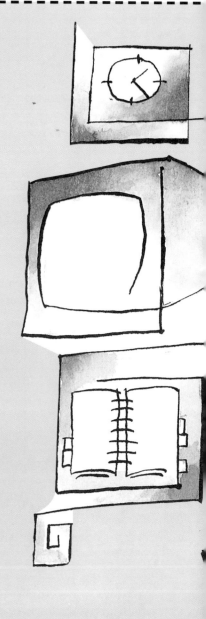

1 **¿Cómo piensa un ejecutivo de tu país? ¿Como Wais o como Blanco?**

- respecto al alojamiento
- respecto a las comidas
- respecto al trabajo
- respecto a la comunicación

Vamos a discutir los problemas de una ciudad y establecer prioridades en sus soluciones. Para ello aprenderemos a:

✔ describir, comparar y valorar lugares,
✔ opinar y debatir.

gente de **ciudad**

1 Cuatro ciudades donde se habla español

¿A qué ciudades crees que corresponden estas informaciones? Hay algunas que pueden referirse a varias ciudades. Márcalo en el cuadro.

	a	b	c	d	e	f	g	h	i	j	k	l	m	n	ñ	o	p
Las Palmas																	
Bogotá																	
Sevilla																	
Buenos Aires																	

a. Tiene unos tres millones de habitantes pero su área metropolitana tiene casi once millones.

b. Es una ciudad con muchas fiestas populares: la Feria de Abril, la Semana Santa...

c. Está en una isla.

d. Es una ciudad con mucha vida nocturna.

e. Tiene unos seis millones y medio de habitantes.

f. Tiene muy buen clima. La temperatura es de unos 20 grados, tanto en invierno como en verano.

g. En verano, hace muchísimo calor.

h. Es una ciudad muy turística.

i. Es la capital de Colombia.

j. Muchos de sus habitantes son de origen español, italiano, inglés, alemán...

k. Está a 2.264 metros sobre el nivel del mar.

l. Su centro es la Plaza de Mayo, donde están la catedral y la Casa Rosada, sede del Gobierno.

m. Es un puerto importante.

n. Hay mucha industria pesquera y tabacalera.

ñ. Su primer recurso económico es el turismo.

o. Es el centro administrativo, cultural y económico de Andalucía.

p. Está en la costa.

Compara tus respuestas con las de tus compañeros.

- A ver qué has puesto tú...
- Las Palmas C, G...
- ¿G? No, en Las Palmas no hace mucho calor.

① Calidad de vida

Contexto

El Ayuntamiento del lugar donde estamos estudiando español ha elaborado esta encuesta. Quiere conocer la opinión de los ciudadanos sobre la calidad de vida.

Actividades

A Contesta primero individualmente al cuestionario. Luego lee tus respuestas y dale una "nota" global a la ciudad o pueblo (máximo 10, mínimo 0).

B Informa a tus compañeros de tu decisión. Explícales el porqué, refiriéndote a los aspectos positivos o negativos que consideras más importantes.

- Yo le he dado un 4. A mí me parece que no hay suficientes instalaciones deportivas y, además, hay demasiado tráfico... Por otra parte, ...

AYUNTAMIENTO DE...
Área de Urbanismo

Encuesta sobre calidad de vida

	SÍ	NO
TAMAÑO		
¿Cree usted que es una ciudad demasiado grande?	☐	☐
¿O tal vez es un pueblo demasiado pequeño?	☐	☐
TRANSPORTES Y COMUNICACIÓN		
¿Está bien comunicado/a?	☐	☐
¿Hay mucho tráfico? ¿Hay atascos?	☐	☐
¿Funcionan bien los transportes?	☐	☐
EDUCACIÓN Y SANIDAD		
¿Hay suficientes colegios y guarderías?	☐	☐
¿Tiene suficientes servicios sanitarios (hospitales, ambulatorios...)?	☐	☐
CULTURA Y OCIO		
¿Hay suficientes instalaciones deportivas?	☐	☐
¿Tiene monumentos o museos interesantes?	☐	☐
¿Hay suficiente vida cultural (conciertos, teatros, cines, conferencias...)?	☐	☐
¿Hay ambiente nocturno (discotecas, restaurantes...)?	☐	☐
¿Son bonitos los alrededores?	☐	☐
ECOLOGÍA		
¿Hay mucha contaminación?	☐	☐
¿Tiene zonas verdes (jardines, parques...)?	☐	☐

	SÍ	NO		SÍ	NO
CLIMA			**COMERCIO**		
¿Es bueno el clima?	☐	☐	¿Es caro/a?	☐	☐
¿Hace demasiado frío/calor?	☐	☐	¿Hay suficientes tiendas?	☐	☐
¿Llueve demasiado?	☐	☐			
CARÁCTER			**PROBLEMAS SOCIALES**		
¿La gente es amable?	☐	☐	¿Se consumen muchas drogas?	☐	☐
¿La gente es participativa?	☐	☐	¿Hay mucha delincuencia?	☐	☐
¿La gente es solidaria?	☐	☐	¿Hay violencia?	☐	☐
			¿Hay grupos discriminados?	☐	☐

Para mí, lo mejor es ....

Lo peor es ....

Yo pienso que falta(n) ....

❷ Dos ciudades para vivir

Valparaíso (Chile)

Está situada al norte de Santiago de Chile, entre los Andes y el Océano Pacífico. Con 255.286 habitantes y un clima templado, Valparaíso es el segundo centro económico de Chile. Es también uno de los principales puertos del Pacífico sudamericano. Tiene una intensa actividad industrial, universidad y un importante patrimonio cultural.

Su mayor atractivo son los 45 cerros que la rodean: los barrios han crecido sobre las colinas y la arquitectura se ha adaptado al relieve. Sus calles, estrechas y empinadas, con sus 15 pintorescos ascensores, le dan a Valparaíso un encanto especial. Se ha dicho que es un colorido anfiteatro que mira al mar.

Valparaíso ha recibido una gran influencia europea ya que muchos alemanes e ingleses se instalaron en la ciudad en el s. XIX.

Contexto

Imagina que, por razones de trabajo, tienes que vivir dos años en una de estas dos ciudades. Tu empresa te deja elegir.

Actividades

A ¿Qué es lo más importante para ti en una ciudad? Repasa los conceptos (ecología, clima, etc.) de la encuesta de 1 y establece tus prioridades.

Para mí, lo más importante es _____, y también _____.

B Lee los textos y decide dónde preferirías pasar dos años. Explica a tus compañeros las razones de tu elección.

Cartagena de Indias (Colombia)

Cartagena de Indias, con sus 491.368 habitantes y su clima tropical (temperatura media: 28 grados) es, sin lugar a dudas, la capital turística de Colombia.

Su arquitectura colonial, declarada Patrimonio de la Humanidad en 1985, es una de las más importantes de Latinoamérica.

Por una parte, está la ciudad histórica, con el castillo militar más grande de América. Por otra, las zonas turísticas de Bocagrande y El Laguito junto a las playas, con edificios modernos de apartamentos, restaurantes, casinos, centros comerciales y hoteles.

Por último, están las islas del Rosario, un complejo de islotes con playas coralinas, que forman parte de uno de los parques naturales más importantes de Colombia.

Cartagena se ha convertido en sede de eventos internacionales importantes, como el Festival de Cine, uno de los más importantes de América Latina, y el Festival de Música del Caribe, que reúne cada marzo a lo más representativo de los ritmos caribeños (reggae, salsa, socca, etc.).

El carácter acogedor de su gente es otro de sus atractivos.

❶ Villajuán, Aldehuela y Rocalba

En las oficinas del gobierno regional se han hecho un lío con algunos datos estadísticos sobre estas tres ciudades. ¿Puedes ayudarles?

Aldehuela tiene menos bares que Villajuán.
Rocalba tiene más escuelas que Villajuán.
Aldehuela tiene más escuelas que Villajuán.
Villajuán tiene menos habitantes que Rocalba.
Rocalba y Aldehuela tienen el mismo número de museos.
Rocalba tiene el doble de iglesias que Villajuán.
Rocalba y Aldehuela tienen el mismo número de hospitales.

NOMBRE DEL MUNICIPIO	....	....	....
habitantes	25.312	21.004	18.247
escuelas	8	6	7
cines	4	4	3
museos	3	1	3
iglesias	6	3	4
bares	21	15	12
centros comerciales	2	1	1
hospitales	2	1	2

Ahora vamos a comparar todos los servicios de las tres ciudades. Un alumno compara dos, pero sin decir el nombre de la primera. A ver quién adivina más rápido a qué ciudad se refiere.

● Tiene dos escuelas menos que Rocalba.
○ ¡Villajuán!

● Tiene tantos hospitales como Aldehuela.
○ ¡Rocalba!

❷ Ciudades del mundo

Un alumno dice algo de un lugar (un país, una ciudad, una región, un pueblo) que puedan conocer los compañeros. Los demás intentan adivinar qué lugar es.

● Es una ciudad donde hay muchos rascacielos.
○ ¡Nueva York!
● No. Está en el Océano Pacífico.
■ Los Ángeles...
● ¡Sí!

ME GUSTARÍA...

Me gusta mucho La Habana.

Me gustaría ir a Lima.
visitar Lima.
conocer Lima.

Me gusta
vivir aquí.

Le gusta vivir cerca del mar.

Me gustaría
vivir cerca
del mar.

Le gustaría vivir cerca del mar.

EXPRESAR OPINIONES

A mí me parece que...

Yo (no) estoy { con Juan.
de acuerdo { contigo.
{ con eso.

A mí me parece
que se vive mejor
en el campo.

Sí,
es verdad.

---

❸ Me gustan las ciudades grandes
¿Qué clase de ciudades te gustan? Completa estas frases:

A mí me gustan **las ciudades** _____
A mí me gustan **las ciudades en las que** _____
A mí me gustan **las ciudades que** _____
A mí me gustan **las ciudades con/sin**_____

Ahora, entre todos, haced una lista de vuestras preferencias en la pizarra. A partir de vuestras propuestas podemos describir "nuestra ciudad ideal".

❹ ¿París, Londres o Roma?
Elige ciudades para completar las frases.

París Chicago Berlín Moscú

Rabat Ciudad del Cabo Lima La Habana

Teherán Acapulco Montecarlo Amsterdam

Dublín Hong Kong Managua Las Vegas

Helsinki Ginebra Viena Jerusalén

Taipeh Calcuta **Tokio** Londres

- A mí me gustaría pasar unos días en _____ porque _____
- A mí me gustaría ir de vez en cuando a _____ porque _____
- Yo quiero visitar _____ porque _____
- A mí me gustaría trabajar una temporada en _____ porque _____
- A mí me gustaría vivir en _____ porque _____
- No me gustaría nada tener que ir a _____ porque _____

❺ ¿Campo o ciudad?
Piensa en las ventajas y desventajas de vivir en el campo o en la ciudad. Aquí tienes algunas ideas. Elige una de éstas o formula una opinión tuya. Luego, anota los nombres de los compañeros con los que estás de acuerdo.

- la vida es más dura
- la vida es más cara
- se come mejor
- hay problemas de transporte
- la gente es más cerrada

- necesitas el coche para todo
- tienes menos oferta cultural
- tienes más calidad de vida
- te aburres

- vives de una forma más sana
- te sientes solo
- tienes más relación con los vecinos
- tienes menos intimidad

 ● A mí me parece que en el campo necesitas el coche para todo.

❶ Villarreal

Villarreal es una ciudad imaginaria que se parece a algunas pequeñas ciudades españolas. Lee estas informaciones que ha publicado recientemente la prensa local. Tú y tus compañeros vais a tener que tomar decisiones importantes sobre el futuro de la ciudad.

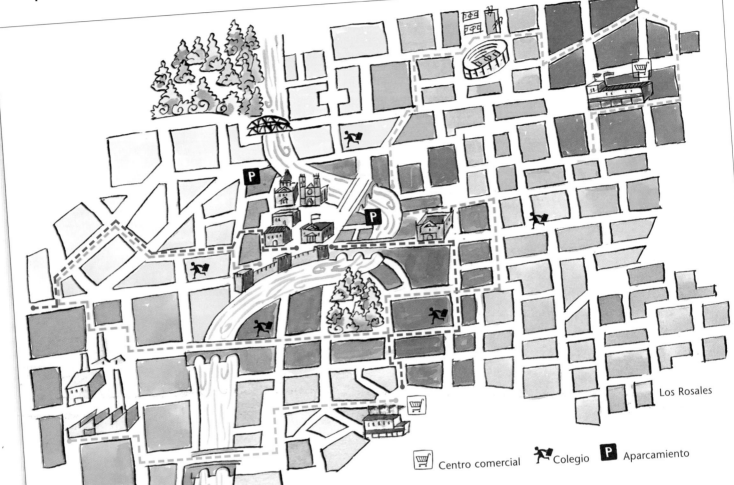

Los Rosales

🛒 Centro comercial   🏃 Colegio   P Aparcamiento

VILLARREAL

Número de habitantes: 45.800
Índice de paro de la población activa:
- hombres 11%,
- mujeres 24%.

TRANSPORTES Y COMUNICACIÓN

- Existen 6 líneas de autobuses. El Barrio de Los Rosales no tiene transporte público.
- En el casco antiguo se producen con frecuencia atascos y graves problemas de aparcamiento, ya que sólo existen 2 aparcamientos públicos con capacidad para 300 coches. Recientemente, el Ayuntamiento ha propuesto crear una zona peatonal alrededor de la Catedral, proyecto que ha sido muy criticado por los comerciantes de la zona.

COMERCIO

- Se han instalado recientemente 2 grandes superficies comerciales. El comercio del centro de la ciudad está en crisis. Un nuevo centro comercial ha solicitado permiso de construcción.

CULTURA Y OCIO

- Hay un sólo museo, el Museo de Historia de la Ciudad.
- Hay 6 cines y 1 teatro. El teatro tiene graves problemas económicos y el edificio está en muy mal estado.

- Instalaciones deportivas: Estadio del Villarreal Fútbol Club, una piscina descubierta municipal y un Polideportivo (baloncesto, tenis y gimnasio).

VIVIENDA

- Hay 1.800 viviendas desocupadas.
- La vivienda (alquiler o compra) representa 1/3 de los ingresos de las familias.

EDUCACIÓN Y SANIDAD

- Hay 3 colegios privados y 2 públicos, 2 guarderías municipales y 3 privadas, y 2 institutos de enseñanza secundaria.

- Hay un Hospital Provincial (200 camas) y 2 clínicas privadas (245 camas).
- Crece el número de toxicómanos. Se estima en la actualidad en unos 130. No hay centro de atención a toxicómanos.
- No hay ninguna residencia de ancianos.
- En el último año, 55 niños de menos de 3 años no han tenido plaza en las guarderías.
- No hay universidad.

ECOLOGÍA Y SEGURIDAD

- En el polígono industrial, hay una fábrica de plásticos que contamina el río. En ella trabajan 260 personas.
- La delincuencia ha aumentado un 22% respecto al año anterior.

ara mí/nosotros...

más { grave
urgente
importante
necesario } es...

{ urgente
fundamental
importante } { hacer
contruir
... }

o pienso que...

osotros pensamos que...

mí me parece que...

nosotros nos parece que...

so es verdad, pero...

so no es verdad.

Escucha ahora la encuesta radiofónica. Escribid cuáles son los problemas que tiene la ciudad.

1._____ 2._____

3._____ 4._____

5._____ 6._____

Formad grupos de tres y decidid cuáles son los cuatro problemas más urgentes de la ciudad. Después informáis a la clase.

● Nosotros pensamos que
   los problemas más graves son...

❷ Las finanzas de Villarreal

Ahora hay que hacer los presupuestos generales del próximo año.
En grupos, mirad el plano de la ciudad, repasad el informe de la prensa y las notas que habéis tomado con la encuesta.

Disponéis de un presupuesto de 1.000 millones de "villarreales" para invertir en nuevas infraestructuras. ¿Cuánto destináis a cada concepto?

● Vamos a invertir 100 millones en construir una
   escuela porque pensamos que es urgente.

Un portavoz va a defender los presupuestos de su grupo en una sesión del Ayuntamiento. Los otros podéis criticarlos.

Concepto	Cantidad

❸ Cambios en nuestra ciudad

¿Y nuestro pueblo real o nuestra ciudad? ¿Qué cambios necesita? Haced una lista.

¿QUÉ ES UNA CIUDAD?

Calles, plazas, avenidas, paseos y callejones. (Y personas). Luces, anuncios, semáforos, sirenas. (Y personas). Mercados, supermercados, hipermercados. (Y personas). Coches, motos, camiones, bicicletas. Música, cláxones, y voces. (De personas). Perros, gatos y canarios. (Y personas). Policías, maestros, enfermeras, funcionarios, empresarios, vendedores, mecánicos, curas y obreros. (Y personas). Teléfonos, antenas, mensajeros. (Y personas). Periódicos, carteles, neones. Teatros, cines, cabarets. Restaurantes, discotecas, bares, tabernas y chiringuitos. (Y personas). Ventanas, puertas, portales. Entradas y salidas. (Y personas). Ruidos, humos, olores. Hospitales, monumentos, iglesias. Historias, noticias y cuentos. Mendigos, ejecutivos, prostitutas, yonkis y bomberos. Travestis, políticos y banqueros. Prisas, alegrías y sorpresas. Ilusiones, esperanzas y problemas. Áticos y sótanos. Amores y desamores. (De personas). Razas, culturas, idiomas... Y personas.

1 Mira estas fotos. Son de tres ciudades hispanoamericanas: Oaxaca (México), Buenos Aires (Argentina) y Baracoa (Cuba). ¿Cómo crees que son? ¿Con qué elementos de esta lista asocias cada una de ellas?

- zona caribeña
- ciudad misteriosa
- playa
- actividad cultural
- isla

- ciudad colonial
- todo tipo
  de espectáculos
- ciudad que
  no duerme

- salas de teatro
  y cines
- enclave
  arqueológico

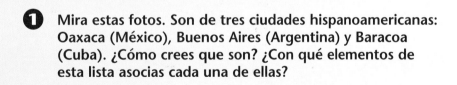

2 Ahora escucha a tres personas que hablan de estas ciudades. Comprueba si tenías razón. ¿Es lo que tú habías dicho en la actividad 1?

3 Si quieres, puedes explicar a tus compañeros las características de tu ciudad o lugar de origen.

A

B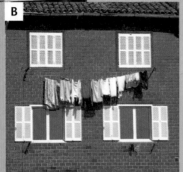

C

D

E

F

37 38 39 40

Vamos a visitar a una familia española en su casa. Aprenderemos a:

✔ saludar y despedirnos,
✔ hacer presentaciones,
✔ interesarnos por nuestros amigos y por sus familiares.

gente en **casa**

❶ ¿Dónde ponemos esto?

La familia Velasco Flores se ha cambiado de casa. Ahora están sacando sus muebles del camión de mudanzas. Tú y tu compañero tenéis que decidir dónde ponéis algunas cosas. Luego, comparad vuestros resultados con los de otra pareja.

● Esta cama, en la habitación de la niña.
○ Vale, y esta mesilla, ¿dónde?

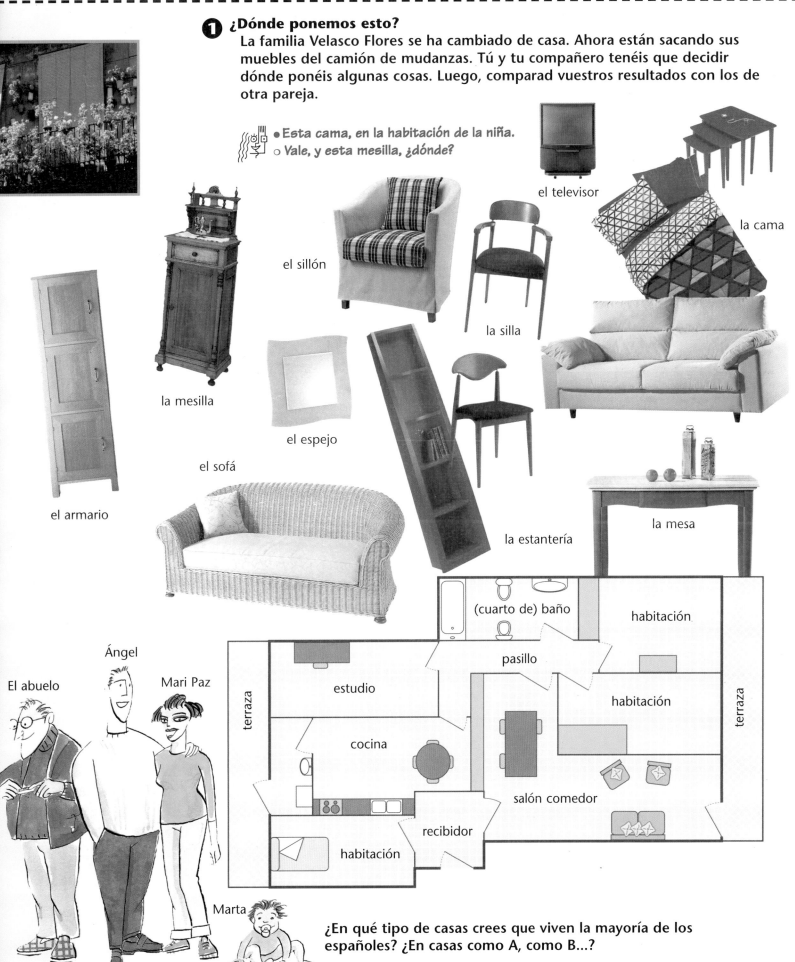

el televisor

el sillón

la silla

la cama

la mesilla

el espejo

el sofá

el armario

la estantería

la mesa

(cuarto de) baño

habitación

pasillo

estudio

habitación

terraza

cocina

habitación

salón comedor

terraza

recibidor

habitación

Ángel

El abuelo

Mari Paz

Marta

¿En qué tipo de casas crees que viven la mayoría de los españoles? ¿En casas como A, como B...?

1 Una película: de visita en casa de unos amigos

Actividades

A 🔊 ¿Quién habla en cada ocasión? Escribe delante de cada frase la letra inicial del nombre de la persona que la dice.

B Observa qué hacen y qué dicen estos personajes. ¿Qué sería diferente en una situación similar en tu país?

Ángel

Paul

Celia

Mari Paz

Hanna

Germán

Unos extranjeros residentes en España visitan a sus amigos españoles. Éstas son las imágenes de la película. Los diálogos los tienes escritos debajo de cada fotograma.

1 21:00

_____ Hola, qué tal.
_____ Hola, muy bien, ¿y tú?
_____ Hola, ¿cómo estáis?
_____ ¿Qué tal?

2

_____ Pasad, pasad.
_____ ¿Por aquí?
_____ Sí, sí, adelante.

3

_____ Toma, pon esto en el frigorífico.
_____ Si no hacía falta...

4

_____ Ésta es Celia, una sobrina. Está pasando unos días con nosotros.
_____ Hola, mucho gusto.
_____ Encantada.

5

_____ Sentaos, sentaos.
_____ ¿Habéis encontrado bien la dirección?
_____ Sí, sí, sin problema. Nos lo has explicado muy bien.
_____ Vivís en un barrio muy agradable.
_____ Sí, es bastante tranquilo.

6

_____ ¡Qué salón tan bonito!
_____ ¿Os gusta? Venid, que os enseño la casa.

_____ Hola, buenas noches.
_____ Hola, papá. Ven, mira, te presento a Hanna y Paul. Mi padre, que vive con nosotros.
_____ Hola, qué tal.
_____ Mucho gusto.

_____ Bueno, se está haciendo tarde...
_____ Sí, tenemos que irnos...
_____ ¿Ya queréis iros?
_____ Si solo son las once...
_____ Es que mañana tengo que madrugar...

_____ Pues ya sabéis dónde tenéis vuestra casa.
_____ A ver cuándo venís vosotros.
_____ Vale, nos llamamos y quedamos.

❷ Piso en alquiler

Amplio piso en zona residencial.
Elegantes vestíbulos y zonas comunes.
Parking y jardín comunitario.

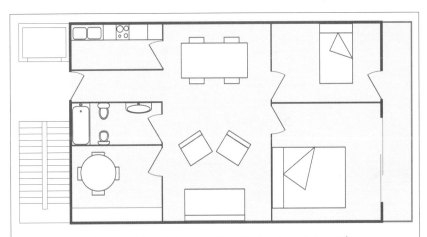

Avda. América-Diputación. 100 m², calefacción, parking opcional. Luminoso, tranquilo y soleado.

C o n t e x t o

Una persona ha visto estos anuncios y llama por teléfono para alquilar un piso. Luego lo visita.

A c t i v i d a d e s

A Mira los anuncios: ¿en qué se distinguen los dos pisos?

B Escucha la conversación telefónica y di:
- ¿A cuál crees que ha llamado?
- ¿Qué va a hacer? ¿Por qué?

C Escucha la conversación en el piso. ¿Sabes ahora más cosas del piso? ¿Crees que está bien? ¿Por qué?

❶ Direcciones

Vas a oír cuatro conversaciones en las que unos españoles dan sus direcciones. Son cuatro de éstas. ¿Cuáles?

> Avda. Isaac Peral, 97
>
> Pº de las Acacias 29, Át.
>
> Pl. del Rey Juan Carlos 83, esc. A, entl. 1ª
>
> Av Rey Juan Carlos 83, esc. B, 4º izq.
>
> Pza. Cervantes, 13 5ºΔ
>
> PL DE LAS ACACIAS, 28 4ºB
>
> c/ Cervantes 13, 3º A
>
> c/ Isaac Peral, 97

¿Te has fijado en las abreviaturas? ¿Puedes leer ahora todas las direcciones de la lista?

Luego, si queréis, podéis practicar con dos o tres compañeros. Les preguntáis sus direcciones y las anotáis.

❷ La primera a la derecha

Mira este plano y elige una de las direcciones señaladas del 1 al 10 (sin decir cuál). Tienes que explicar a otro compañero cómo llegar. Él o ella tiene que adivinar qué dirección has elegido. Vamos a imaginar que salimos de la Plaza de España.

- Sigue por esta calle y toma la segunda a la derecha. Luego todo recto hasta el final.

Ahora, si quieres, explica a tus compañeros cómo ir a tu casa desde la escuela.

❸ ¿Está Alejandro?

Escucha estas conversaciones y completa el cuadro.

	¿Dónde está? ¿Qué está haciendo?	¿Quién le llama?
MARUJA		
ELISABETH		
GUSTAVO		
EL SEÑOR RUEDA		

DIRECCIONES

- ¿Dónde vive/s?
- ○ En la calle Pelayo, 21, 1º-1ª.

- ¿Me da/s su/tu dirección?
- ○ (Sí) Calle Duero, 21, 1º-B.

IMPERATIVO

	TOMAR	BEBER	SUBIR
(tú)	toma	bebe	sube
(vosotros/ vosotras)	tomad	bebed	subid
(usted)	tome	beba	suba
(ustedes)	tomen	beban	suban

Con pronombres: siéntate siéntese
sentaos siéntense

> El Imperativo sirve sobre todo para: ofrecer cosas, dar instrucciones y dar permiso.

INSTRUCCIONES EN LA CIUDAD

Por la Avenida de Goya **hasta** el Paseo Sagasta. **Allí** a la izquierda y **luego**, la tercera a la derecha.

Toma el metro, dirección Plaza de la Estrella y **baja en** Callao, allí **tienes que cambiar** y **coger** la línea 5 hasta Ruiz Jiménez.

ESTAR + GERUNDIO

estoy	estamos	
estás	estáis	trabajando
está	estan	

		Gerundio
hablar	⟶	hablando
comer	⟶	comiendo
salir	⟶	saliendo

PRESENTACIONES

- Mira/e, ésta es Gloria, una amiga.
  te/le presento a Gloria.
  Mirad/miren, os/les presento
  a Jesús.

○ Mucho gusto. / Encantado/a. /
  Hola, ¿qué tal?

TÚ/USTED

tú	usted
tienes	tiene
pasa	pase
siéntate	siéntese
tus padres	sus padres
te presento a...	le presento a...

vosotros	ustedes
tenéis	tienen
pasad	pasen
sentaos	siéntense
vuestros padres	sus padres
os presento a...	les presento a...

- ¿Tienes sed?
- ¿Quieres tomar algo?

¿Tiene sed?
¿Quiere tomar algo?

HELADOS REFRESCOS

AL TELÉFONO

- Diga.
  ¿Sí?

○ ¿Está Carmelo?
  ¿Carmelo?

- Sí, soy yo.
  No está. ¿De parte de quién?
  No se puede poner. Está duchándose.
  Está hablando por otra línea.
  ¿Quiere/s dejarle algún recado?

○ Sí, por favor   dile   que he llamado.
                  dígale

4 ¿Tú o usted?

Observa qué tratamiento usan los personajes de estas viñetas y
marca en los textos lo que te ha servido para saberlo.

- Mira, Luis, te presento a Ramón Ezquerra, de
  la oficina central.
○ Hola, ¿qué tal?
■ Encantado.

- Milagros, éste es el Sr. Fanjul.
○ ¿Cómo está usted?
■ Muy bien, ¿y usted?

- Su dirección, por favor.
○ ¿Perdone?
- ¿Dónde vive?
○ Ah...Valencia, 46.

- Perdón, ¿sabe cuál es la calle Vigo?
○ Mire, siga por esta calle y luego, allí en
  la plaza, a la derecha.

- Coja el teléfono, por favor, Carmela.
○ Sí, señora, voy...

- Abuelo, te presento a Juan, un amigo de
  la Facultad.
○ Hola, ¿cómo estás?
■ Muy bien, ¿y usted?

La elección entre **tú** o **usted** es muy difícil. Depende de muchos
factores. Mira las situaciones de las viñetas anteriores. ¿Por qué
elige cada personaje uno de los tratamientos? ¿Qué factores crees
que intervienen?
¿Sería igual en tu lengua en estos contextos?

Escucha ahora otras conversaciones y observa si usan **tú** o **usted**. O
vosotros o **ustedes**, si es plural.

1 **Invitados en casa: una llamada de teléfono**
Trabajad en parejas. Vais a hablar por teléfono representando los papeles de las fichas.

ALUMNO A

- Eres un español que se llama Juan Ramón o una española que se llama Elisa.
- Llamas por teléfono a un compañero/a de trabajo extranjero/a que vive en España.
- Le invitas a tu casa con su pareja o algún amigo/a (a comer o a cenar, el sábado o el domingo: lo que mejor les vaya a ellos).
- Le das la dirección y le indicas cómo llegar. Inventa dónde vives y márcalo en el plano.

ALUMNO B

- Recibes una llamada de Juan Ramón o Elisa, que te invita a su casa con tu pareja o un amigo/a.
- Tienes que aceptar su invitación e informarte sobre la hora y el lugar.
- Toma notas y marca en este plano la información que te dará.

OS SERÁ ÚTIL...

Hacer invitaciones:
- ¿Por qué no venís a comer este fin de semana? Así nos conocemos los cuatro.

- Mira, te llamaba para invitaros a casa este fin de semana. Así os enseñamos la casa nueva.

○ Ah, muy bien/estupendo, muchas gracias.
- ¿Os va bien el sábado?

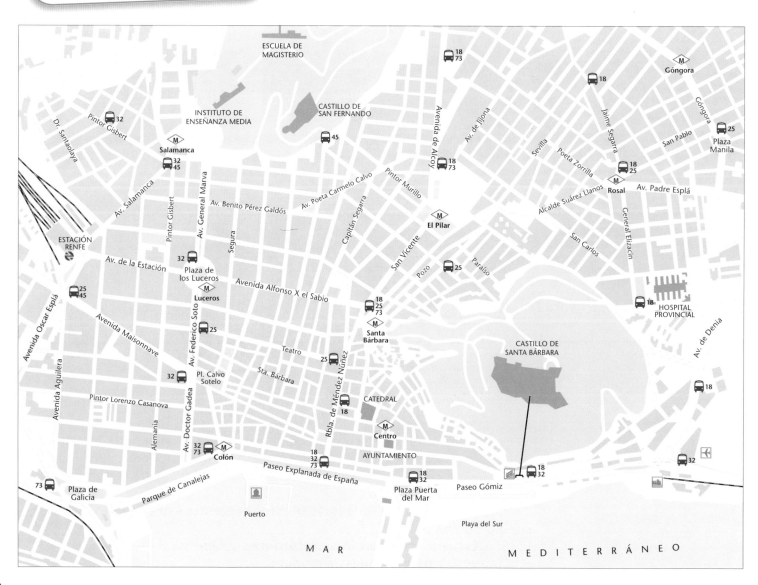

2 **La visita: preparación del guión**

Trabajad en parejas según el papel que representaréis: por un lado, Juan Ramón o Elisa con su pareja. Por otro lado, los dos extranjeros.

¿Qué váis a decir? Ésta es la secuencia aproximada de la visita (podéis incluir otras cosas):

- Llegada y saludos.
- Presentaciones.
- Cumplidos de anfitrión y de huésped (os será útil: ofrecer algo de beber, invitar a sentarse, hacer alusiones a la casa y al barrio...).
- Enseñar la casa (habitación por habitación).
- Despedida.

Pase, pase, siéntese.

- ¿Queréis tomar algo: una cerveza, un zumo...?
- Sí, gracias, una cerveza.

Entregar un obsequio:
- Toma, esto es para vosotros.
- Pero, ¿por qué os habéis molestado?

Cumplidos:
¡Qué piso tan bonito!
¡Qué habitación tan grande!
¡Qué barrio tan tranquilo!

¿Qué tal { tus padres? / tu hija? / tu marido?

Dale/les recuerdos de mi parte.

NO, NO, GRACIAS ESTÁ MUY RICA, PERO NO QUIERO MÁS.

BUENO, YA QUE INSISTES.

¿UN POCO MÁS DE TARTA?

VENGA, SÍ UN POQUITO MÁS.

3 **La visita: a escena**

Cada grupo de cuatro representa la escena por su cuenta, como si fuera un ensayo de una película.

Al final, un grupo voluntario escenifica en público.

El profesor u otro alumno hará de director.

VIVE BIEN.
AGENCIA INMOBILIARIA

Anamari y Felipe trabajan en una agencia inmobiliaria. Su jornada transcurre recibiendo a los clientes, enseñándoles pisos y apartamentos y, de vez en cuando, consiguiendo alquilarles uno. Hay muchos clientes, pero la competencia también es muy grande.

A Felipe no le gusta mucho este trabajo; a Anamari, sí, dice que así se conoce muy bien a la gente.

- Hoy ha venido una pareja joven. Profesionales sin hijos.
- ¿Les has enseñado el piso del Paseo de la Estación?
- Huy: jóvenes y guapos, con dinero... Aspiran a algo mejor.

Felipe, por su parte, ha atendido a un estudiante universitario. Buscaba algo para un grupo de cinco o seis amigos:

- Estos universitarios son una clientela muy buena. Contrato por un año y sin muchas exigencias.
- Sí, pero cuidan poco la casa.
- ¿Poco, dices? Mucho mejor que muchas familias...

Anamari y Felipe casi nunca están de acuerdo.

- Los mejores son los ejecutivos de fuera. Vienen aquí, la empresa les paga, y no miran gastos.
- Sí, pero algunos son muy exigentes. ¿Recuerdas el de ayer?
- Sí, ése que sólo tiene dos hijos y todas las casas le parecen pequeñas.
- Es que necesita espacio para los coches, los perros y el billar...

ALQUILERES

CHALETS UNIFAMILIARES ALTO STANDING

Zona residencial. Superficie de 1.200 m², edificado 600 m². Salón-comedor de 65 m², gran cocina, biblioteca-despacho de 20 m², 8 habitaciones, 3 baños, 2 salones de 50 m² cada uno, garaje para 3 coches y motos, galería-lavadero, bodega, solarium, 3 terrazas. Piscina, jardín, calefacción y aire acondicionado. Excelentes vistas a la sierra.

Zona tranquila. Terreno de 500 m², 230 construidos. Garaje 3 coches, salón con chimenea, cocina office, 4 habitaciones, 2 baños, calefacción. Jardín.

Zona ajardinada. Solar 624 m². Construidos 450 m². Garaje 4 coches, sala de juegos, cuarto de lavado, trastero, salón con chimenea, cocina office, 6 habitaciones, estudio, piscina. Jardín. Preciosas vistas.

CASAS ADOSADAS

Paseo Acacias. Casa adosada 230 m². 4 habitaciones (1 en planta baja), 2 baños y 1 aseo, jardín 20 m², piscina y gimnasio comunitarios, garaje particular.

Paseo de la Estación. Casa adosada 200 m². 3 habitaciones, estudio de 40 m², salón-comedor de 30 m² a dos niveles, 2 baños completos, terraza, parking, amplio trastero. Jardín.

Avda. Constitución. Casa adosada. 180 m², 4 habitaciones, 2 baños y 1 aseo, salón-comedor 25 m², cocina con salida terraza y jardín. Estudio 15 m², solarium, garaje 3 coches, calefacción, vistas al mar, cerca estación FFCC.

PISOS, APARTAMENTOS Y ESTUDIOS

Zona Pza. España. Piso 85 m², salón con chimenea, cocina, 3 habitaciones con armarios empotrados, 1 baño, 1 aseo.

C/ Santa Ana. Piso 3 habitaciones dobles, salón-comedor, 4 balcones, suelo de parquet y terrazo. Exterior y soleado. Céntrico.

Zona Reyes Católicos. Piso 70 m², comedor, cocina, 2 habitaciones exteriores, 1 baño y 1 aseo. Calefacción. Piscina y jardín comunitarios. Tranquilo y soleado.

Casco antiguo. Estudio totalmente renovado. 40 m². Ascensor. Exterior, con terraza y balcón. Tranquilo.

① ¿Quién crees que va a elegir cada una de estas viviendas?

2 Vas a ir a vivir a Barcelona. Un amigo te recomienda estos pisos. ¿Te gustan? ¿Qué cosas necesitas y cuáles no?

MARINA PARK 2

VIVA EN LA CIUDAD FRENTE AL MAR Y JUNTO A EXTENSAS ZONAS VERDES.

MARINA PARK 2 ES UN EDIFICIO DE VIVIENDAS SITUADO EN UNA ZONA PRIVILEGIADA DE LA CIUDAD, CON UNAS VISTAS EXCEPCIONALES, PARA QUE USTED Y SU FAMILIA DISFRUTEN DE UNA CALIDAD DE VIDA INMEJORABLE. SITUADA FRENTE AL PULMÓN NATURAL DE LA CIUDAD, EL MAR, Y RODEADA DE EXTENSAS ZONAS VERDES Y DE RECREO, MARINA PARK 2 ES EL LUGAR IDEAL PARA VIVIR CON SU FAMILIA.

3-4 DORMITORIOS + TRASTERO
CALEFACCIÓN INDIVIDUAL A GAS
PUERTA DE ACCESO A LA VIVIENDA BLINDADA
COCINA EQUIPADA CON MUEBLES ALTOS Y BAJOS
HORNO ELÉCTRICO Y CAMPANA EXTRACTORA
MICROONDAS
VÍDEO-PORTERO
ANTENA PARABÓLICA
JUNTO AL PUERTO OLÍMPICO
PARKING EN EL MISMO EDIFICIO

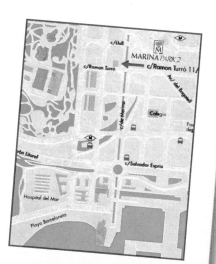

41 42 43 44

Vamos a escribir
la biografía de una
persona de nuestro país.
Aprenderemos a:
- ✔ referirnos a datos
biográficos e históricos,
- ✔ situar los
acontecimientos en
el tiempo,
- ✔ indicar las
circunstancias en
que se produjeron.

gente e

historias

❶ Fechas importantes

¿Puedes relacionar cada titular con su fecha correspondiente? Luego, compara tus respuestas con las de otros compañeros.

9/11/89
15/12/55
21/7/69
11/9/73
12/10/68
22/11/75
9/12/80
4/2/45
24/1/73
19/8/91
21/4/56

● Yo creo que la caída del muro de Berlín fue en el noventa y uno.
○ ¡Noooo! Fue en el ochenta y nueve.
■ Es verdad, fue en noviembre del ochenta y nueve.
□ Sí, el día nueve de noviembre de mil novecientos ochenta y nueve. Lo recuerdo perfectamente.

CAÍDA DEL MURO DE BERLÍN

Coronación de Juan Carlos I

Inauguración de los Juegos Olímpicos de México

Golpe de estado contra Allende en Chile

Ingreso de España en la ONU

GOLPE DE ESTADO EN LA UNIÓN SOVIÉTICA CONTRA M. GORBACHOV

ASESINATO DE JOHN LENNON

ACUERDOS DE PARÍS: RETIRADA DE EE.UU. DE VIETNAM

Conferencia de Yalta entre Stalin, Roosevelt y Churchill

Éxito de Elvis Presley:
número 1 en las listas

Llegada del Apolo XI a la luna

❷ ¿Y en tu país?

¿Hay alguna fecha especialmente importante en tu ciudad, en tu país?

1 **1953, 1978, 1995: diarios de adolescentes españoles**

Estos diarios pertenecen a las personas de las fotos. Los escribieron en su adolescencia, en los años 1953, 1978 y 1995. En cada diario tenemos el mes y el día, pero no el año.

Javier Burgos de la Fuente. Jubilado, nacido en 1935.

Javier en 1953, año al que corresponde su diario.

María Luisa Guzmán Ferrer. Ama de casa, nacida en 1961.

María Luisa en 1978, año del diario.

Juan Mora Sánchez. Ingeniero Técnico de Telecomunicaciones, nacido en 1977.

Juan a los 18 años, en 1995.

Actividades

¿Qué foto corresponde a cada diario? ¿Por qué? Discútelo con un compañero.

- Yo creo que el diario B es el de Javier.
- No... "Encuentros de la tercera fase" no es de los años 50...

A

Domingo, 4 de octubre de 19 _____.

Hoy he ido con Cecilia al cine, y hemos visto "Cantando bajo la lluvia". Es una película musical muy bonita, nos ha gustado mucho. Al salir hemos visto a Anita, estaba con Jaime. También estaban con ellos Gerardo y Esperanza.

En el NO-DO han hablado de la firma de un acuerdo entre Franco y los Estados Unidos; esto puede ser el primer paso para la entrada de España en la ONU. También han hablado de fútbol, ha llegado a España el futbolista argentino Alfredo Di Stefano, para jugar en el Real Madrid.

Después del cine hemos ido a dar un paseo con Anita y Jaime. En el parque no había nadie, hacía mucho frío. Hemos entrado en una cafetería y hemos tomado un chocolate con churros.

B

Domingo, 3 de diciembre de 19 ___.

Ayer comí con Fernando y luego fuimos al cine, a la primera sesión. Vimos "Encuentros en la tercera fase". A él no le gustó mucho, a mí me encantó. Al salir, fuimos al Corte Inglés, que aún estaba abierto, y compramos un disco de Police para Marta, que hoy es su cumpleaños y le gustan mucho. Después, fuimos a cenar a casa de Fernando. Sus padres estaban viendo en la tele el Informe Semanal; había un reportaje muy interesante sobre el primer vuelo del Concorde, y otro sobre Louise Brown, el primer bebé probeta. El último fue sobre la nueva Constitución y el referéndum de la semana que viene. Fernando y su padre se pusieron a discutir de política, como siempre. Esta tarde he ido a la fiesta de cumpleaños de Marta; mi regalo le ha gustado mucho. Tienen una casa muy bonita y muy grande, en una urbanización de las afueras; estaba todo preparado en el jardín, pero como hacía frío, la fiesta ha sido en el interior. Lo hemos pasado muy bien.

C

Domingo, 7 de mayo de _____

Ayer fuimos al cine con Fermín y Carmina y vimos "Forrest Gump". Esta tarde he ido a ver "Balas sobre Broadway" de W. Allen, que es mucho mejor. Lo que no entiendo es cómo le han dado tantos Oscars a "Forrest Gump". A la salida del cine me he encontrado con una manifestación por Sarajevo. Me he unido a la marcha. Hemos bajado por el Paseo de Miramar, y luego por la Avenida Príncipes de España. Cuando hemos llegado a la Plaza de España, ya era de noche; allí ha terminado la manifestación con un minuto de silencio. Me he encontrado con Mariluz y Juanjo, que también estaban en la manifestación. Hemos ido a tomar una cerveza; en el bar tenían la tele puesta y daban los resultados de las elecciones en Francia. Ha ganado Chirac. También han dicho en las noticias que este verano va a venir a España Prince, en una gira que organiza por toda Europa.

2 Tiempos pasados

Actividades

Hemos leído unos textos escritos con tres formas verbales distintas para hablar del pasado. Son éstas: el Pretérito Perfecto (que ya conocemos), el Indefinido y el Imperfecto.

Una de estas formas se usa con el adverbio <u>ayer</u>, otra con el adverbio <u>hoy</u> y otra con cualquiera de los dos. ¿Sabes a qué tiempo verbal corresponde cada adverbio? Escríbelo debajo de cada columna.

Ahora ya los podemos identificar. Su uso lo aprenderemos progresivamente.

Perfecto	Indefinido	Imperfecto
he ido	comí	estaba
hemos visto	fuimos	había
nos ha gustado	le gustó	hacía
han hablado	me encantó	era
ha llegado	vimos	tenían
hemos entrado	se pusieron	daban

❶ Años importantes en la vida de nuestro grupo

Rellena con tus compañeros el cuadro de abajo, con las fechas importantes de vuestra vida.

- Yo empecé mis estudios en 1990.
- Yo conocí a mi novio en 1993.
- Yo me casé en 1982.
- En 1989 nació mi hija pequeña.

- entré en la universidad

- terminé mis estudios

- empecé a | trabajar
              estudiar

- me fui a vivir a...

- conocí a mi
   actual | novio/a
            marido
            mujer

- me casé

- nació | mi primer hijo
          mi hija Luisa
          mi hija pequeña

- me divorcié

- me jubilé

							Diana 8 de enero
1975	hijo de Eva 13 de julio						

❷ Recuerdos en la radio

Javier Burgos habla de sus recuerdos. Toma notas de lo que dice y del año en que sucedió.

❸ ¿Cómo era la vida en tu infancia?

Haz una lista de las cosas que no existían cuando tú eras niño. Después, coméntalo con tus compañeros.

- Cuando yo era niño no había teléfonos móviles.
- Cuando yo era niña, tampoco.

En	las casas las ciudades en los pueblos las escuelas	no (sí)	había _____, teníamos	por eso...

EL PRETÉRITO INDEFINIDO

Verbos regulares:

TERMINAR	CONOCER, VIVIR
terminé	conocí
terminaste	conociste
terminó	conoció
terminamos	conocimos
terminasteis	conocisteis
terminaron	conocieron

Verbos irregulares:

SER/IR	TENER	ESTAR
fui	tuve	estuve
fuiste	tuviste	estuviste
fue	tuvo	estuvo
fuimos	tuvimos	estuvimos
fuisteis	tuvisteis	estuvisteis
fueron	tuvieron	estuvieron

EL PRETÉRITO IMPERFECTO

Verbos regulares:

ESTAR	TENER, VIVIR
estaba	tenía
estabas	tenías
estaba	tenía
estábamos	teníamos
estabais	teníais
estaban	tenían

Verbos irregulares:

SER	IR
era	iba
eras	ibas
era	iba
éramos	íbamos
erais	ibais
eran	iban

FECHAS

¿Cuándo
¿En qué año } nació?
¿Qué día   se fue?

Nació } en 1987/en el 87.
Se fue   en junio.
            el día 6 de junio de 1987.

CONTRASTE DE USOS

Indefinido: información presentada como acontecimientos, con estos marcadores:

Ayer
Anteayer
Anoche
El otro día
El lunes/martes... } fui a Madrid.
El día 6...
La semana pasada
El mes pasado
El año pasado

Perfecto: información presentada como acontecimientos, con estos marcadores:

Hoy
Esta mañana
Esta semana } he ido a Madrid.
Este mes
Este año

Imperfecto: información presentada como circunstancias.

iba a Madrid y tuve un accidente.

Imperfecto: contraste **ahora/antes**:

Ahora
Actualmente } todo el mundo **tiene** tele.

Antes
Cuando yo era niño,
Entonces } no **teníamos** tele.
En esa época

RELACIONAR ACONTECIMIENTOS

No llevaba llaves. } Por eso
Así que } no pudo entrar.

Luego
Después } llamó a los vecinos.
Entonces

④ **A las 7.45 ha salido**

Valerio Luzán ha hecho esta mañana estas cosas. Un detective privado le sigue y toma notas de sus movimientos.

7.45: Sale de su casa. Vuelve a entrar.
8.05: Sube a su piso. No puede entrar.
8.07: Llama al timbre de los vecinos.
Sale otra vez a la calle.
8.40: Un coche con una mujer para a su lado. Él sube.
9.10: Baja en la Pza. de España.
Sigue a pie.
9.30: Entra en un edificio de oficinas.

Escribe tú ahora el informe del detective usando el Pretérito Perfecto.

A las 7.45 ha salido de casa. Luego...

Ahora escucha lo que explica Valerio a las 9.45h a sus colegas. ¿Puedes completar el relato con estas circunstancias y con marcadores?

llovía mucho	no había ni un taxi	pasaba por allí
no tenía las llaves	había mucho tráfico	no llevaba paraguas

1 Historias personales de españoles

¿Cuál puede ser la historia de los personajes de las imágenes? En grupos de tres: cada grupo elige un personaje y construye su historia.

¿Cómo? Con la ayuda de las frases de las listas A, B, C, D y E: busca y elige las que quieras. También puedes modificarlas a tu gusto.

Cuando la historia esté terminada, un alumno de cada grupo la lee en voz alta. El resto de la clase escucha y tiene que adivinar a qué persona corresponde.

A

Nació en 1915, en Zaragoza, de padres anarquistas.

•

Nació en 1920, en Bilbao.

•

Nació en 1917, en Alcalá de Guadaira, en la provincia de Sevilla.

•

Nació hace 85 años, en Corcubión, un pueblecito gallego cerca de Finisterre, en una familia de pescadores.

•

Sus padres eran campesinos muy pobres.

•

Su familia pertenecía a la burguesía industrial de la ciudad.

B

De niño/a no fue a la escuela.

•

De niño/a tuvo una vida muy fácil.

•

Se educó en la escuela libertaria Natura, en el Pirineo aragonés.

•

Estudió bachillerato en uno de los mejores colegios de la ciudad.

C

A los 18 años entró en el cuerpo de funcionarios de Correos.

•

Cuando estalló la guerra civil, en el 36, se alistó voluntario/a en las milicias de la república.

•

A los 24 años terminó la carrera de Historia en la Universidad, pero nunca ha trabajado.

•

No se casó, pero desde 1935 vive con su actual compañero/a.

•

A los 26 años se casó.

•

Con la llegada de la democracia formó un grupo ecologista libertario.

D

En aquellos años no había suficientes alimentos ni medicinas.

•

Entonces muy pocas mujeres iban a la universidad.

•

Entonces no había libertad de asociación política ni sindical.

•

En el país ya había más libertad para expresar las opiniones políticas.

•

En el campo no había trabajo para todos.

E

Su familia se trasladó a Barcelona, donde su padre encontró trabajo en SEAT.

•

Estuvo en la cárcel por participar en actividades sindicales.

•

Toda su vida ha sido una constante lucha por la libertad.

•

La postguerra fue muy dura para toda su familia.

•

Vivió una temporada en París, donde conoció a su marido/mujer.

•

Nunca ha participado en actividades de tipo político.

Podemos completar las biografías con este apartado: "Hemos hablado con él/ella y nos ha dicho que recuerda especialmente estos acontecimientos, que vivió con intenso interés..."

F

El bombardeo de Hiroshima (1945).

•

El ingreso de España en la ONU (1955).

•

El premio Nobel de Literatura a J. R. Jiménez (1956).

•

La independencia de Argelia (1962).

•

El mayo francés de 1968.

•

La boda de Jacqueline Kennedy con A. Onassis (1968).

•

La Revolución de los Claveles en Portugal (1974).

•

La muerte de Franco (1975).

•

La legalización del Partido Comunista de España después de la muerte de Franco (1977).

•

El Referéndum de la Constitución de 1978.

•

El asesinato de J. Lennon (1980).

•

La huelga de Solidaridad en los astilleros de Gdansk, en Polonia (1980).

•

El intento de golpe de estado de Tejero (1981).

OS SERÁ ÚTIL...

a los... años
cuando tenía... años
al terminar la guerra

de niño/niña/joven/mayor

Desde 1986 **hasta** 1990 vivió en París.
Vivió en París cuatro años.

● Eso fue en los años 40.
○ No, fue mucho después, hacia los 60.

Fue **el** año **en el que**...
Fue **la** época **en la que**...

❷ Un personaje conocido nuestro

Ahora vamos a escribir la historia de una persona que conocemos. Formad grupos según vuestras preferencias:

- un personaje público conocido internacionalmente,
- una persona anónima que pueda ser representativa de la gente de vuestro país o ciudad,
- una persona de vuestro círculo de conocidos (colegio, escuela, empresa...).

¿Cómo trabajamos? Las listas del ejercicio anterior nos sirven de guía: ponemos los datos, las fechas, los acontecimientos y las circunstancias adecuados a nuestro personaje.

Al final, cada grupo presenta a la clase a su nuevo personaje.

117

EXTRAÑOS EN LA NOCHE

Son las doce de la noche. Noticias en Radio Nacional de España. El murmullo de la radio acompaña (...) como una banda sonora, el recuerdo de las noches de mi infancia. (...) Yo la escuchaba mientras cenaba o, mientras me dormía, desde la cama e imaginaba cómo serían los países y las ciudades desde los que llegaban aquellas voces que cada noche venían a acompañarme. Pensaba que aquellas voces no eran reales, o por lo menos no como la mía, pues siempre decían lo mismo y sonaban casi iguales, pero a mí eso, entonces, no me importaba. Lo que me importaba a mí era saber cómo sería Madrid, o París, o el Vaticano, cuya emisora mi padre conectaba algunas noches para escuchar al Papa, y, sobre todo, aquel extraño país que se llamaba *el Principado de Andorra* y que yo imaginaba tan irreal como la voz de su locutora porque, aparte de sonar a país de cuento, ni siquiera venía en el mapa. Y en esos pensamientos iban pasando las noches, todas iguales y repetidas, todas igual de monótonas que las voces de la radio.

Una noche, sin embargo, una noticia vino a romper la rutina de la radio y de mi casa. Recuerdo aún que estábamos cenando. De repente, la música se interrumpió y una voz grave anunció escuetamente, tras la correspondiente señal de alarma, que el presidente de los Estados Unidos había sido asesinado. (...)

Yo no sabía lo que pasaba. Sabía que era algo grave por el tono de voz de los locutores y por la seriedad y el miedo de mis padres, pero no comprendía qué tenía que ver el presidente de los Estados Unidos con ellos ni por qué les preocupaba tanto (casi tanto como la muerte del abuelo, que había sucedido meses antes) lo que acabara de pasar en un país que, como el Principado de Andorra, imaginaba que tampoco vendría siquiera en el mapa. (...)

Al día siguiente, en la escuela, descubrí con sorpresa que nadie sabía nada: ni quién era Kennedy, ni en qué país gobernaba, ni lo que le había pasado. Y, sobre todo, lo más sorprendente, que a nadie le importaba nada. (...)

(Recuerdo que) su nombre quedó impreso en mi memoria, y unido para siempre al de la radio, porque fue gracias a él como yo supe que aquellas voces que hasta aquel día creía irreales porque siempre decían lo mismo y sonaban casi igual eran voces de personas que existían realmente, (...) igual que también lo eran los países de que hablaban, aunque algunos, como Andorra, ni siquiera figuraran en el mapa. Es decir: que, mientras yo vivía en Olleros rodeado de minas y de montañas, había gente que vivía, trabajaba y moría, como nosotros, en otros muchos lugares.

J. Llamazares, *Escenas de cine mudo*

1 ¿Qué edad crees que tiene el protagonista en el momento de publicarse la novela *Escenas de cine mudo*?
¿Cómo te lo imaginas en el momento que relata: edad, aspecto físico, ropa que lleva, habitación donde está...?

2 Un cuento muy breve.
Léelo.

> ## El dinosaurio
>
> •
>
> Cuando despertó, el dinosaurio todavía estaba allí.
>
> **A. Monterroso**,
> *El Eclipse y otros cuentos*

gente que estudia español

LECCIONES 1, 2, 3, 4

❶ El primer día de clase
- ¿Ana Redondo Cortés?
- ○ Sí.
- ¿Luis Rodrigo Salazar?
- ▪ Soy yo.
- ¿Eva Tomás Alonso? ¿Eva? Eva Tomás Alonso.
- ▫ Yo, yo... Soy yo.
- ¿José Antonio Valle Pérez?
- ▲ Vallés.
- ¿Cómo?
- ▲ Va-llés, con ese al final.
- Va-llés. De acuerdo. ¿Raúl Olano?
- ◆ Sí.
- Mari Paz Rodríguez Prado. ¿Mari Paz Rodríguez Prado? No está. ¿Francisco Leguineche?
- △ Sí.
- Perdona, ¿el segundo apellido?
- △ Zubizarreta.
- ¿Cómo?
- △ Zu-bi-za-rre-ta: ceta, u, be, i, ceta, a, erre, e, te, a.
- Ah, vale, gracias.
- △ De nada.
- ¿Cecilia Castro Omedes?
- ✖ Yo..., soy yo.
- ¿Alberto Vizcaíno Morcillo?
- ⊗ Sí.
- ¿Silvia Jiménez Luque?
- ▼ Sí.
- Vale... A ver... ¿Nieves Herrero García? ¿Nieves...? No está. ¿Paz Guillén Cobos?
- ⊗ ¿Paz Guillén?
- Sí.
- ⊗ Soy yo, soy yo...
- Gerardo Bermejo Bermejo.
- ✿ Sí.
- David Blanco Herrero.
- ▽ Soy yo.

LECCIÓN 1

❷ El español en el mundo
- Señores y señoras, a continuación, vamos a escuchar la votación de Argentina. ¿Buenos Aires? ¿Buenos Aires...?
- ○ Sí, aquí Buenos Aires, buenas noches. Ésta es la votación del jurado argentino: Bolivia, tres puntos.
- Bolivia, tres puntos.
- ○ Colombia, cinco puntos.
- Colombia, cinco puntos.
- ○ Chile, nueve puntos.
- Chile, nueve puntos.
- ○ Cuba, dos puntos.
- Cuba, dos puntos.
- ○ España, un punto.
- España, un punto.
- ○ Guinea Ecuatorial, seis puntos.
- Guinea Ecuatorial, seis puntos.
- ○ Honduras, ocho.
- Honduras, ocho.
- ○ Panamá, siete.
- Panamá, siete.
- ○ Paraguay, cuatro.
- Paraguay, cuatro.
- ○ República Dominicana, nueve.
- República Dominicana, nueve.
- ○ Uruguay, diez puntos.
- Uruguay, diez puntos.Gracias, muchas gracias. Buenas noches, Buenos Aires.
- ○ Buenas noches.

LECCIÓN 2

❸ Sonidos y letras

Hugo	Vicente	Guerra
Hernández	Víctor	Guevara
Hoyo	Beatriz	Guillén
Carolina	Celia	Guadalupe
Cueto	Ciruelo	Gala
Cobos	Zamora	Gómez
Jaime	Rita	Valle
Jiménez	Aranda	Llorente
Juárez	Parra	Llave
Gerardo	Pancho	Toño
Ginés	Chaves	Yañez
Gil	Chelo	Paños

LECCIÓN 4

❷ El español suena de maneras diferentes
Dos argentinos:
- ▪ Usted, ¿cómo se llama?
- ○ María Fernández.
- ▪ ¿Cómo?
- ○ María Fernández.
- ▪ ¿Tiene teléfono?
- ○ Sí, es el 2-13-45-10.
- ▪ Gracias.
- ○ De nada.

Dos versiones: un canario y una andaluza, y un castellano con una vasca.
- ¿Cómo se llama usted?
- ○ María Fernández.
- ¿Cómo?
- ○ María Fernández.
- ¿Tiene teléfono?
- ○ Sí, es el 2-1-3-4-5-1-0.
- Gracias.
- ○ De nada.

gente con gente

LECCIONES 5, 6, 7, 8

❷ ¿De quién están hablando?

- ¡Qué simpático es!
- ○ Sí, es una persona muy agradable.
- Y muy trabajador.
- ○ Sí, es cierto. Y no es nada egoísta...
- No, qué va... Al revés.

- ■ Es una mujer muy inteligente.
- □ Sí, pero es pedante, antipática...
- ■ Sí, eso sí. Y un poco egoísta.
- □ ¡Muy egoísta!

LECCIÓN 5

❶ La gente de la calle Picasso

1

- No es español, ¿verdad?
- ○ ¿Quién? ¿El del saxofón? ¡No! Es extranjero. Alemán, creo.
- Ah, alemán...
- ○ Es muy amable...
- Sí. Pero, chica, qué ruido...   *Was für ein Lärm*
- ○ ¿Ruido?
- Sí, la música...
- ○ Sí, eso sí...
- ¡Es que el otro, el español, toca la batería!
- ○ Sí, pero son buenos chicos.   *Ja, es sind gute Menschen*
- Claro, como tu vives en la casa 10...

2

- Tienen un niño pequeño, ¿no?
- ○ Sí, monísimo... Tiene cuatro o cinco años.
- Y él habla con un acento...
- ○ Es que es argentino.
- ¡Ah...!
- ○ Son muy simpáticos, ¿no?   *oder?*
- Sí, muy majos.   *sehr nett*

3

- No, no... Ella no trabaja. Bueno..., trabaja en casa, quiero decir... ¡Y estudia en la Universidad!
- ○ Ah, ¿sí?
- Sí... Es una chica muy trabajadora.
- ○ Tienen dos hijos, ¿no?
- Sí, dos. Un niño y una niña.

4   *Wie sie heißen*

- Vive sola, ¿no?
- ○ No, con su hermana... ¡Son gemelas!
- Anda... ¡Son dos!
- ○ Sí, gemelas.

5

- ¿Está casado?
- ○ No, divorciado. Pero sale con una chica... Un chica muy amable, que tiene una moto...
- No, no la conozco... Y él vive con su hija, ¿verdad?
- ○ Sí, una chica muy guapa... Baila flamenco, la chica...
- Ah, ¿sí?
- ○ Sí, sí, sí. Baila muy bien.

6

- ¡Tecla tiene novio...!
- ○ ¿Tú crees? Si es muy mayor,...
- Sí, sí, seguro, un señor con barba, de unos 60 años. Es pintor, o algo así...   *oder etwas ähnliches*
- ○ Ah...
- Míralo, míralo, ahí viene, ése es.
  Sieh, sieh, da kommt er, das ist er

LECCIÓN 6

❹ El árbol genealógico de Paula

- Y mi familia, bueno, mi familia está compuesta por mi mamá y mi papá, y... mis tres hermanos y yo.
- ○ ¿Y cómo se llaman tus papás?
- Mi papá se llama Omar Raúl. Mi mamá se llama Helena.
- ○ ¿Y tus hermanos?
- Mis hermanos se llaman... el mayor, Gustavo, luego vengo yo, que me llamo Paula, después mi hermana, que se llama Victoria, y el menor, mi hermano, que se llama Gastón.
- ○ ¿Y tus abuelos?
- Mis abuelos se llaman... Mi abuelo, Cristóbal, y mi abuela, Helena.
- ○ ¿Y quiénes eran? ¿ Los padres de quién?
- Los padres de mi madre. Y mi abuelo Otto y mi abuela Ana María, los padres de mi padre. Y tengo una sola tía.
- ○ ¿Una sola?
- Sí.
- ○ ¿Y cómo se llama?
- Cuqui.
- ○ ¿Y qué es? ¿Hermana de quién?
- Es la hermana de mi papá. Y tengo un sobrino.
- ○ ¿Sí?
- Sí.
- ○ ¿Cómo se llama?
- Luciano.
- ○ ¿Y es hijo de quién?
- Es hijo de mi hermana, Victoria.
- ○ ¿Y el marido de tu hermana cómo se llama?
- Juan José. Pero le dicen Chivo.

LECCIÓN 7

❷ La distribución de los turistas en el restaurante

- Oye, ¿la señora Toledo viaja sola?
- ○ ¿Toledo?
- Sí, Marina Toledo, la profesora de música.
- ○ Ah, ya... No, no, no va sola. Va con una amiga.... Con Celia Ojeda, creo que se llama.   *nicht allein*
- Ah...

- ¿Y el señor este suizo?
- ¿El Señor Müller?
- Sí, eso...
- No, viaja con su novia, con la Srta. Tomba. La chica italiana...

ist ein seine Freundin

- ¡Qué simpático es el Sr. López Marín!
- Sí, es muy divertido. *lustig*
- Y su mujer también.
- Sí, es verdad. Son encantadores.

Sie sind charmant

- El Sr. Ponce es un poco pesado, ¿no?
- Sí, mucho. Y además, habla y habla y habla...
- ¡Y sólo de fútbol!

nur über

gente de vacaciones

LECCIONES 9, 10, 11, 12

LECCIÓN 9

❷ Las vacaciones de Clara, de Isabel y de Toni

1

- Es un pueblo muy pequeño, que está cerca de Barcelona, que se llama Vallromanes y... es un pueblo que tiene un centro muy pequeño y, entonces, muchas casas dispersas por todo el municipio...
- Típico, típico...
- Típico de un pueblo del Vallés o... Y entonces la casa está apartada del pueblo, y está justo entre... entre una montaña y un llano. Entonces es una casa que queda muy aislada, aunque tiene el pueblo a cinco minutos... Es un pueblo que no tiene muchas diversiones... Tienes que coger el coche para ir a, yo qué sé, a tomar algo por la noche...
- Bueno, si tienes coche...
- Sí, bueno. Y si no tienes, te apuntas. Y... Y, bueno, fundamentalmente es esto: muy tranquilo, puedes tomar el sol, puedes ir a correr, puedes ir en bicicleta...
- Está bien.

2

- Concretamente la zona está en medio de Port de la Selva y de Llançà, en unos apartamentos que quedan un poco alejados y están tranquilitos, que puedes ver el mar desde la terraza y puedes coger la bicicleta y te puedes ir, bueno, a cualquier sitio porque es una zona bastante, bastante llana.
- ¿Y a qué playa vas?
- Acostumbramos a ir a la de Llançà, porque..., porque son unas playas más grandes que las de Port de la Selva. Pero bueno, por la tarde sí que te vas a tomar un helado o por la noche te vas a tomar un refresco o te vas a bailar, y entonces ya, con el coche, te desplazas a distintos pueblos de por allí.
- Mmmm.
- Pero vaya, es un sitio muy agradable, con un sol de agosto precioso y el mar... Está fría el agua. Esto es lo que más me gusta, que el agua está fría, no es como cuando te vas por aquí, Bar-

celona, que es un agua como caldo, que está como así, calentita... No, no, allí está muy fría, está muy bien.

3

- Sí, pues nosotros vamos a un camping, un camping en Malgrat de Mar...
- ¿Sí?
- Está muy bien porque estás en las afueras, estás tranquilo. Puedes ir a pescar y los niños corren por allí y todo esto.
- ¡Qué bien!
- Sí, la verdad es que para las familias con hijos es... es fantástico.
- Claro. Pueden jugar, correr por ahí.
- Sí, además, como nos conocemos entre todos, pues... no tienes problemas, no estás sufriendo si se pierden.
- ¿Y vais todos los años?
- Sí, sí, porque además allí conoces a mucha gente, ¿no? Hay gente que viene de Suiza. Hay unos suizos que vienen de Zurich, luego hay gente que viene de Barcelona, de Sevilla. En los campings siempre acabas conociendo a muchísima gente.

LECCIÓN 10

❻ Gente joven de vacaciones

- Cuando... cuando voy de vacaciones, realmente lo que me gusta es conocer a la gente... en realidad... O sea, o sea, conocer el lugar, conocer la gente. No me importa dónde esté... me da... me es igual... es conocer otros... otras maneras de ser, otras...
- La gente del lugar donde vas.
- Hombre, claro, ¿no?
- No, hombre, no, pero me refiero que... Yo qué sé... que te gusta hablar, por ejemplo, si te vas a Londres, pues te gusta hablar con los ingleses, no con un italiano... ¿Me entiendes lo que quiero decir?
- Ya, ya, ya te entiendo. No, es que normalmente me gustan sitios no..., donde no haya mucha gente; o sea, pueblos, sitios tranquilos... Y me gusta ir con un grupo de gente, pero que pueda separarme. En un momento dado, coja y me pueda ir yo solo, hasta tal sitio, y luego volver con ese grupo, esto es lo que más me gusta.
- Mmm, mmm.
- Poder combinar esto, ¿no? Claro, a veces es un poco difícil.
- Sí, pero es que a veces los viajes organizados que tienes que ir con siempre la misma gente...
- No, no, no, no, Gemma, no. Viajes organizados, no, no, no, no.
- Yo estoy contigo, Armando. A mí me gusta también ese tipo de turismo, llegar a un sitio, conocer un poco la cultura ¿no?, conocer la manera que tienen de hacer y simplemente, a veces, no hace falta irse muy lejos.

gente de compras

LECCIÓN 13

❷ Las compras de Daniel

1 • ¿Cuánto vale éste?
  ○ Dieciocho mil. Es precioso...
  • Pff... Es demasiado caro...

2 ○ ¿Y un perfume?
  • Sí, ¿pero cuál?
  ○ Éste es el nuevo de Nina Pucci, "Pasión"...
  • Uy, no, qué fuerte...

3 • Es un poco grande, ¿no?
  ■ Sí, un poco. Pero en negro sólo tengo esta talla.
  • ¿Y esta otra?
  ■ Ésta también está muy bien, pero sólo la tengo en azul.

4 • ¿Tienen pilas?
  □ No, lo siento...

5 ◆ ¿De hombre o de mujer?
  • De hombre.
  ◆ Pues tiene que ir a la segunda planta...

6 • ¿Aceptan tarjetas?
  ▲ Sí, Visa.
  • ¿Y American Express, o Master?
  ▲ No. Sólo Visa.

LECCIÓN 15

❸ ¿Qué le regalamos?

Conversación A
• Bueno, ¿qué?
○ No sé, no sé... ¿Qué...?
• Pues tenemos dos horas, ¿eh?
○ ¿Qué te parece un libro?
• Un libro, pues... No... Porque el otro día ya le compramos un libro... Es que me parece lo fácil... Vamos, al final...
○ Ya pero...
• Siempre le compramos un "compact" o un disco. Podíamos pensar algo un poco más original...
○ Es que no sé, de verdad, no, no, no sé qué regalarle.
• Pues un póster, no sé...
○ ¡Un póster! Un póster... Es verdad.
• ¿Qué le gusta? O una... alguna película de Woody Allen.
○ Ah... Ostras... Sí, sí, sí... Lo que pasa que él...
• Igual las tiene...
○ Sé que tiene dieciocho.... Ahora, no sé cuáles...
• Pues, macho, si tiene dieciocho, entonces ya, ¿qué?... No, no, pues entonces, no... ¿Y un póster de qué?

○ Espera, espera, esto de la película me... me gusta... O sí... Ay, no sé, no sé...
• Porque... Ay, no sé...
○ ¡Un póster de Woody Allen!
• Seguro que tiene también, si tiene dieciocho películas... Bueno, ¿qué?
○ No sé, un disco de algún grupo que...
• ¿Quieres que vayamos a ver los pósters?
○ Va, sí, vamos a ver los pósters.
• ¿Los pósters?
○ Sí, sí, sí.

Conversación B
■ ¿Qué?
□ No tengo ni idea, eh, la verdad...
■ Hombre, pero, a ver... Un pañuelo...
□ ¿Un pañuelo?
■ Lo que pasa es que...
□ ¿Suele vestir con pañuelos?
■ No, ahora que lo dices, no. Espera, espera...
□ ¿Y un peluche?
■ ¿Un peluche? No, un peluche no, no, hombre, no... ¿Y dónde lo pone el peluche? En la habitación...
□ Claro.
■ Música no, porque música no sabemos qué...
□ ¿Y un libro?
■ Un libro... Pero es que...
□ Es el recurso de siempre ya sé pero...
■ ¿Pero ella, un libro?
□ Vaya, también lee.
■ Hombre, claro que lee pero... Pero no sé... Zapatos.
□ ¿Zapatos?
■ Zapatos. No sé qué...
□ Es muy arriesgado, eh, zapatos.
■ Sí, tienes razón. Una bolsa, que siempre va con bolsas.
□ ¡Ah, una bolsa grande!
■ ¡Sí!
□ Lleva siempre muchas cosas, y además para viajar y eso...
■ Sí, exacto, exacto.
□ Ah, perfecto. Venga.
■ Una bolsa grande... Vamos a mirarlo.
□ Exacto.

gente en forma

LECCIÓN 17

❷ ¿Hacen deporte los españoles?

1
• ¿Usted, señora, hace deporte?
○ Sí, sí. Hago natación. Media hora cada día.
• ¿Cada día?
○ Sí, sí, y algunos días dos veces: mañana y tarde.
• ¿Y usted también, caballero?

- ■ Yo, también. Pero sólo los fines de semana. Todos los fines de semana salgo en bici, con los amigos. Hacemos un promedio de 35 ó 40 kilómetros.
- • ¿Y entre semana? ¿Algo más?
- ■ No, la verdad es que no tengo tiempo.

2
- • Oye, por favor, ¿tú haces deporte?
- □ No... no... De vez en cuando juego al tenis pero no tengo mucho tiempo.
- • ¿Y vosotras? A ver, tú.
- ▲ Yo, sí. Voy al gimnasio, tres veces por semana.
- △ Y yo, también.
- ✿ Vamos juntas.
- • Ah, muy bien, gracias.

3
- • A ver, vosotros, ¿quién es el que hace más deporte?
- ✧ Uy, yo no... Yo sólo en verano.
- ✖ Pues yo sí. Yo juego al fútbol. Los sábados, partido. Martes y jueves, entrenamos.
- • ¿Y tú? ¿También juegas al fútbol?
- ✿ Sí, sí. Y al tenis.

LECCIÓN 18

❷ Malas costumbres para una vida sana

A
- • Perdón, señor, ¿me permite un momento?
- ○ ¿Sí?
- • Somos de Radio Ondas. ¿Usted cree que lleva una vida sana?
- ○ ¿Yo? No mucho.
- • No, ¿eh? ¿Por qué? Díganos por qué.
- ○ Hombre..., duermo pocas horas..., fumo...
- • Ya, ya. ¿Y hace algún deporte?
- ○ Sí, eso sí. Juego al golf.
- • Ahá. ¿Cada semana?
- ○ ¡No! De vez en cuando.
- • Gracias.

B
- • Perdón, señora, ¿me contesta a unas preguntas para Radio Ondas?
- ■ Sí, sí, pregunte, pregunte...
- • ¿Usted cree que lleva una vida sana?
- ■ ¿Yo? Muchísimo, ya lo creo. Mire: como mucha verdura, no fumo, no tomo café...
- • ¿Y deporte? ¿Practica algún deporte?
- ■ Mmmmm... No, deporte, no... Bueno, sí... Nado...
- • Ah... Pero, ¿cuánto? ¿Una vez a la semana? ¿Dos?
- ■ ¡No, no! A veces... Bueno, en verano todos los días.
- • En la playa.
- ■ Sí, en la playa. Vamos todos los años con mi marido y con unos amigos.
- • Gracias. Muchas gracias.

C
- • Perdón, señor. Somos de Radio Ondas y estamos haciendo una encuesta sobre las costumbres sanas de los españoles.
- □ Ah, es un tema muy importante. Mire, yo creo que hay mucha gente que no lleva una vida sana. Hay gente que come muy mal. Y que no... Sí, sí, pregunte, pregunte...
- • Sí, perdone. Nos interesa saber qué cosas hace usted.
- □ ¿Yo? Muchas. Por ejemplo: ando mucho. Cada día doy un paseo de una hora. Porque tengo un problema. Trabajo en una oficina y estoy demasiadas horas sentado.
- • Ya, ya. Y aparte de eso, ¿practica algún deporte?
- □ Bueno, a veces vamos a jugar al tenis con unos amigos y también salimos en bicicleta.
- • ¿Y en cuanto a la alimentación?
- □ Claro, claro. También es un tema muy importante. Siempre desayuno cereales con fibra. La carne y el pescado, siempre a la plancha. Mucha fruta, a mí me gusta mucho la fruta.
- • Bien. Gracias. Muchas gracias.

gente que trabaja

LECCIONES 21, 22, 23, 24

LECCIÓN 21

❷ Maribel busca un nuevo trabajo

- • Oye, tú, Maribel, has vivido en Florencia, ¿no?
- ○ No, en Florencia he estado muchas veces, pero sólo de turista; nunca he vivido allí.
- • Ah, ¿no has vivido en Italia?
- ○ En Italia, sí, un año y medio. En Roma.
- ■ ¡Caramba! ¡Qué viajera! Primero Lisboa, luego Roma...
- • Sí, y ahora, Londres.
- ■ ¿Y qué haces allí, en Londres?
- ○ Trabajo.
- • Maribel es médico.
- ■ ¿Médico? No lo sabía...
- ○ Bueno, sí, soy médico, pero nunca he trabajado de médico. Te lo juro. He hecho muchos trabajos, pero no he entrado nunca en un hospital. Quiero volver a España, si puede ser a Madrid. No sé, estoy cansada de viajar, estoy cansada de vivir fuera de España. Por eso estoy buscando algo en España. Si sabéis de algo....
- ■ No sé, depende... Si eres médico pero nunca has ejercido la medicina... No sé... ¿Qué experiencia tienes? ¿Qué has hecho?
- ○ Uy, muchas cosas. Mira, he trabajado en restaurantes, en la cocina del restaurante, he dado clases de español a niños, yo qué sé... He sido vendedora de tiendas... Pero bueno, el trabajo más serio es el último, ahora trabajo en unos laboratorios farmacéuticos. Allí he estado, pues..., unos siete años. Pero estoy cansada y quiero cambiar. Cambiar de trabajo, y sobre todo, volver a España.

LECCIÓN 23

❶ Anuncios de trabajo: ¿qué piden?

Y hoy hemos encontrado en la prensa del día una serie de anuncios que os vamos a leer, por si os interesa alguno.

Vamos a ver, en primer lugar tenemos la empresa multinacional Home & Comfort, que se instala en nuestra ciudad. Esto va a suponer la creación de un número importante de puestos de trabajo.

Necesitan 500 vendedores, quinientos. De ambos sexos, chicos y chicas. Si tienes entre 20 y 26 años, voluntad de progresar y capacidad de trabajo en equipo, y estás buscando trabajo, ya puedes enviar tu solicitud. Quieren personas amables, abiertas al trato con la gente. Piden también "buena presencia" – aunque esto no es un problema, porque ya sabemos que todos vosotros sois muy guapos. Si no tienes experiencia en este tipo de trabajo, no importa. Aunque, claro, mucho mejor si la tienes.

Otro puesto para la misma empresa: administrativos. Ofrecen 100 plazas, también para candidatos de ambos sexos. Igual que con los vendedores, para este puesto también valoran la experiencia, pero no la exigen. Admiten personas ya no tan jóvenes: de edades comprendidas entre los 22 y los 35 años. Si no eres una persona muy organizada, mejor pides otro puesto de trabajo. ¿Que no hablas ni inglés ni francés? Bueno, pero si los lees, puedes solicitar el puesto. Piden conocimiento de programas informáticos a nivel de usuario (Windows) y conocimiento de una de estas dos lenguas, a nivel de lectura. Suponemos que hay que leer correspondencia internacional.

Más empleos de Home &Comfort, para personas de ambos sexos: decoradores y decoradoras. Ofrecen 20 plazas para personas de edades entre 22 y 28 años. Piden formación especializada en decoración y presentación de escaparates, aunque no dice nada sobre estudios y titulación. Tampoco piden experiencia previa. Lo que les interesa son personas con aptitudes y sensibilidad para la presentación estética del producto. Ah..., y con capacidad para trabajar en equipo.

Y finalmente, buscan 200 mozos de almacén. No dice necesariamente que han de ser varones (las mujeres pueden ser igualmente fuertes, ¿no?), pero tienen que haber hecho la mili y tener entre 20 y 30 años. Piden personas bien dispuestas para el trabajo y con voluntad de progresar. O sea: como nosotros, ¿no?

gente que come bien

LECCIONES 25, 26, 27, 28

LECCIÓN 25

❶ Supermercado Blasco

- Supermercado Blasco, dígame.
- ○ Quiero hacer un pedido. Soy Carmen Millán.
- ¿Qué tal Sra. Millán?
- ○ Bien, bien.
- Tomo nota. Dígame.
- ○ Dos kilos de naranjas.
- ¿Para zumo o para comer?
- ○ Para comer.

- Dos de naranjas para comer...
- ○ Media docena de huevos.
- Huevos..., media... ¿Grandes?
- ○ Sí, grandes. Doscientos gramos de queso manchego.
- Queso manchego... Doscientos.
- ○ Sí, doscientos gramos, en un trozo. Leche, dos cartones.
- ¿Entera o desnatada?
- ○ Entera.
- ¿Asturivaca le va bien?
- ○ Sí.
- Dos de leche entera Asturivaca... ¿Algo más?
- ○ Sí, una botella de Castillo Manchón...
- Vino Castillo Manchón, una botella... ¿Tinto?
- ○ Sí, tinto. Seis latas de cocacola.
- Seis de cocacolas. ¿"Ligth" o normal?
- ○ Normal, normal... Un paquete de azúcar.
- ¿Algo más?
- ○ No, nada más.
- Es calle Princesa, ¿verdad?
- ○ Eso, calle Princesa, 10, primero B.
- Vale. Princesa, 10, primero B... Se lo llevamos al mediodía, sobre la una.
- ○ De acuerdo.

❷ Cocina mexicana

- Hola, ¿qué deseas para comer?
- ○ Pues no sé, voy muy perdida... Si me puedes...
- Bueno, mira, el menú del día, tenemos para hoy quesadillas, de primero, quesadillas y caldo de cola de buey, ¿qué te apetece más?
- ○ ¿Y las quesadillas? ¿Qué es?
- Mira, las quesadillas son unas tortitas de maíz, de harina de maíz, y están rellenas, pueden ir rellenas de champiñones, con queso, o de carne o de lo que quieras...
- ○ Pues venga, sí, quesadillas.
- ¿Quieres unas quesadillas?
- ○ Sí, sí, sí.
- Y son fritas, ¿eh? O sea, se fríen y después se les pone salsa picante.
- ○ Ah, ah, sí, sí, muy bien.
- ¿Quieres unas quesadillas?
- ○ Sí, sí, quesadillas. Y... A ver, y de segundo plato, ¿qué me recomiendas?
- Y, de segundo plato, mira, tenemos para hoy, chiles en nogada y mole pueblano.
- ○ Mole... ¿qué es?
- El mole es una salsa roja hecha de cacahuate, chocolate, ajonjolí y hojas de aguacate. Entonces, es una salsa roja agridulce. Y va con pollo, con pollo cocido. Y es eso... la salsa...
- ○ ¿Y los chiles?
- Y los chiles en nogada son chiles..., esto..., chiles grandes y van rellenos de carne, con piña, granada, pasas y piñones.
- ○ Ya, no. El mole, mejor.
- ¿El mole?
- ○ Sí, sí.
- Vale.
- ○ ¿Y de postre?
- Y de postres, mira, sólo tenemos hoy capirotada.
- ○ Ah...
- Y bueno, la capirotada es un postre muy típico... Y es pan, frito,

con cebolla y... bañado con un jarabe dulce y con queso y cacahuetes y pasas.
- ○ Caray.
- • Es un poco fuerte.
- ○ Mmmm. Pues venga, adelante.
- • ¿Lo quieres?
- ○ Sí, sí, sí.
- • Vale.

LECCIÓN 27

❶ La tortilla española

- • Y luego, también tiene sus truquitos, ¿no? Primero la sartén tiene que estar muy caliente, la sartén sin el aceite...
- ○ Sin el aceite...
- • Sin el aceite, sí, tiene que estar muy caliente, casi casi que humee. Entonces echas el aceite, un poquito, que se caliente. Se calienta enseguida, instantáneo, y entonces pones las patatas, y las patatas tienen que llevar mucho aceite. Al estar muy caliente el aceite, las patatas no cogen demasiado aceite y queda bien.
- ○ ¿Y cómo cortas la patata? ¿Fina?
- • La patata, finita. Así se hace antes, también.
- ○ Ah, ah...
- • Y entonces, la dejas allá y lo dejas a fuego lento. Y se va haciendo, se va haciendo tranquilamente; sacas las patatas, sacas un poco de aceite, porque si no, quedaría con mucho aceite; bates los huevos, previamente... Entonces echas el huevo y la patata, todo junto, y el truco: la patata, si la has frito con un poco de cebolla, sale una tortilla increíble. Entonces, bueno, vas haciendo, luego ya subes el fuego, vas haciendo y le das la vuelta a la tortilla. Sale genial, ¿eh? Con un poquito de vino y un poquito de pan. ¡Y bueno...!

gente que viaja

LECCIONES 29, 30, 31, 32

LECCIÓN 29

❷ Un curso de español en Granada

- • España 3-4... Granada 5-8... y... 2-2-3-4-4-3.
- ○ Rimasa, dígame.
- • ¿Centro de español?
- ○ ¿Cómo dice?
- • ¿Es el Centro de español?
- ○ Lo siento. Se equivoca. Aquí es un taller de coches.
- • Perdone.

- • ¡Ah! ¡Es el 2-2-3-4-4-5!
- ■ Centro de español, dígame.
- • Sí... Mire, estoy inscrito en el curso del mes próximo y...
- ■ ¿Cómo se llama usted?
- • Rick Van Patten.
- ■ ¿Puede deletrearme el apellido, por favor?
- • Van Patten: uve, a, ene, pe, a, te, te, e, ene.

- ■ Sí, sí, aquí tengo su inscripción...
- • Quisiera saber a qué hora tengo que estar allí.
- ■ El curso empieza el día 2, a las nueve y media de la mañana.
- • Dos de marzo... O.K. Muy bien, gracias.
- ■ De nada.
- • Perdone, otra cosa: no tengo la dirección de la familia.
- ■ ¿No ha recibido usted nuestra carta con toda la información?
- • No, no...
- ■ ¡Qué raro! A ver, tome nota...

- • Van Patten.
- ■ Perdone, se ha cortado.
- • Sí, sí.
- ■ Tome nota: Plaza Mariana Pineda, 6.
- • ¿Está en el centro?
- ■ Sí, muy céntrico. Al lado mismo de la oficina de turismo. Pero hay un pequeño problema...
- • ¿Un problema?
- ■ Sí. La habitación está libre a partir del día 3.
- • ¡Ah! ¿A partir del 3?
- ■ ¿Tiene usted fax?
- • Sí.
- ■ Si quiere, le mando una lista de hoteles...
- • Sí, estupendo.
- ■ Pues le mando la lista y el plano por fax, con la dirección de la escuela y de la familia...
- • Perfecto, muy amable, le doy mi número...

Infoiberia. Sentimos comunicarle que todas nuestras líneas están ocupadas. Manténgase a la espera.
- ▫ Infoiberia....
- • Quisiera saber qué vuelos hay Madrid-Granada.
- ▫ ¿Qué día quiere viajar?
- • El día 1.
- ▫ El día 1, viernes... A ver... Sí, tome nota. Hay uno a las 12.35 y otro, por la tarde, a las 17.15.
- • 12.35 y 17...
- ▫ 17.15.

- ▲ Hotel Generalife, dígame.
- • Quisiera reservar una habitación para las noches del 1 y del 2.
- ▲ Día 1 y 2... ¿De marzo?
- • Sí, 1 y 2...
- ▲ Su nombre...
- • Van Patten; uve, a, ene, pe, a, te, te, e, ene.
- ▲ E... ene.
- • Perdone, ¿cuánto cuesta la habitación?
- ▲ ¿Individual o doble?
- • Individual, con baño.
- ▲ Sí, todas las habitaciones tienen baño. A ver... la individual, 8.300.
- • Muy bien, gracias... Adiós.
- ▲ Adiós, buenas tardes.

Éste es el contestador del 4-5-6-5-4-3-5. Deje un mensaje después de la señal, por favor.
- • Hola. Soy Rick. Te llamaba para decirte que me voy... Que... voy a estar fuera un mes. Vuelvo el día 3 de abril. Voy a hacer un curso de español en España. Un abrazo... Ah, si hay algo urgente, Ana tiene mi dirección en Granada. Ciao. Adiós.

Transcripción

LECCIÓN 30

❸ Hotel Picos de Europa

1
- ● Hotel Picos de Europa, dígame.
- ○ Sí, mire, soy Tomás Marquina y tengo reservada una habitación a partir del día 11.
- ● Marquina. Viernes 11.
- ○ Sí. Y quería decirles que vamos a llegar el 12.
- ● El sábado.
- ○ Sí, el sábado día 12.
- ● O sea, que quiere anular la reserva del viernes.
- ○ Eso es.
- ● Muy bien, tomo nota, ningún problema, señor.
- ○ Gracias y hasta el sábado.
- ● Adiós.

2
- ● Picos de Europa, buenos días.
- ■ Buenos días. Mire, quería reservar dos habitaciones para este fin de semana.
- ● Sí, ¿para qué noches?
- ■ La noche del sábado y la del domingo.
- ● Sábado, 12 y domingo, 13. ¿Dos habitaciones dobles?
- ■ Sí, dos dobles. Sánchez.
- ● Perdone, ¿a qué nombre?
- ■ Sánchez, Sánchez. Juan Sánchez.
- ● Muy bien, ¿puede usted darme el número...?

3
- □ Hotel Picos de Europa.
- ▲ Buenas tardes. Llamo de parte de la señora Benito. Tenía una reserva para dos noches...
- □ A ver... Sí, aquí está.
- ▲ Es que no va a poder ir. Ha tenido un problema familiar y...
- □ ¿Anulamos la reserva?
- ▲ Sí, por favor.
- □ Muy bien.
- ▲ Muchas gracias.

4
- □ Hotel Picos de Europa.
- ◆ ¿Tienen alguna habitación para el día 13?
- □ La noche del 13... Sí, todavía hay alguna.
- ◆ Pues quería reservar una doble, con una cama para un niño, una pareja y un niño pequeño.
- □ ¿A qué nombre?
- ◆ Cebrián.
- □ Cebrián. Una habitación doble con cama supletoria para la noche del domingo. Muy bien.
- ◆ Pues... Hasta el domingo. Ah... Vamos a llegar un poco tarde, a las ocho o a las nueve.
- □ Muy bien. No hay problema. Tomo nota.

LECCIÓN 31

❷ El hotel

1
- ● Hotel Universidad, dígame.
- ○ Quisiera reservar una habitación para el día 14.
- ● La noche del 14... Mmm, lo siento, el hotel está completo.
- ○ Ah, bueno...
- ● Lo siento mucho, ¿eh?
- ○ Adiós.
- ● Adiós.

2
- ■ Hotel Trap.
- ○ Quisiera saber los precios de las habitaciones.
- ■ 15.800 más IVA, la habitación doble.
- ○ ¿15.800? Vale. ¿Y la habitación individual?
- ■ La individual, 12.000.
- ○ ¡Ah!, y otra pregunta: ¿dónde está el hotel? ¿En el centro?
- ■ No, no, en el centro, no. Está cerca de la carretera de Barcelona, no muy lejos del aeropuerto.
- ○ Ah, vale.

3
- □ Hotel San Plácido, buenas tardes.
- ○ Quisiera saber el precio de las habitaciones.
- □ 14.225 de lunes a viernes, con desayuno incluido, IVA incluido, la habitación individual.
- ○ La individual...
- □ Sí, y la doble...
- ○ No, la individual...
- □ Ah... Y el fin de semana, 9.775.
- ○ ¿Y dónde está exactamente el hotel?
- □ Entre la Plaza España y Callao, en la plaza Santo Domingo.
- ○ O sea, en el centro.
- □ Sí, sí, muy céntrico, pero en una calle tranquila. No da a la Gran Vía.

gente de ciudad

LECCIONES 33, 34, 35, 36

LECCIÓN 35

❶ Villarreal

- ● ¿Que qué problemas tiene Villarreal? El paro... claro, el paro. El paro es el problema número uno. De eso no hay duda... Claro, si la gente no puede trabajar...
- ○ Sí, es verdad, el paro, el paro es lo más grave.

- ■ Pues para mí, lo peor es lo de la vivienda. Que los jóvenes no puedan pagar un piso. Los pisos están muy caros, carísimos...

- □ Yo pienso que Villarreal necesita una Universidad. La Universidad más cercana está a 200 kilómetros y muchos chicos quieren ir a estudiar pero... bueno, no pueden...

▲ La delicuencia, la inseguridad ciudadana... Eso es lo peor que hay... No se puede ir tranquilo a ningún sitio. Y la policía, que no hace nada.

◆ No, señor, lo peor es que no hay marcha, que esta ciudad está muerta, tío. No hay vida. Fíjate: sólo hay tres discotecas...

✱ ¿Problemas? Muchos... Para mí... el paro, la vivienda y el transporte. El transporte está fatal. Mire qué lío, qué atasco. Así todos los días, aquí en el centro... Y las afueras están muy mal comunicadas. Mire, por ejemplo, el barrio de Los Rosales no tiene ni autobús. Y luego, claro, la gente viene al centro en coche, y no sabe dónde aparcar...

LECCIÓN 36

❷ Oaxaca, Buenos Aires y Baracoa

1

Si usted va a Cuba, lo mejor que puede hacer es darse una vueltecita por la parte oriental. La parte oriental de Cuba es la zona caliente, es la zona más caribeña. Está Santiago de Cuba, que es famosa por su son, por sus calles empinadas, por su ron: hay un ron muy bueno que se llama Paticruzado, que no pueden dejar de probar, pero en la parte oriental hay una ciudad enigmática, misteriosa, que se llama Baracoa. Es la ciudad más oriental, la puntita más oriental de toda la isla. Baracoa es una ciudad que tiene mucho encanto. Fue una de las primeras villas que se fundaron y tiene playa, una playa muy bonita. Tiene una laguna, que se llama la Laguna de la Miel, porque es muy clarita... Está cerca de la zona de la Sierra Maestra. La Sierra Maestra tiene ríos, tiene el río más caudaloso de Cuba, que es el Toa y ahí se puede hacer camping, se puede hacer canoa, bajando el río. Hay zonas donde se cultivan especies que no se dan en ningún otro lugar y Baracoa tiene, además, una gente maravillosa. Vas caminando por la calle, te paran, te llevan a su casa. No se habla mucho de ella pero es una ciudad para conocer.

2

Está al sureste de México y es una ciudad colonial, muy bonita, con muchas... este... mucha actividad cultural y está rodeado de pueblos indígenas. A la vez, está cerca Montealbán, que es un enclave prehispánico de la cultura zapoteca. Y bueno, es uno de los enclaves arqueológicos más significativos de México. Por otra parte, está también cerca la playa, bueno, a ocho horas... Pero, este, la ventaja que tiene ir a la zona de Oaxaca es que son playas, pues... las pocas playas que quedan vírgenes, ¿no? Y que, bueno, se puede vivir así... Es un especie de paraíso hippie, ¿no?, todavía.

3

Bueno, Buenos Aires es una ciudad increíble. Es grande, llena de sitios para visitar y muchas salas de teatro y cines. Puedes ver absolutamente todo tipo de espectáculos, y al mismo tiempo es una ciudad con mucha gente diversa y distinto tipo de gente... y actitudes *y inclinaciones y todo. Es la ciudad que no duerme, es el orgullo. La Avenida Corrientes no cierra durante las 24 horas y tienes todo abierto... No como aquí... O sea que cuando vas allá, la vas a pasar muy bien. Además la gente es muy agradable y te van..., te tratan muy bien...

gente en casa

LECCIONES 37, 38, 39, 40

LECCIÓN 37

❶ Una película: de visita en casa de unos amigos

● Hola, ¿qué tal?
○ Hola, muy bien, ¿y tú?
■ Hola, ¿cómo estáis?
□ ¿Qué tal?

● Pasad, pasad.
○ ¿Por aquí?
■ Sí, sí, adelante.

□ Toma, pon esto en el frigorífico.
● Si no hacía falta...

■ Ésta es Celia, una sobrina. Está pasando unos días con nosotros.
○ Hola, mucho gusto.
◆ Encantada.

■ Sentaos, sentaos.
● ¿Habéis encontrado bien la dirección?
□ Sí, sí, sin problema. Nos lo has explicado muy bien.
○ Vivís en un barrio muy agradable.
■ Sí, es bastante tranquilo.

○ ¡Qué salón tan bonito!
● ¿Os gusta? Venid, que os enseño la casa.
✱ Hola, buenas noches.
■ Hola, papá. Ven, mira, te presento a Hanna y Paul. Mi padre, que vive con nosotros.
□ Hola, qué tal.
✱ Mucho gusto.

○ Bueno, se está haciendo tarde.
■ Sí, tenemos que irnos.
□ ¿Ya queréis iros?
● Si sólo son las once...
○ Es que mañana tengo que madrugar...

● Pues ya sabéis dónde tenéis vuestra casa.
○ A ver cuándo venís vosotros.
■ Vale, nos llamamos y quedamos.

❷ Piso en alquiler/B

● Hola, buenos días.
○ ¿Sí...?
● ¿La señora Amalia?
○ Sí, sí.
● ¿Es usted?
○ Sí.
● Bueno, que había leído el anuncio este en el diario, y quería saber... Sí, sobre el piso.

- ○ Ah... Por el piso... Bueno. Le explico: es un piso de unos cien metros cuadrados...
- ● ¿Cien?
- ○ Tiene un salón-comedor...
- ● Mmm... Mmm...
- ○ Tiene cuatro habitaciones...
- ● Ahá...
- ○ Dos dan a la parte interior, y dos a la exterior...
- ● Ahá...
- ○ Tiene un aseo, un cuarto de baño...
- ● Muy bien.
- ○ Tiene terraza, un poco, y luego, una galería interior.
- ● ¿Y cómo está de luz?
- ○ Es un cuarto piso. La parte delantera de la casa es bastante soleada...
- ● Mmm.
- ○ La trasera no tanto, porque da *en un interior, pero, bueno, sí, sí, es soleado.
- ● ¡Ahá! Es que me interesa mucho que haya luz porque, bueno, para mis estudios, y eso, necesito... Necesito luz.
- ○ Sí.
- ● Bueno yo soy una persona que necesito luz, y eso...
- ○ Sí, sí...
- ● ¿Y de baños, cómo está? ¿Está todo bien?
- ○ Sí, sí, sí. Son... Uno es un baño completo, con bañera, y el otro con ducha.
- ● Y si es tan grande, ¿qué me va costar?
- ○ Hombre, esto quizá tendríamos que hablarlo... Podríamos citarnos... pero, en principio, unos 17 millones...
- ● ¿Y no estaría interesada en alquilarlo?
- ○ En principio, quiero venderlo...
- ● Ya...
- ○ Pero, bueno, también quizá podríamos llegar a un acuerdo, no sé.
- ● Ya, ya, ya, ya, ya... Muy bien, pues...
- ○ No, en todo caso, si quiere, quedamos, me da su teléfono, quedamos ahora mismo, hacemos ahora la cita...
- ● Pues yo estoy cerca de aquí, de la dirección que pone...
- ○ Sí...
- ● Si quiere, podemos quedar en algún bar por aquí, o algo, o yo me acerco a su casa, o alguna cosa así.
- ○ Pues mire, si quiere usted acercarse, así ve el piso...
- ● Ah... Perfecto.
- ○ ¿Sí?
- ● Pues, voy para allá, en diez minutos llego.
- ○ Muy bien, perfecto.
- ● Vale...
- ○ Hasta ahora.
- ● Hasta ahora.
- ○ Adiós.

❸ Piso en alquiler/C

- ● Hola, buenos días.
- ○ Hola, buenos días. Encantada.
- ● Soy José Antonio.
- ○ Sí, muy bien. No sé, ¿qué le parece? ¿Quiere ver el piso? Mejor...
- ● Sí. Es este piso, ¿verdad?
- ○ Sí, bueno, esto es el recibidor. Bueno, venga, venga, pase... Mire, esto es el comedor-salón, que le decía.

- ● Ah, me gusta, la vista que tiene me gusta...
- ○ Podemos salir a la terraza, si quiere.
- ● ¡Vaya! Además incluso, se respira bien por aquí, en esta zona.
- ○ Sí...
- ● No hay demasiada contaminación.
- ○ No, no... Es tranquila, además. No hay mucho ruido, ni mucha polución.
- ● ¿Podemos ver las habitaciones?
- ○ Sí, venga. Bueno, y aquí hay una habitación.
- ● ¿Ésta es la más grande?
- ○ No, ésta es de las más pequeñas. Y ésta de aquí, es la más pequeña, que este chico la usa como estudio...
- ● Muy bien, pues, en principio, me gusta.
- ○ Bueno, si quiere ver el baño...
- ● Ah!, sí, claro.
- ○ Bueno, el baño y el aseo...
- ● Muy bien... Pues, ya le digo, en principio, me gusta mucho...
- ○ Pues yo si acaso le hago la propuesta ésta. En principio, serían 17 millones si es de compra o 80, 80.000, si es de alquiler...
- ● Muy bien, pues si eso ya lo consulto con mi pareja, y ya le llamaré y le diré alguna cosa.
- ○ Muy bien.
- ● Muy bien.
- ○ Encantada.
- ● Muchas gracias.
- ○ Adiós, buenas tardes.
- ● Hasta la próxima.

LECCIÓN 38

❶ Direcciones

- ● Tienes mi dirección, ¿verdad?
- ○ No, tu dirección, no. Sólo tengo el teléfono.
- ● Apunta: Calle Cervantes...
- ○ Calle Cervantes.
- ● Cervantes 13.
- ○ 13.
- ● 3°, A.
- ○ 3°, A.
- ● Eso.

- ■ ¿Dónde vives?
- □ En la Avenida Isaac Peral, 97.
- ■ Ya... Muy cerca de mi casa, entonces.
- □ Sí, no está lejos, unos diez minutos a pie.

- ▲ ¿Me das tu dirección?
- ◆ ¿Mi dirección?
- ▲ Sí, quiero mandarte una cosa.
- ◆ Ah... Paseo de las Acacias, 29, ático.
- ▲ Perdona, Paseo de las Acacias, ¿qué número?
- ◆ 29, ático izquierda.
- ▲ Gracias, Montse.

- ✷ Su dirección, por favor.
- ⊗ Plaza del Rey Juan Carlos, 83, escalera A, entresuelo 1ª.
- ✷ ¿Ochenta y...?
- ⊗ 83. Escalera A, entresuelo 1ª.
- ✷ Entresuelo, 1ª. Muy bien gracias. ¿Puede firmar aquí?

❸ ¿Está Alejandro?

1

- ¿Sí?
- ○ ¿Está Maruja?
- Sí, pero en este momento se está duchando.
- ○ Ah, ya... Pues..., pues dile que he llamado. Soy Luisa, una compañera de la oficina.
- Vale. Se lo digo.

2

- ■ Diga.
- □ Elisabeth...
- ■ No, no soy yo... Es que... Bueno, es que está durmiendo.
- □ Ah, bueno, bueno... Pues ya la llamo luego. No hay problema.
- ■ Vale, sí... Dentro de un rato, no sé..., a las 4 ó así...
- □ Soy Miguel, un compañero de la escuela.
- ■ Vale, le digo que has llamado.
- □ Gracias.
- ■ Ciao.
- □ Adiós.

3

- ▲ ¿Diga?
- ◆ Quería hablar con Gustavo. Soy su hermano, David.
- ▲ Ah, hola, David. Gustavo no está. Ha salido.
- ◆ ¿Sabes si ha ido a la Universidad?
- ▲ No, no creo. A esta hora, seguro que está en el club, jugando al tenis. ¿Le digo algo?
- ◆ Bueno, sí, que tengo que hablar con él. De lo del cumpleaños de mamá.
- ▲ Vale. Yo se le digo. Pero llámale al club.

4

- ✳ El señor Rueda, por favor.
- ⊗ ¿De parte de quién?
- ✳ De Maribel Botero, de CAMPOAMOR ABOGADOS.
- ⊗ Pues no está. Está de viaje, trabajando en Bilbao. ¿Quiere dejarle algún recado?
- ✳ No, no, no es necesario. ¿Va a estar muchos días fuera?
- ⊗ Hasta el jueves. Vuelve el mismo jueves.
- ✳ Pues nada, yo le llamaré el viernes.
- ⊗ Vale.
- ✳ Adiós.

❹ ¿Tú o usted?

1

- Maruja, ven un momento. Mira te presento a Ignacio Valdés, de Oficsa...
- ○ Hola, qué tal, ¿cómo está usted?
- Bien, ¿y usted?

2

- ■ Perdone... ¿La Calle Olivares?
- □ A ver... Siga por esta misma calle. Verá usted una plaza... La Plaza Santa Águeda... Pues es allí...
- ■ Muchas gracias, muy amable.

3

- ▲ Perdona... ¿La carretera de Valencia?
- △ Si, sigan ustedes de frente... y en el semáforo, a la izquierda.

- ▲ Gracias.
- △ Adiós.

4

- ▲ Ana, Felipe... Os presento a mi hermano Alberto.
- ○ Hola, ¿qué tal?
- ■ Muy bien, ¿y tú?
- □ Encantada.
- ■ Teníamos muchas ganas de conocerte...
- ○ Yo también a vosotros...

5

- ▲ Oye, ¿este autobús va para la Puerta del Sol?
- ◆ Sí.
- ▲ Ah... ¿Y falta mucho?
- ◆ Yo te indico... Yo también bajo en Sol.

gente e historias

LECCIONES 41, 42, 43, 44

LECCIÓN 42

❷ Recuerdos de la radio

- ¿Y qué es lo que recuerda especialmente de su juventud?
- ○ Recuerdo especialmente el día en que vi por primera vez el plástico.
- ¿El plástico?
- ○ Sí, sí, el plástico. Esto era... por el año 54 ó 55. Antes del plástico, la vida era muy distinta. Ya cuando llegó el plástico, la vida cambió mucho, especialmente, en casa: recuerdo que en las escuelas, por ejemplo, nos daban leche en polvo por las mañanas...
- La ayuda americana.
- ○ Sí, a raíz de los acuerdos de Franco con Eisenhower, que visitó España en 1955.
- El régimen buscaba el reconocimiento internacional.
- ○ Sí, claro. Estados Unidos, el Vaticano...
- Argentina; de Argentina vino Perón y su mujer, Eva Perón...
- ○ Exactamente. Eso fue, si no recuerdo mal, en el 56.
- ¿No fue antes? Yo creo...
- ○ Sí, creo que sí...
- En todo caso, nos estaba hablando de la leche en polvo...
- ○ Sí, una leche en polvo malísima. Yo la tomaba con cacao, mucho azúcar y cacao. Bueno, a lo que iba... Para los niños, el asunto era un problema, porque cada semana rompíamos un vaso de cristal.
- Para los niños, y para las familias... Comprar un vaso cada semana.
- ○ Comprar un vaso cada semana era más caro que comprar la leche... El caso es que recuerdo perfectamente el primer vaso de plástico que tuve: lo tirabas al suelo y no se rompía.
- Alucinante, ¿no?
- ○ Sí, alucinante. España entera era un país alucinante...
- ¿Y qué otras cosas recuerda?
- ○ Bueno, tengo recuerdos de hechos importantes, que me

impresionaron mucho... Cuando mataron al Che. Fue en 1967. Yo tenía 32 años. Para los de mi generación, la noticia fue como una bomba. Entonces todavía no era el mito de póster. Era un mito vivo.

• Fue una época de atentados contra grandes mitos.

○ Sí... Recuerdo un año después la muerte de Lutero King, en el 68. Y los hermanos Kennedy, primero John, en el 63, y luego Robert... Pero la que más me impresionó fue la del Che.

• Y en cuanto a los avances de la ciencia, ¿qué noticias recuerda como más impresionantes?

○ Lo más espectacular fue la llegada a la luna. Lo recuerdo perfectamente. El día 21 de julio de 1969. Lo vimos por televisión.

❹ A las 7.45 ha salido

• Perdonad el retraso, chicos...

○ ¿Pero qué te ha pasado? Estábamos preocupados...

• Nada, nada... Nada importante, vaya.

▪ Te has mojado...

• Un poco, sí... Es que he salido de casa. He visto que llovía...

○ Y no llevabas paraguas...

• No, he vuelto a entrar a buscar uno...

▪ A buscar un paraguas.

• Sí... Pero no tenía las llaves de casa...

○ Y no has podido entrar.

• Claro. He llamado a casa de los vecinos y me han prestado uno... Y luego... ¡un tráfico! Horrible... Y no había ni un taxi libre. Suerte que he visto a Elvira, una amiga mía, que pasaba por ahí y me ha llevado hasta la Plaza España. Pero el tráfico estaba fatal... Hemos tardado casi media hora.

○ ¿Y has venido a pie desde la Plaza España?

• Sí, claro, qué remedio. Un cuarto de hora a pie... ¡Y cómo llovía!

○ Bueno, venga, sécate un poco y empezamos.

▪ Sí, a trabajar, que es tardísimo.

• Uy, sí. Ya son las diez menos cuarto.

Hinweise zum Wörterverzeichnis nach Lektionen

⇨ Das nebenstehende Wörterverzeichnis hilft Ihnen beim Erschließen der Lektionen. Hier sind die Lernziele zu Beginn einer Sequenz (in einem grau unterlegten Feld) und alle Arbeitsanweisungen aus den Lektionen vollständig ins Deutsche übersetzt und ermöglichen Ihnen ein schnelles Erfassen dessen, was in einer Übung verlangt wird. Durch die **fett** gedruckten nummerierten Übungstitel können Sie sich leicht orientieren. Die Übersetzung folgt nicht immer wörtlich dem spanischen Text, sondern nur wenn die Verständlichkeit im Deutschen dadurch nicht beeinträchtigt wird.

⇨ Unter der Überschrift *Actividades* finden Sie die Übersetzung der Aufgaben (A, B, C), die in den Lektionen auf Karopapier erscheinen, sowie die dort vorkommenden neuen Vokabeln.

⇨ Erstmalig vorkommende Wörter werden innerhalb einer jeden Übung in der Reihenfolge ihres Vorkommens aufgeführt, wobei der unbekannte Wortschatz aus den übersetzten Arbeitsanweisungen in der Regel nicht enthalten ist. Er kann mit Hilfe des alphabetischen Wörterverzeichnisses ab S. 169 erschlossen werden.

⇨ Die spanischen Substantive sind mit Artikel aufgeführt, denn es empfiehlt sich, diesen gleich mit zu lernen, da das Geschlecht häufig vom deutschen abweicht. Spanische Substantive, die mit einem betonten **a** oder **ha** beginnen, stehen – auch wenn sie weiblich sind – im Singular mit dem männlichen Artikel. In diesen Fällen ist das vom Artikel abweichende Geschlecht in Klammern (f = feminin) angegeben.

⇨ Die deutsche Übersetzung gibt die Bedeutung im jeweiligen Zusammenhang wieder; auf die Angabe des Artikels wurde ab Lektion 3 verzichtet.

⇨ Wörter, die ausschließlich auf der Kassette vorkommen, sind hier nicht aufgeführt. Sie finden Sie aber im alphabetischen Wörterverzeichnis.

⇨ Bei konjugierten Verbformen wird auf den Infinitiv verwiesen; zu Verben mit ungeregelmäßigen Präsensformen (i), (ie), (ue), (y), (zc) findet sich ein Hinweis.

> Sollten Sie bei der Bearbeitung eines Textes einmal ein Wort nicht finden, so ist es wahrscheinlich schon in einer vorherigen Lektion vorgekommen. In diesen Fällen hilft Ihnen das alphabetische Wörterverzeichnis, das alle Vokabeln aus *Gente 1* (auch die aus dem Arbeitsbuch und der Kassette) enthält.

gente que estudia español

LECCIONES 1, 2, 3, 4

Leute, die Spanisch lernen

> Wir treten in ersten Kontakt mit der spanischen Sprache und den Ländern, in denen sie gesprochen wird. Außerdem werden wir die anderen Kursteilnehmer/innen kennen lernen.

❶ Der erste Unterrichtstag
Dies ist eine Sprachschule in Spanien. Laura, die Lehrerin, geht die Teilnehmerliste durch: Lies die Namen der Lernenden.
Sind alle da? Setze ein Kreuz neben die Namen der Lerner/innen, die anwesend sind.

el nombre	(Vor-) Name
el apellido	Nachname

❷ Wie klingt das Spanische?
Hör noch einmal die Namen. Dein/e Kursleiter/in liest sie langsam vor. Hast du Laute gehört, die „neu" für dich sind?

LECCIÓN 1

❶ Das Spanische und du
Jeder von uns ist verschieden und hat unterschiedliche Interessen. Hier sind einige Bilder aus der spanischsprachigen Welt.

uno	eins
las playas	die Strände
dos	zwei
los monumentos	die Monumente
tres	drei
la gente	die Leute
cuatro	vier
el arte *(f)*	die Kunst
cinco	fünf
la comida	das Essen
seis	sechs
la política	die Politik
siete	sieben
los negocios	die Geschäfte, der Handel
ocho	acht
las grandes ciudades	die großen Städte
nueve	neun
las fiestas populares	die Volksfeste
diez	zehn
la naturaleza	die Natur

Actividades: Aufgaben:
A Versuche die Themen mit den Fotos zu verbinden.

B Was möchtest du von der spanischsprachigen Welt kennen lernen?

yo	ich
y	und

C Kannst du schon auf Spanisch bis zehn zählen? Mal sehen ... Versuch es ohne ins Buch zu sehen.

❷ Das Spanische in der Welt

el contexto	die Situation, der Zusammenhang
la televisión	das Fernsehen
está transmitiendo	überträgt gerade
el festival	das Festival
la canción hispana	das spanischsprachige Lied
participan	es nehmen teil
todos los países	alle Länder
en los que se habla español	in denen man Spanisch spricht
ya sabes	du weißt schon
son muchos	es sind viele
se habla español	man spricht Spanisch
en cuatro continentes	auf vier Kontinenten
el continente	der Erdteil
ahora	jetzt
está votando	stimmt gerade ab
Argentina	Argentinien

Actividades:
A Wie viele Punkte gibt Argentinien jedem Land? Notiere es an der Tafel.
B Schließe nun das Buch: Kannst du fünf Länder von der Liste auf Spanisch nennen?

LECCIÓN 2

❶ Ein Spiel: drei, vier, fünf ...
Lies eine von diesen Telefonnummern. Von wem ist sie?

❷ Ein bisschen Geografie
Könnt ihr sagen, wo die angegebenen Länder auf der Landkarte sind?

yo creo que	ich glaube, dass
esto es Perú	das ist Peru
no	nein, nicht
Colombia	Kolumbien
ser	sein
el presente	die Gegenwart *(Präsens)*
yo	ich
tú	du
él	er
ella	sie
usted	Sie *(höfl. Anrede einer Person)*
nosotros/as	wir
vosotros/as	ihr
ellos	sie *(männl.)*
ellas	sie *(weibl.)*
ustedes	Sie *(höfliche Anrede mehrerer Pers.)*
soy yo	das bin ich

133

V Vocabulario

el género	das Geschlecht
el número	die Zahl
masculino/a	männlich
femenino/a	weiblich
el singular	die Einzahl
el país	das Land
este país	dieses Land
la ciudad	die Stadt
esta ciudad	diese Stadt
esto	das da
Esto es Chile.	Das ist Chile.
sí	ja
para la clase	für den Unterricht
¿Cómo se escribe...?	Wie schreibt sich ...?
¿Se escribe con...?	Schreibt es sich mit ...?
la hache	das H
la be	das B
la uve	das V
¿Cómo se dice... en español?	Wie sagt man ... auf Spanisch?
¿Cómo se pronuncia...?	Wie spricht man ... aus?
¿Qué significa...?	Was bedeutet ...?
el alfabeto	das Alphabet

❸ Laute und Buchstaben
Hör diese Vor- und Nachnamen. Achte darauf, wie sie geschrieben werden.

❹ Welche Stadt ist das?
Wähle einen Kofferanhänger aus und buchstabiere ihn. Dein/e Nachbar/in muss den Namen der Stadt erraten.

LECCIÓN 3

❶ Wer ist wer?
Dies sind einige berühmte Persönlichkeiten aus der spanischsprachigen Welt. Kennst du sie? Sprich darüber mit deinem Nachbarn/deiner Nachbarin.

ésta	diese hier
¿no?	nicht wahr?
no sé	ich weiß nicht

Kennst du andere Persönlichkeiten? Welche?

❷ Das interessanteste Land (für unsere Klasse)
Welches ist es? Wir werden eine Statistik an der Tafel erstellen. Schreibe deine Wahl auf:

el punto	Punkt
del once al veinte	von 11 bis 20

Wenn ihr wollt, könnt ihr Informationen über die Siegerländer sammeln und sie der Gruppe präsentieren.

❸ Vor- und Nachnamen
Kannst du sie den beiden Kästen zuordnen? Denk an berühmte Personen, an ähnliche Namen in deiner Sprache ...

Vergleiche anschließend deine Liste mit denen von 2 anderen Kursteilnehmer/innen.

por ejemplo	zum Beispiel

❹ Die Teilnehmerliste
Weißt du wie alle Kursteilnehmer/innen heißen? Wir werden die Liste erstellen. Du musst jede/n fragen wie er/sie heißt: Vor- und Nachname. Frage sie anschließend nach ihrer Telefonnummer. Jetzt kann eine/r die Liste vorlesen. Wie viele seid ihr?

el teléfono	Telefon(nummer)
¿Cuál es tu número de teléfono?	Wie ist / lautet deine Telefonnummer?
¿Cómo te llamas?	Wie heißt du?
o	oder

❺ Von A bis Z
Schau die Namensliste von Seite 11 an und ordne sie alphabetisch. Danach wollen wir unsere Ergebnisse vergleichen.

LECCIÓN 4

el mundo del español	die Welt des Spanischen
el mundo	Welt
todos	alle
sabemos (Inf. saber)	wir wissen
algo	etwas
en los que	in denen
se habla	man spricht
de	von
sus ciudades	ihre Städte
la tradición	Tradition
el paisaje	Landschaft
su cultura	ihre Kultur
pero	aber
muchas veces	oft
nuestra	unsere
la información	Information
completo/a	vollständig
conocemos	wir kennen
conocer (zc)	kennen, kennen lernen
sólo	nur
una parte	einen Teil
del país	des Landes
... más famosas	die berühmtesten
... más conocidos	die bekanntesten
... más folklóricas	die folkloristischsten
tiene (Inf. tener)	hat, besitzt
muy	sehr
diferente	verschieden(artig)
cada país	jedes Land
el aspecto	Aspekt

❶ Kannst du sagen, aus welchem Land diese Fotos stammen?

no es	es ist nicht
creo (Inf. creer)	glaube ich

❷ Das Spanische kann unterschiedlich klingen.
Du hörst gleich 3 verschiedene Versionen desselben Gesprächs.

gente con gente

LECCIONES 5, 6, 7, 8

Leute mit anderen Leuten

Wir werden eine Reisegruppe organisieren. Dazu müssen wir lernen
– Information über Leute einzuholen und zu geben,
– unsere Meinung über andere zu äußern.

❶ Wer sind sie?
Du kennst diese Leute nicht, aber dein/e Kursleiter/in kennt sie. Hast du Intuition? Ordne ihnen die folgenden Angaben zu.

el profesor	Lehrer
la profesora	Lehrerin
profesor/a de español	Spanischlehrer/in
el ama de casa *(f)*	Hausfrau
el/la estudiante	Student/in
trabaja (*Inf.* trabajar)	er/sie arbeitet
en	in
un, una	ein, eine *(unbest. Artikel)*
la editorial	Verlag
el sociólogo	Soziologe
la socióloga	Soziologin
el/la español/a	Spanier/in
el latinoamericano	Lateinamerikaner
la latinoamericana	Lateinamerikanerin
tiene ... años	er/sie ist ... Jahre alt
el año	Jahr
el camarero	Kellner

Vergleiche deine Zettel mit denen von zwei anderen Kursteilnehmer/innen. Fragt danach eure/n Kursleiter/in, ob eure Angaben richtig sind. Wer hatte am meisten Intuition?

también	auch

❷ Von wem sprechen sie?
Auf welche Personen aus Übung 1 beziehen sich deiner Meinung nach die folgenden Ansichten? Denken die anderen Kursteilnehmer/innen an dieselben Personen?

¡qué!	wie (sehr)!
simpático/a	sympathisch
la persona	Person
agradable	angenehm, nett
trabajador/a	fleißig, arbeitsam
cierto	sicher, gewiss
no es nada egoísta	er/sie ist überhaupt nicht egoistisch

qué va	ach was
al revés	im Gegenteil
la mujer	Frau
inteligente	intelligent
pedante	pedantisch
antipático/a	unsympathisch
eso sí	das ja
un poco	ein bisschen, etwas

❸ Die Formen der Adjektive
Unterstreiche die Adjektive in den beiden vorherigen Gesprächen. Kannst du sie in männliche und weibliche einteilen?

LECCIÓN 5

❶ Die Leute aus der Picasso-Straße

la calle	Straße
toda esta gente	all diese Leute
todo/a	alle
vive (*Inf.* vivir)	wohnt
el hombre	Mann
niños	Kinder
el niño	Junge
jóvenes	Jugendliche
el/la joven	Jugendliche/r
personas mayores	ältere Leute
casado/a	verheiratet
soltero/a	ledig
otros/a	andere
el sábado	am Samstag
por la mañana	morgens, vormittags
la mañana	Morgen
están en casa	sie sind zu Hause
estar	sein, sich befinden
la casa	Haus
hace aeróbic	er/sie macht Aerobic
hacer (*yo hago*)	machen, tun
estudia	er/sie studiert
estudiar	lernen, studieren
la historia	Geschichte
sociable	gesellig, umgänglich
activo/a	aktiv
el banco	Bank
corre (*Inf.* correr)	er/sie läuft, rennt
la fotografía	Foto
bueno/a	gut, gutmütig
serio/a	ernst
juega al fútbol	er/sie spielt Fußball
jugar (*ue*)	spielen
el fútbol	Fußball
travieso/a	unartig
toca (*Inf.* tocar)	er/sie spielt
tocar la guitarra	Gitarre spielen
el/la periodista	Journalist/in
el tenis	Tennis
el inglés	Englisch
el fotógrafo	Fotograf
el argentino	Argentinier

Vocabulario

colecciona sellos	er/sie sammelt Briefmarken
coleccionar	sammeln
el sello	Briefmarke
cariñoso/a	lieb, zärtlich
come mucho	er/sie isst viel
comer	essen
duerme poco	er/sie schläft wenig
dormir (ue)	schlafen
Económicas	Wirtschaftswissenschaften
Derecho	Jura
el piano	Klavier
alegre	fröhlich
el ingeniero	Ingenieur
estar separado/a	getrennt sein/leben
la batería	Schlagzeug
callado/a	schweigsam, ruhig
el alemán	Deutsch
el saxofón	Saxofon
trabaja en Iberia	er arbeitet bei Iberia
Iberia	*span. Fluggesellschaft*
divorciado/a	geschieden
tímido/a	schüchtern
baila flamenco	er/sie tanzt Flamenco
bailar	tanzen
perezoso/a	faul
la farmacia	Apotheke
la viuda	Witwe
pinta (*Inf.* pintar)	sie malt
independiente	selbstständig, unabhängig
está jubilada	sie ist Rentnerin
jubilado/a	im Ruhestand, pensioniert
hace punto	er/sie strickt
hacer punto	stricken
cocina (*Inf.* cocinar)	er/sie kocht
amable	nett

Actividades:

A Wenn du das Bild ansiehst und die Texte liest, kannst du viel über diese Personen erfahren. Suche Leute mit den folgenden Merkmalen und schreibe ihren Namen auf.

que hace deporte	der/die Sport treibt
el deporte	Sport
una chica que estudia	ein Mädchen, das studiert
una señora mayor	eine ältere Dame

B Höre den beiden Nachbarinnen zu. Über wen sprechen sie? Was sagen sie?

la vecina	Nachbarin
hablan de	sie sprechen über
hablar	sprechen

LECCIÓN 6

❶ Berühmte Personen

Wie steht's mit deinem Gedächtnis? In Gruppen von zwei oder drei Kursteilnehmer/innen werden wir diese Liste vervollständigen. Mal sehen, welche Gruppe zuerst fertig ist.

la actriz	Schauspielerin
italiano/a	italienisch
el pintor	Maler
español/a	spanisch
el director de cine	Regisseur
el cine	Kino
el actor	Schauspieler
norteamericano/a	(US-)amerikanisch
la escritora	Schriftstellerin
inglés, inglesa	englisch
el político	Politiker
europeo/a	europäisch
el músico	Musiker
alemán, alemana	deutsch
la cantante	Sängerin
francés, francesa	französisch
el deportista	Sportler
el personaje	Person, Persönlichkeit
histórico/a	historisch, geschichtlich
¿Es italiana?	Ist sie Italienerin?
No, es francesa.	Nein, sie ist Französin.

❷ Spanier, Spanierin …

Auf dieser Landkarte kannst du alle Länder der europäischen Gemeinschaft finden. Verbinde die Ländernamen mit den zugehörigen Adjektiven. Kannst du eine Regel über das Geschlecht dieser Wörter ableiten?

danés/esa	dänisch
inglés/esa	englisch
irlandés/esa	irisch
portugués/esa	portugiesisch
holandés/esa	holländisch
finlandés/esa	finnisch
austriaco/a	österreichisch
belga	belgisch
sueco/a	schwedisch
luxemburgués/esa	luxemburgisch
griego/a	griechisch
Suecia	Schweden
Finlandia	Finnland
Dinamarca	Dänemark
Irlanda	Irland
Gran Bretaña	Großbritannien
Holanda	Holland
Bélgica	Belgien
Luxemburgo	Luxemburg
Francia	Frankreich
Alemania	Deutschland
Austria	Österreich
Portugal	Portugal
Italia	Italien
Grecia	Griechenland

❸ Dein Land und deine Stadt

Kennst du schon den spanischen Namen für dein Land und seine Einwohner? Wenn er noch nicht vorgekommen ist, frag deine/n Kursleiter/in. Frag auch nach deiner Stadt, vielleicht gibt es eine Übersetzung ins Spanische.

en español	auf Spanisch
Múnich	München

Frag danach eine/n Kursteilnehmer/in, aus welcher Stadt er/sie ist.

¿De dónde eres?	Woher bist du?
de	aus
la conjugación	Konjugation, Beugung des Verbs
1ª (primera)	erste
trabajar	arbeiten
llamarse	heißen (wörtl. sich nennen)
me llamo	ich heiße
me	mir, mich
te	dir, dich
se	sich
nos	uns
os	euch
difícil	schwierig
pesimista	pessimistisch
la cosa	Ding, Sache
la consonante	Konsonant, Mitlaut
sólo	nur
negativo/a	negativ, schlecht
guapo/a	hübsch
la vocal	Vokal, Selbstlaut
la edad	Alter
¿Cuántos años tiene/tienes?	Wie alt sind Sie/bist du?
Tengo treinta años.	Ich bin 30 Jahre alt.
tener ... años	... Jahre alt sein
el estado civil	Familienstand
la profesión	Beruf
¿A qué se dedica usted?	Was sind Sie von Beruf?
¿A qué te dedicas?	Was bist du von Beruf?
dedicarse a	von Beruf sein (wörtl. sich widmen)
la universidad	Universität
relaciones familiares	Verwandtschaftsbeziehungen
la relación	Beziehung
familiar	Familien...
mi	mein/e
el padre	Vater
la madre	Mutter
mis padres	meine Eltern
tu hermano	dein Bruder
el hermano	Bruder
tu hermana	deine Schwester
la hermana	Schwester
su hijo	sein/ihr Sohn
el hijo	Sohn
su hija	seine/ihre Tochter
sus hijos	seine/ihre Kinder
muchos/as	viele
se dice	man sagt
mi mamá	meine Mutter
mi papá	mein Vater
mis papás	meine Eltern

❹ Der Stammbaum von Paula

Paula spricht über ihre Familie: Hör ihr zu und ergänze ihren Stammbaum.

Jetzt vergleiche deine Ergebnisse mit denen einer anderen Person aus dem Kurs. Stell ihr anschließend Fragen, um ihren Stammbaum zu errichten.

❺ Die Verben im Spanischen: -ar, -er, -ir

Machst du etwas von diesen Dingen? Gib es mit Hilfe von Pfeilen an.

el idioma	Sprache
el verbo	Verb, Tätigkeitswort
la novela	Roman
la música	Musik
la poesía	Poesie, Gedichte
el teatro	Theater(stück)
leer	lesen
escribir	schreiben
la carta	Brief
el cuento	Märchen, Erzählung
el cómic	Comic-Strip
el periódico	Zeitung

Stell Fragen an die anderen Kursteilnehmer/innen und informiere anschließend die Klasse.

LECCIÓN 7

❶ Eine Kreuzfahrt auf dem Mittelmeer

All diese Personen wollen eine Kreuzfahrt zu den Balearen machen. Du arbeitest zusammen mit einem anderen Kursmitglied im Reisebüro „Olatours" und ihr müsst die Gruppe ein wenig organisieren. Kannst du auf der Zeichnung die Passagiere von der Liste erkennen? Schreibe die entsprechende Nummer auf die Etiketten.

el biólogo	Biologe
la mariposa	Schmetterling
aficionado/a (a)	begeistert (von)
e (vor i)	und
la gimnasia	Turnen, Gymnastik
la arquitecta	Architektin
el japonés	Japanisch
el/la chileno/a	Chilene, Chilenin
la empresa	Firma, Unternehmen
la informática	Informatik
el/la suizo/a	Schweizer/in
el/la pianista	Pianist/in
el/la funcionario/a	Beamter, Beamtin
la biología	Biologie

Vergleiche deine Ergebnisse mit denen eines anderen Kursmitglieds. Habt ihr es gleich gemacht?

❷ Die Sitzordnung der Touristen im Restaurant

Ihr wollt, dass eure Kunden sich wohl fühlen: wie wollt ihr sie auf

die Tische verteilen? Hört zu, was andere Mitarbeiter der Firma sagen, um mehr Informationen zu erhalten.
Und noch etwas: zu wem wollt ihr euch setzen?

❸ Euer Vorschlag
Ihr müsst eure Sitzordnung gegenüber der ganzen Klasse erklären und begründen.

la mesa	Tisch
el mismo	derselbe
la misma	dieselbe
al lado de	neben
porque	weil

LECCIÓN 8

¿de dónde?	woher, von wo
conocer (zc)	kennen lernen
en una fiesta	bei einem Fest
la fiesta	Fest, Feier
el tren	Zug
la playa	Strand
el bar	Kneipe, Bar, Lokal
casi	fast
siempre	immer
primero/a	erste/r
la pregunta	Frage
lo explican	sie erklären es
explicar	erklären
el detalle	Einzelheit
el ejemplo	Beispiel
aragonés/esa	aus Aragon
Cataluña	Katalonien
desde	seit
y es que ...	es ist nämlich so, dass...
cada	jede/r/s
la región	Gegend, Region
la economía	Wirtschaft
las maneras de vivir	Lebensweise
la manera	Art und Weise
incluso	sogar
el aspecto físico	Aussehen

❶ Lies den Text.
Ist es in deinem Land ebenso?

❷ Schau die Landkarte an.
Was erkennst du (Gegenden, Städt, Bauwerke, Gebräuche...)?

❸ Kennst du Spanier/innen?
Wie sind sie? Erstelle eine Liste von Adjektiven. Sicherlich haben wir nicht alle dieselbe Vorstellung von den Spaniern.

gente de vacaciones

LECCIONES 9, 10, 11, 12

Leute im Urlaub

> **W**ir werden eine Gruppenreise organisieren.
> Wir werden lernen
> – Neigungen und Vorlieben auszudrücken,
> – über Orte zu sprechen.

❶ Eine Reise: Madrid oder Barcelona?
Schau die Fotos zusammen mit einem anderen Kursmitglied an und zeig auf die, die du kennst.

la Sagrada Familia	noch immer im Bau befindliche Kathedrale des Architekten A. Gaudi in Barcelona
el Reina Sofía	Kunstmuseum in Madrid
¿Qué prefieres? (*Inf.* preferir)	Was ziehst du vor?
ir (a)	fahren, reisen, gehen (nach)
Querido/a ...	Liebe/r ...
¡Enhorabuena!	Herzlichen Glückwunsch!
ha ganado	Sie haben gewonnen
ganar	gewinnen
la visita	Besichtigung, Besuch
el autocar	Reisebus
el Museo del Prado	Prado (*Berühmtes Kunstmuseum in Madrid*)
o	oder
la excursión	Ausflug
el monasterio	Kloster
la entrada	Eintritt, Eintrittskarte
el teatro de la Zarzuela	Operettentheater
la corrida de toros	Stierkampf
el toro	Stier
cisterciense	Zisterzienser... (*kath. Orden*)
el concierto	Konzert
el Palau de la Música	*Konzertgebäude in Barcelona*
el partido de fútbol	Fußballspiel

❷ Deine Interessen
Schreibe die Namen von den drei Orten oder Aktivitäten auf, die dich am meisten interessieren.

el interés	Interesse
la actividad	Tätigkeit, Unternehmung
en primer lugar	in erster Linie

Sprich mit den anderen Kursteilnehmer/innen. Verwende dabei diese Ausdrücke:

utilizar	verwenden, benutzen
la expresión	Ausdruck
visitar	besichtigen, besuchen
pues	nun

LECCIÓN 9

❶ Deine Ferien

las vacaciones	Ferien, Urlaub
solo/a	allein
con	mit
la familia	Familie
el/la amigo/a	Freund/in
el viaje organizado	Gruppenreise
el viaje	Reise
el/la novia/a	(feste(r) Freund/in, Verlobte/r
el coche	Auto
el avión	Flugzeug
la bicicleta	Fahrrad
la moto	Motorrad
a	nach, zu, in
la montaña	Gebirge, Berge
la primavera	Frühling
el verano	Sommer
el otoño	Herbst
el invierno	Winter

Actividades:

A Was machst du normalerweise im Urlaub? Kreuze die entsprechenden Kästchen an.

B Willst du es den anderen Kursteilnehmer/innen sagen?

❷ Der Urlaub von Clara, Isabel und Toni

la prima	Cousine
preparado/a	fertig
el paseo	Spazierfahrt, -gang
la bici	Fahrrad
los del jardín	die Leute im Garten
el jardín	Garten
la tía	Tante
el tío	Onkel
el pueblo	Dorf
ir a bailar	tanzen gehen
unos/as	einige
el camping	Camping, Campingplatz

Actividades:

A Schau diese Fotos an und sprich mit den anderen Kursteilnehmer/innen. Beantworte folgende Fragen:
– Wo sind Clara, Isabel und Toni?
– Mit wem?

B Jetzt wirst du drei Gespräche hören. Clara, Isabel und Toni sprechen über ihren Urlaub. Sie sagen viele Dinge. Du brauchst nur eins herauszufinden: wer spricht in welchem Gespräch?

❸ Reisegefährte gesucht

el compañero de viaje	Reisegefährte
estás preparando	du bereitest gerade vor
preparar	vorbereiten
has encontrado	du hast gefunden
encontrar	finden
el anuncio	Anzeige
el aventurero	Abenteurer
Latinoamérica	Lateinamerika
la plaza	Platz

libre	frei
el interesado	Interessent
llamar	anrufen
la ida	Hinreise
la vuelta	Rückreise
el/la guía	Reiseleiter/in
barato/a	billig
el sol	Sonne
el mar	Meer
la tranquilidad	Ruhe
la ocasión	Gelegenheit
el apartamento	Wohnung, Appartement
Tenerife	Teneriffa
agosto	August
cerca (de)	nah, in der Nähe (von)

Actividades:

A Interessiert dich eine von diesen Anzeigen? Du wirst darüber mit einer anderen Person aus dem Kurs sprechen. Aber vorher musst du dich vorbereiten. Wähle einen dieser Sätze aus, um deine Vorlieben auszudrücken und die Gründe zu erläutern.

elegir	aussuchen, auswählen
la frase	Satz
el motivo	Grund, Motiv
a mí me interessa	mich interessiert
a mí	mich, mir (betont)
me gusta	mir gefällt
me gustan	mir gefallen
la aventura	Abenteuer
tranquilo/a	ruhig
quiero (Inf. querer)	ich möchte
Centroamérica	Mittelamerika
Andalucía	Andalusien

B Jetzt kannst du mit den anderen Kursteilnehmer/innen sprechen:

LECCIÓN 10

❶ Ein typisches spanisches Dorf

Schau das Bild an und lies den Text. Weißt du, wie die einzelnen Gebäude heißen? Schreibe es in die entsprechenden Felder.

la piscina	Schwimmbad
municipal	städtisch
la estación (FF.CC.)	Bahnhof
el polideportivo	Sporthalle
la caja de ahorros	Sparkasse
la avenida	Allee
la constitución	Verfassung
la seguridad social	Krankenkasse
el ambulatorio	Ambulanz
la Calle Mayor	Hauptstraße
suele haber	es gibt gewöhnlich
el centro	Zentrum, Mitte
generalmente	im allgemeinen, meistens
el ayuntamiento	Rathaus
la iglesia	Kirche
la escuela	Schule
la oficina de correos	Postamt

Vocabulario

la estación de ferrocarril	Bahnhof
ferrocarril (FF.CC.)	Eisenbahn...
actualmente	zur Zeit
la oficina	Büro
la cafetería	Café, Kneipe
más	mehr, mehrere
el supermercado	Supermarkt

❷ Wer kann die meisten Sätze schreiben?

Arbeitet zu zweit: schreibt Sätze über das Dorf auf der Zeichnung. Es gelten nur zutreffende und richtige Sätze. Das Paar, das die meisten Sätze schreibt, gewinnt.

❸ Was gibt es in dem Dorf?

Sprich mit einem anderen Kursmitglied über das Bild. Du kannst ihm Fragen wie die folgenden stellen:

¿Hay supermercado?	Gibt es einen Supermarkt?
¿Cuántas farmacias...?	Wie viele Apotheken...?
¿Cuántos bares...?	Wie viele Kneipen...?
¿Dónde... ?	Wo...?
no hay escuela	es gibt keine Schule
la oficina de turismo	Fremdenverkehrsbüro
por aquí	hier in der Nähe
varios/as	mehrere
no hay ni cine ni teatro	es gibt weder Kino noch Theater
ni/no ... ni	weder ... noch
tampoco	auch nicht
querer (ie)	wollen, mögen
viajar	reisen
no mucho	nicht sehr
muchísimo	sehr

❹ Dein Stadtteil

Schreibe eine Liste mit den Dingen, die es in deinem Stadtteil gibt und die es dort nicht gibt; erkläre es anschließend den anderen Kursteilnehmer/innen.

el barrio	Stadtviertel, Stadtteil
el parque	Park

❺ Deine Kameraden: ihr Urlaub

Erstelle eine Liste mit den Einrichtungen und Dienstleistungen, die es am Urlaubsort von einem der anderen Kursmitglieder gibt.

el servicio	Dienstleistung
pasar	verbringen
la pista de tenis	Tennisplatz
el hotel	Hotel
la sauna	Sauna
la discoteca	Discothek
la peluquería	Frisör

❻ Junge Leute im Urlaub

Diese Freunde sprechen über den Urlaub. Sie stimmen in ihren Vorlieben weitgehend überein. Bevor du ihnen zuhörst, stell dir vor, was ihnen wohl gefällt:

bastante	ziemlich, genügend
el gusto	Geschmack

imaginar	sich vorstellen, ausdenken
el albergue	(einfache) Unterkunft, Pension

Hört nun die Aufnahme. Vergleicht das, was sie sagen, mit dem, was ihr vermutet habt.
Welche Gründe geben sie an, um ihre Vorlieben zu begründen?

LECCIÓN 11

❶ Urlaub in der Gruppe

Kreuze deine Vorlieben unter den folgenden Möglichkeiten an.

la posibilidad	Möglichkeit
el coche particular	Privatwagen
el autostop	Trampen
el lugar	Ort
la caravana	Wohnwagen
el albergue de juventud	Jugendherberge

Formuliere deine Vorlieben:

formular	formulieren
la preferencia	Vorliebe
por eso	deshalb
alojarse	(vorübergehend) wohnen

Hör zu, was die anderen Kursteilnehmer/innen sagen. Notiere die Namen derjenigen, deren Vorlieben deinen am ähnlichsten sind.

❷ Morillo de Tou oder Yucatan

Zunächst einmal bildet ihr Gruppen aufgrund der Ergebnisse der vorigen Übung. Für euren Urlaub in der Gruppe könnt ihr eine dieser beiden Möglichkeiten auswählen. Lest die Anzeigen.

el siglo	Jahrhundert
abandonado/a	verlassen
rehabilitado/a	wiederhergestellt
CC.OO.	kommunistischer
(Comisiones Obreras)	Gewerkschaftsbund
Aragón	*autonome Region im Nordosten Spaniens*
la instalación	Einrichtung, Anlage
el centro social	Begegnungsstätte
antiguo/a	alt, ehemalig
gótico/a	gotisch
restaurado/a	restauriert
el alojamiento	Unterkunft, Unterbringung
la residencia	Wohnheim
el hostal	Pension, einfaches Hotel
el conjunto	Komplex
histórico/a	historisch
artístistico/a	künstlerisch
el castillo	Burg, Schloss
la muralla	Stadtmauer
románico/a	romanisch
el parque nacional	Nationalpark
el esquí	Skisport

Cancún	*Ferienort auf der Halbinsel Yucatán*
fabuloso/a	märchenhaft
exótico/a	exotisch
la semana	Woche
la península	Halbinsel
Yucatán	*Halbinsel im Südosten Mexikos*
el vuelo	Flug
Aeroméxico	*mex. Fluggesellschaft*
México D. F.	Mexiko-City
u (*vor o/ho*)	oder
instalaciones deportivas	Sporteinrichtungen
la cultura maya	Mayakultur
la era	Zeitalter
la pirámide	Pyramide
el observatorio astronómico	Sternwarte
información de interés	Wissenswertes
el sur	Süden
el clima	Klima
semi-tropical	subtropisch
entre	zwischen
junio	Juni
septiembre	September
la lluvia	Regen
intermitente	wechselnd
provocar	hervorrufen
el calor	Hitze
húmedo/a	feucht
la temperatura	Temperatur
el grado	Grad
enero	Januar
la carretera	Landstraße
turístico/a	touristisch
rápido/a	schnell
posible	möglich
alquilar	mieten, leihen
unos/as + *Zahl*	ungefähr
el dólar EE.UU.	US-Dollar
diario/a	täglich, pro Tag
preferir (*ie*)	vorziehen, bevorzugen
de acuerdo	einverstanden
útil	nützlich
hago mis vacaciones en verano	ich mache im Sommer Urlaub
diciembre	Dezember
practicar	ausüben, praktizieren
irregular	unregelmäßig

Ihr müsst euch einigen über
– die Termine
– die Unterkunft
– die Unternehmungen

❸ Das Vorhaben jeder Gruppe
Jede Gruppe erklärt der Klasse die Möglichkeit, die sie ausgesucht hat, und die Gründe für ihre Wahl.

el plan	Plan, Vorhaben
la elección	Wahl
salir	abreisen, abfahren
regresar	zurückkommen
el día	Tag

LECCIÓN 12

❶ Eine Werbeagentur hat diese Anzeige entwickelt. Höre sie und lies mit.

Castilla y León	Nordkastilien
ven (*Inf.* venir)	komm
lleno/a	voll
el acueducto	Aquädukt (*über eine Brücke geführte antike Wasserleitung*)
la catedral	Kathedrale
pasear (por)	spazieren gehen
el campo	Feld
castellano/a	kastilisch
la Ruta del Duero	*Reiseroute entlang des Duero*
el Camino de Santiago	*Pilgerweg nach Santigo de Compostela*
el camino	Weg
descansar	sich ausruhen, sich erholen
ven a conocernos	komm und lerne uns kennen

Warum entwickelt ihr nicht in Gruppen ähnliche Anzeigen über eure Stadt oder euer Land?
Schreibt den Text und den Slogan und überlegt, welche Fotos ihr verwenden könnt. Anschließend sucht ihr die Anzeige aus, die euch am besten gefällt.

❷ Eine/r von euch wählt einen Ort (Fluss, Stadt, Land etc.) auf dieser Landkarte und fragt, wo er sich befindet.
Wenn es jemand weiß, erhält er einen Punkt. Am Schluß gewinnt derjenige, der die meisten Punkte hat. Wenn die anderen den gesuchten Begriff nicht finden, gib Hilfestellung wie:

el río	Fluss
el lago	See
la isla	Insel
está al norte	es liegt im Norden
el norte	Norden
el sur	Süden
el este	Osten
el oeste	Westen
lejos (de)	weit entfernt (von)
cerca (de)	in der Nähe (von)

gente de compras

LECCIONES 13, 14, 15, 16

Leute beim Einkauf

Wir werden passende Geschenke für einige Personen suchen. Dabei lernen wir
– Gegenstände zu beschreiben und zu bewerten,
– einkaufen zu gehen.

Vocabulario

la perfumería	Parfümerie
la burbuja	Seifenblase, Sprechblase
el calzado	Schuhe (Schuhwerk)
la orquídea	Orchidee
la bodega	Weinhandlung
la joyería	Schmuckgeschäft
la pastelería	Konditorei
los electrodomésticos	Elektrogeräte
la librería	Buchhandlung
la papelería	Schreibwarengeschäft

❶ Gentishop, Einkaufszentrum

Beachte die Geschäfte dieses Einkaufzentrums. Was glaubst du verkauft jedes einzelne von ihnen?

la comida	Essen, Lebensmittel
el medicamento	Medikament
la ropa	Kleidung
el pastel	Kuchen
el libro	Buch
la joya	Schmuckstück
el zapato	Schuh
el papel	Papier
los cosméticos	Kosmetikartikel
la flor	Blume
la postal	Ansichtskarte
la revista	Zeitschrift
vender	verkaufen

LECCIÓN 13

❶ Daniels Liste

tiene que	er muss
tener que (yo tengo, ie)	müssen
la compra	Einkauf
va (Inf. ir)	er geht
el centro comercial	Einkaufszentrum
además	außerdem
cumple 30 años	sie wird 30 Jahre alt
cumplir años	... Jahre alt werden
quiere darle una sorpresa	er möchte ihr eine Überraschung bereiten
la sorpresa	Überraschung
llevar	mitnehmen
olvidar	vergessen
nada	nichts
la botella	Flasche
el cava	Cava (span. Sekt)
la americana	Jacke, Sakko
la espuma de afeitar	Rasierschaum
la aspirina	Aspirin
el desodorante	Deodorant
la pila	Batterie
la cinta de vídeo	Videokassette
el gato	Katze
el calcetín	Socke
el sobre	Briefumschlag

el regalo	Geschenk
el pañuelo	Tuch
el reloj	Uhr
el pastel de cumpleaños	Geburtstagstorte
el cumpleaños	Geburtstag

Actividades:

A In welche Geschäfte muss Daniel gehen? Kreuze an.

el quiosco	Kiosk
la tienda de deportes	Sportartikelgeschäft
la tienda	Geschäft
la floristería	Blumengeschäft
la tienda de muebles	Möbelgeschäft
el mueble	Möbel(stück)

B Und du? Musst du heute oder morgen etwas kaufen? Mach eine Liste. Du kannst das Wörterbuch benutzen oder deine/n Kursleiter/in fragen.

C In welchen Geschäften des Einkaufszentrums „Gentishop" kannst du deine Einkäufe machen? Erkläre es deinen Kameraden.

mañana	morgen
usar	verwenden, benutzen
el diccionario	Wörterbuch
tengo que ir	ich muss gehen
necesitar	brauchen, benötigen

❷ Daniels Einkäufe

a veces	manchmal
comprar	(ein)kaufen
no ... nada	überhaupt nicht
fácil	leicht, einfach
pagar	bezahlen
hoy	heute
el problema	Problem, Schwierigkeit
¿Cuánto vale éste?	Wie viel kostet das?
precioso/a	wunderschön
demasiado caro	zu teuer
caro/a	teuer
el perfume	Parfum
¿cuál?	welche/r/s?
¡Qué fuerte!	Wie stark!
fuerte	stark, heftig
nuevo/a	neu
la pasión	Leidenschaft
negro/a	schwarz
la talla	Größe
bien	gut
azul	blau
lo siento	es tut mir Leid
sentir (ie)	bedauern
de hombre	für Männer
segundo/a	der/die zweite
la planta	Etage
aceptar	akzeptieren
la tarjeta	(Kredit-) Karte

Actividades:

A Höre die Gespräche und sage, in welchen Daniel folgende Dinge tut:

preguntar el precio	nach dem Preis fragen
se prueba una americana	er probiert eine Jacke an
probarse *(ue)*	anprobieren

B Schau Daniels Kassenzettel an. Welche Dinge erscheinen dir teuer oder billig?

el ticket de la compra	Kassenzettel
sí, mucho	ja, sehr
en cambio	hingegen

Am Ende kauft Daniel all das:

gracias por su visita	Danke für Ihren Besuch
el tubo (de aspirinas)	Röhrchen
la bolsa	Tüte

LECCIÓN 14

❶ Was kostet das?
Dein/e Kursleiter/in liest einige dieser Preise vor. Versuche sie zu identifizieren und kreuze sie an.

el marco	D-Mark
la lira	Lira
el peso	Peso
el franco	Franc
la libra	Pfund
la peseta	Pesete

❷ Hunderttausend Millionen
Beachte diese Reihe der Zahl drei. Jeweils zwei Kursteilnehmer/innen bilden eine solche Reihe mit einer anderen Zahl. Danach lesen sie sie vor und der Rest der Klasse schreibt sie auf.

❸ Die hier?
Denk an eine dieser Uhren, nur an eine, diejenige, die dir am besten gefällt. Mal sehen, ob dein/e Nachbar/in sie errät.

❹ Hast du einen Computer?
Arthur ist der typische Konsummensch. Er kauft sehr gern und hat alle diese Dinge. Und du? Gib an, welche von diesen Dingen du nicht hast.

el ordenador	Computer
el lavavajillas	Spülmaschine
la cámara de vídeo	Videokamera
la tienda de campaña	Zelt
los patines	Schlittschuhe
el microondas	Mikrowelle
los esquís	Schier
la lavadora	Waschmaschine
el teléfono móvil	Mobiltelefon, Handy

Brauchst du irgendeins von diesen Dingen? Sprich darüber mit den anderen Kursteilnehmer/innen.

¿Tienes coche?	Hast du ein Auto?

tener *(ie, yo tengo)*	haben, besitzen
el demostrativo	Demonstrativpronomen, hinweisendes Fürwort
señalar	hinweisen auf
sin referencia a	ohne Bezug auf
sin	ohne
el nombre	Bezeichnung, Name
con referencia a	mit Bezug auf
mencionar	nennen, erwähnen
el objeto	Gegenstand
el jersey	Pullover
el disco	Schallplatte
la camiseta	T-Shirt
los pantalones	Hose
la moneda	Währung
el florín	Gulden
la corona	Krone
la camisa	Hemd
¿Cuánto cuesta/n?	Wie viel kostet/kosten?
costar *(ue)*	kosten
la necesidad	Notwendigkeit
la obligación	Verpflichtung
llevar corbata	eine Krawatte tragen
la corbata	Krawatte
blanco/a	weiß
amarillo/a	gelb
rojo/a	rot
gris	grau
marrón	braun
verde	grün
rosa	rosa
naranja	orange
primera mención	erstmalige Erwähnung
unos/as	einige, ein paar
ya sabemos	wir wissen schon
a qué nombre nos referimos	auf welches Wort wir uns beziehen

❺ Passende Kleidung
Diese Personen gehen an verschiedene Orte. Was glaubst du sollen sie anziehen? Schreib es auf und besprich es anschließend mit den anderen Kursteilnehmer/innen.

la reunión de trabajo	Arbeitsbesprechung
la reunión	Zusammenkunft, Treffen
el trabajo	Arbeit
en el campo	auf dem Land
elegante	elegant
la chaqueta	Jacke, Sakko, Blazer
la falda	Rock
el vestido	Kleid
la cazadora	Bluson, Windjacke
ponerse *(me pongo)*	anziehen
mejor	lieber, besser
serio/a	ernst, seriös
clásico/a	klassisch
informal	leger, ungezwungen
juvenil	jugendlich, Jugend...

Vocabulario

LECCIÓN 15

❶ Ein Fest
Wir stellen uns vor, dass unsere Klasse ein Fest organisiert. Entscheidet in kleinen Gruppen, was ihr habt, was ihr braucht, wie viel Geld ihr ausgeben wollt (in der Währung eures Landes) und wer was besorgt. Ihr könnt andere Dinge auf der Liste hinzufügen.

aproximado/a	ungefähr
traer (yo traigo)	mitbringen, bringen
la cocacola	Coca-Cola
la cerveza	Bier
el agua mineral (f)	Mineralwasser
la silla	Stuhl
la vela	Kerze
el tabaco	Tabak, Zigaretten
las patatas fritas	Kartoffelchips
el pan	Brot
el plato	Teller
el vaso	Glas
la servilleta	Serviette
puedo traerlos yo	die kann ich mitbringen
vale	in Ordnung
te será útil	es wird dir nützlich sein
¿Quién puede traer...?	Wer kann ... mitbringen?
poder (ue)	können
el pronombre	Fürwort
el objeto directo	direktes (Akkusativ-) Objekt
el objeto indirecto	indirektes (Dativ-) Objekt
le	ihr, ihm
les	ihnen, Ihnen
la mochila	Rucksack
esto es para mí	das ist für mich

❷ Preise zur Auswahl
Bei einer Verlosung des Einkaufszentrums „Gentishop" hast du drei Preise gewonnen. Du kannst unter den folgenden Dingen für dich oder ein Familienmitglied oder einen Freund wählen. Was nimmst du? Warum? Erkläre es den anderen Kursteilnehmer/innen.

el sofá	Sofa
el cognac	Cognac
el cubierto	Besteck
el pendiente	Ohrring

❸ Was schenken wir ihm/ihr?
Diese Freunde suchen ein Geschenk für jemanden. Erstelle eine Liste mit den Dingen, die sie vorschlagen.

Was glaubst du beschließen sie zu kaufen?

❹ Herzlichen Glückwunsch
Zu zweit müsst ihr Geschenke für vier Kursteilnehmer/innen aussuchen. Ihr müsst auch daran denken, was sie ungefähr kosten.

❺ Beim Einkauf
In Gruppen werden wir eine Einkaufsszene mit unseren Geschenken spielen. Vorher bereitet sich jede Gruppe vor.

LECCIÓN 16

Feliz Navidad	Fröhliche Weihnachten
feliz	glücklich
la Navidad	Weihnachten
respecto a	im Bezug auf
los Reyes Magos	die Heiligen drei Könige
el rey	König
vienen (Inf. venir)	(sie) kommen
venir (ie, yo, vengo)	kommen
del Oriente	aus dem Orient
el camello	Kamel
llegar	(an)kommen, gelangen
la noche	Nacht
la carta	Brief
les piden	bitten sie um
pedir (i)	bitten um, erbitten
lo que quieren	das, was sie sich wünschen
último/a	letzte/r
la Nochebuena	Heiligabend
el Papá Noel	Weihnachtsmann
querido/a	liebe/r
la muñeca	Puppe
la que sale en la televisión	die im Fernsehen auftritt
los patines en línea	Inline Skates
como	wie
y otra cosa	und noch etwas
el juguete	Spielzeug
lo mejor	das Beste
la tele	Fernseher
la habitación	(Schlaf-) Zimmer
el carbón	Kohle
que es muy malo	denn er ist sehr böse
malo/a	schlecht, böse
los abuelitos	Großeltern
Benidorm	Ferienort in Südspanien
el beso	Kuss
muchas gracias	vielen Dank

❶ Und du?
Warum schreibst du nicht deinen Brief an die Heiligen drei Könige?

❷ In allen Kulturen machen wir Geschenke.
Aber vielleicht wählen wir unterschiedliche Dinge für dieselben Anlässe. Vervollständige diese Tabelle und besprich sie mit den anderen Kursteilnehmer/innen.

cuando	wenn
invitar a comer	zum Essen einladen
a casa	(zu sich) nach Hause
regalar	schenken
la colonia	Kölnisch Wasser
dar las gracias	sich bedanken
pequeño/a	klein
el favor	Gefallen
el licor	Likör
casarse	heiraten
el dinero	Geld
alguien	jemand

gente en forma

LECCIONES 17, 18, 19, 20

Leute in Form

In dieser Einheit werden wir einen Ratgeber ausarbeiten, um 100 Jahre alt zu werden und in Form zu bleiben. Wir werden lernen
– Auskunft zu geben über unsere Alltagsgewohnheiten im Bezug auf die Gesundheit und diese zu bewerten,
– körperliche Aktivitäten und Lebensmittel zu empfehlen.

❶ Um in Form zu bleiben

Auf dieser Liste sind einige gute Angewohnheiten, um in Form zu bleiben, und andere, die schlecht sind. Welche hast du? Kreuze zwei gute und zwei schlechte an. Danach bildet ihr Dreiergruppen und du nennst sie den beiden anderen. Du kannst auch Dinge hinzufügen, die du machst und die nicht auf der Liste stehen.

voy en bici	ich fahre Rad
el pescado	Fisch
a menudo	oft
demasiado/a/os/as	zu viel/e
el agua *(f)*	Wasser
la fruta	Obst
andar	laufen, zu Fuß gehen
fumar	rauchen
el alcohol	Alkohol
tomar	nehmen, zu sich nehmen
poco/a	wenig
la fibra	Ballaststoff
hago yoga *(Inf.* hacer*)*	ich mache Yoga
el dulce	Süßigkeit
estar sentado/a	sitzen
la carne	Fleisch
el azúcar	Zucker
la verdura	Gemüse
mucho tiempo	lange Zeit
el tiempo	Zeit

LECCIÓN 17

❶ Der Körper in Bewegung

la página	Seite
la salud	Gesundheit
el suplemento	Beilage
semanal	wöchentlich
el ejercicio físico	körperliche Betätigung
el ejercicio	Übung
la instrucción	Anweisung
realizar	durchführen, realisieren
el movimiento	Bewegung

mantenerse en forma	in Form bleiben
la dieta	Ernährung
fundamental	wesentlich, entscheidend
el complemento	Ergänzung
ideal	ideal
ayudar	helfen
perder peso	abnehmen
perder *(ie)*	verlieren
el peso	Gewicht
mantener	aufrecht erhalten
el tono de los músculos	Muskelspannung
el músculo	Muskel
hacer flexiones	beugen
la mano	Hand
apoyado/a	aufgestützt
el suelo	Boden
nadar	schwimmen
subir	hinaufgehen
la escalera	Treppe
a pie	zu Fuß

Actividades:

A Wie heißen die Körperteile? Du kannst es erfahren, wenn du die Texte liest und die Bilder dieser beiden Seiten betrachtest.

B Jetzt kannst du sicher das Bild Nummer 6 beschreiben.

C Du kannst auch sagen, wozu die Übungen 7 und 8 gut sind.

la pierna	Bein
la espalda	Rücken
el brazo	Arm
el corazón	Herz
la cintura	Taille
la circulación	Kreislauf
saltar	springen
necesario/a	notwendig
recurrir a	zurückgreifen auf
la práctica	Ausübung
complicado/a	schwierig, kompliziert
sofisticado/a	ausgeklügelt
los... más simples	die einfachsten
recomendable	empfehlenswert
efectivo/a	wirksam
la actividad	Tätigkeit, Übung
de pie	im Stehen
el pie	Fuß
sentado/a	im Sitzen
las piernas abiertas	die Beine auseinander
junto/a	zusammen, beieinander
detrás (de)	hinter
la cabeza	Kopf
girar	drehen
a derecha	nach rechts
a izquierda	nach links
tocar	berühren
la rodilla	Knie
el codo	Ellenbogen
recto/a	gerade, aufrecht
doblar	beugen

145

la frente	Stirn
volver *(ue)*	zurückkehren
la posición	Haltung, Position
original	ursprünglich
sentarse *(ie)*	sich setzen
abrir	öffnen
juntar	zusammenbringen, -fügen
estirar	ausstrecken
levantar	heben
hasta	bis (zu)
subir	hinaufbewegen
enfrente (de)	gegenüber (von)
el ojo	Auge

❷ Treiben die Spanier Sport?

la radio	Radio, Rundfunk
salir	hinausgehen
pasar	vorbeigehen
por allí	dort entlang
allí	dort

Actividades:

A Hör die Interviews. Treiben die Spanier laut dieser Umfrage viel Sport?

B Mach nun das Interview mit einem anderen Kursmitglied. Danach erklärt ihr dem Rest der Klasse
– die Dinge, die ihr beide macht
– die Dinge, die nur eine/r von euch macht.

explicar	erklären
los dos	beide

LECCIÓN 18

❶ Ursachen von Stress

Der Stress hilft überhaupt nicht dabei, in Form zu bleiben. Er hat viele Ursachen und Symptome. Einige sind auf dieser Liste. Befrage eine Person aus dem Kurs und notiere die Antworten, die sie dir gibt.

la hora	Stunde, Zeit
durante	während
el fin de semana	Wochenende
pensar *(ie)* (en)	denken (an)
frecuentemente	oft
el asunto	Sache, Angelegenheit
deprisa	eilig, schnell
a todas partes	überall hin
desayunar	frühstücken
haciendo otras cosas	und dabei andere Dinge tun
al mismo tiempo	gleichzeitig
ponerse nervioso/a	nervös werden
nervioso/a	nervös
el atasco	Stau
el tráfico	Verkehr
inmediatamente	sofort
el médico	Arzt

ante	bei, angesichts
cualquier/a	jegliche/r/s
menos de	weniger als
al día	pro Tag
mientras comes	während du isst
el/la colega	Kollege, Kollegin
levantarse	aufstehen
acostarse *(ue)*	ins Bett gehen, sich hinlegen
a la misma hora	zur selben Zeit

Glaubst du, dass dein/e Kamerad/in unter Stress leidet? Warum?

❷ Schlechte Angewohnheiten für ein gesundes Leben

Hör zu, was die Personen in diesen Radiointerviews sagen und notiere, was sie tun. Welchen Ratschlag geben wir jedem von ihnen?

la costumbre	Gewohnheit, Sitte
la vida	Leben
sano/a	gesund
llevar una vida sana	ein gesundes Leben führen
el café	Kaffee
doy un paseo	ich mache einen Spaziergang
dar un paseo	spazieren gehen
regular	regelmäßig
la frecuencia	Häufigkeit
de vez en cuando	ab und zu
(no) ... nunca	nie
por la tarde	nachmittags
la tarde	Nachmittag, Abend
los lunes	montags
el lunes	Montag
el martes	Dienstag
el miércoles	Mittwoch
el jueves	Donnerstag
el viernes	Freitag
el domingo	Sonntag
el fin de semana	Wochenende
todos los días	jeden Tag
todas las semanas	jede Woche
el verbo reflexivo	rückbezügliches Verb
dormirse *(ue)*	einschlafen
despertarse *(ie)*	aufwachen
ducharse	sich duschen
a las seis	um sechs Uhr
pronto	früh
la cuantificación	Quantifizierung, mengenmäßige Erfassung
demasiado	zu viel
el chocolate	Schokolade
la grasa	Fett
la patata	Kartoffel
la recomendación	Empfehlung
el consejo	Rat, Ratschlag
personal	persönlich
gordo/a	dick
impersonal	unpersönlich
hay que	man muss
importante	wichtig, bedeutend
hacer ejercicio	sich körperlich betätigen

❸ Der Kopf, der Fuß, der Mund …

Ein/e Kursteilnehmer/in gibt den Befehl und der Rest führt ihn aus. Ein/e andere/r Kursteilnehmer/in verändert die Position mit einem neuen Befehl und so weiter. Wer sich irrt, scheidet aus. Es gewinnt, wer als letzte/r übrig bleibt.

tocarse	berühren
la boca	Mund
bajar	senken
el brazo derecho	der rechte Arm
derecho/a	rechte/r
izquierdo/a	linke/r
hacia delante	nach vorn

❹ Mehr Ideen, um in Form zu bleiben

Schreibt zu zweit eine Liste mit Ratschlägen. Welches Paar hat die längste Liste?

delgado/a	schlank
adelgazar (zc)	abnehmen
engordar	dick werden, zunehmen
estár más gordo	dicker sein
fuerte	stark
ágil	beweglich, gelenkig

LECCIÓN 19

❶ Unser Ratgeber, um 100 Jahre alt zu werden und in Form zu bleiben

Um 100 Jahre alt zu werden und in Form zu bleiben, muss man gut essen, körperliche Bewegung haben und ohne Stress leben. Mit anderen Worten, diese drei Dinge sind wichtig:

la alimentación	Ernährung
el equilibrio	Gleichgewicht
físico/a	körperlich
anímico/a	seelisch

Welchen dieser drei Dinge entsprechen die folgenden Regeln? Markiere mit einem X das entsprechende Kästchen.

la bebida	Getränk
alcohólico/a	alkoholisch
controlar	kontrollieren
la importancia	Bedeutung
consumir	konsumieren, essen
disfrutar (de)	genießen
el tiempo libre	Freizeit
la relación	Beziehung
el horario	Zeitplan, Stundenplan
tomarse las cosas con calma	die Dinge gelassen nehmen
con calma	ruhig, gelassen
a la misma hora	zur selben Zeit

Denk ein bisschen nach, sicher kannst du – mit Hilfe des Wörterbuchs oder deines Kursleiters – noch einige Ideen hinzufügen. Zeig sie anschließend den anderen Kursteilnehmer/innen.

❷ Wir wollen uns informieren

Was können wir tun, um ein gesundes Leben zu führen? Wir werden in Dreiergruppen arbeiten. Aber vorher liest jede/r für sich einen Text. Jede/r wählt einen der drei folgenden Texte, liest ihn, sucht die Hauptideen heraus und vervollständigt den Zettel.

la razón	Grund
la forma	Art und Weise
conseguir (i)	erreichen, schaffen
gran (vor Subst.)	groß
delante (de)	vor
sin embargo	jedoch, hingegen
conviene (Inf. convenir)	es ist angebracht
ya que	da ja
violento/a	heftig
el golf	Golf
tan	so, ebenso
media hora	eine halbe Stunde
de forma regular	regelmäßig
constante	kontinuierlich, dauerhaft
el control	Kontrolle
el alimento	Lebensmittel
normalmente	normalerweise
de hecho	tatsächlich
la sociedad	Gesellschaft
moderno/a	modern
occidental	westlich
enfermo/a	krank
a causa de	wegen
la causa	Ursache
el exceso	Übermaß
aconsejable	empfehlenswert
reducir	verringern
la cantidad	Menge
rico/a (en)	reich (an)
la proteína	Eiweiß
tanto/a/os/as	so viel/e
el queso	Käse
como mínimo	mindestens
el mínimo	Minimum
a la plancha	gegrillt
frito/a	gebraten
la salsa	Soße
contener (ie)	enthalten
la Organización Mundial de Salud	Weltgesundheitsorganisation
recomendar (ie)	empfehlen
el gramo	Gramm
tan importante (como)	ebenso wichtig (wie)
el carácter	Wesen, Charakter
impaciente	ungeduldig
violento/a	aufbrausend
introvertido/a	introvertiert, in sich gekehrt
el riesgo	Risiko
extrovertido/a	extrovertiert, nach außen gekehrt
la prisa	Eile
el estrés	Stress
por otra parte	andererseits
el estudio	Untersuchung, Studie

Vocabulario

la investigación	Forschung
establecer	herstellen
la emoción	Gefühl
la preocupación (por)	Sorge (um)
la enfermedad	Krankheit
la muerte	Tod
contribuir (y) (a)	beitragen (zu)
aumentar	ansteigen, wachsen lassen
positivo/a	positiv
evitar	vermeiden
el semtimiento	Gefühl
la culpabilidad	Schuld, Schuldgefühl
la ayuda	Hilfe
finalmente	schließlich
el hábito	Gewohnheit
suponer	bedeuten, voraussetzen
la cena	Abendessen

❸ Der Inhalt unseres Ratgebers

Die drei Mitglieder jeder Gruppe tragen nacheinander die wichtigsten Ideen ihres Textes vor. Mit Hilfe dieser Information diskutieren und entscheiden sie, welches die zehn wichtigsten Ideen sind. Sie können noch andere hinzufügen.

lo más importante	das Wichtigste
el sustantivo	Substantiv, Hauptwort
el síntoma	Symptom

❹ Erarbeiten wir den Ratgeber?

Das soll unser Text sein. Die Einleitung ist schon geschrieben. Ihr müsst nur noch die 10 Ratschläge formulieren.

la esperanza de vida	Lebenserwartung
mayor	größer, höher
no sólo	nicht nur
adoptar	annehmen
la vejez	Alter
en otras palabras	mit anderen Worten
deber	müssen
seleccionar	auswählen
conveniente	angebracht, passend

LECCIÓN 20

la mitad	Hälfte
en pareja	in einer Zweierbeziehung
mostrar (ue)	zeigen
la homogeneidad	Übereinstimmung, Gemeinsamkeit
en cuanto a	in Bezug auf
después de	nach
la mayoría	Mehrheit, Mehrzahl
el por ciento	Prozent
en compañía de	in Gesellschaft von
la compañía	Gesellschaft
la pareja	Partner/in
matinal	morgendlich
la tarea doméstica	Hausarbeit

recoger	aufräumen
la cocina	Küche
en casa	zu Hause
el tipo	Art, Typ
común	gewöhnlich, durchschnittlich
compartir	teilen
por sexo	nach Geschlecht
por ocupación	nach Tätigkeit
el sueño	Schlaf, Traum
dedicar	widmen
el promedio	Durchschnitt
el minuto	Minute
alrededor de	um ... herum, gegen
concentrarse	sich konzentrieren
el reparto	Verteilung
llegar a casa	nach Hause kommen
apenas	kaum
la política	Politik
la religión	Religion
estar en el paro	arbeitslos sein
el paro	Arbeitslosigkeit
nada más	nichts mehr, nichts anderes

❶ Wie lautete diese Information, wenn sie sich auf dein Land beziehen würde?

Versuch es dir vorzustellen und berichte es den anderen Kursteilnehmer/innen.

gente que trabaja

LECCIONES 21, 22, 23, 24

Leute, bei der Arbeit

Wir werden verschiedene Arbeiten innerhalb einer Gruppe von Personen verteilen.
Wir werden lernen
– über unser Berufsleben zu sprechen,
– Eigenschaften und Fähigkeiten zu bewerten.

❶ Die Berufe und Eigenschaften der Personen

Dies ist der Eingang zu einem Geschäfts- und Bürogebäude. Viele Leute gehen hinein oder kommen heraus: einige Personen arbeiten hier, andere kommen zum Einkaufen oder zum Arzt, andere kommen, um einen Rechtsanwalt zu konsultieren, um Sprachen zu lernen usw. Schau das Bild an und schreibe den entsprechenden Buchstaben vor die folgenden Berufsbezeichnungen. Vergleiche danach deine Antworten mit denen von zwei anderen Kursteilnehmer/innen.

el empleado	Angestellter
la banca	Bank
el guardia de seguridad	Sicherheitsposten
el traductor	Übersetzer

la dependienta	Verkäuferin
el abogado	Rechtsanwalt
el ejecutivo	leitender Angestellter
el mensajero	Bote
el/la dentista	Zahnarzt/-ärztin
la arquitecta	Architektin
la farmacéutica	Apothekerin
el/la taxista	Taxifahrer/in
el albañil	Maurer
el vendedor	Verkäufer

Welche Eigenschaften glaubst du braucht man für jede dieser Tätigkeiten? Besprich es mit den anderen Kursteilnehmer/innen.

organizado/a	ordentlich, gut organisiert
dinámico/a	dynamisch
comunicativo/a	gesprächig
estar dispuesto/a (a)	bereit sein (zu)
acostumbrado/a (a)	gewöhnt (zu/an)
el equipo	Team
mandar	führen, anordnen
la experiencia	Erfahrung
el título	Diplom, Titel
universitario/a	Universitäts...
la paciencia	Geduld
el carnet de conducir	Führerschein
conducir (zc)	fahren, ein Fahrzeug lenken
el bufete de abogados	Anwaltskanzlei
la clínica dental	Zahnklinik
el estudio de arquitectura	Architekturbüro
la escuela de idiomas	Sprachschule
el servicio de traducciones	Übersetzungsdienst

LECCIÓN 21

❶ Berufe: interessante, langweilige, sichere, gefährliche ...

el/la agricultor/a	Landwirt/in
el/la asistente social	Sozialarbeiter/in
el/la camionero/a	Fernfahrer/in
el/la intérprete	Dolmetscher/in
el/la cartero/a	Briefträger/in
el/la maestro/a	Grundschullehrer/in
el/la policía	Polizist/in
el/la psicólogo/a	Psychologe/in
el código civil	bürgerliches Gesetzbuch

Actividades:

Schreibe neben jeden Beruf einen positiven und einen negativen Aspekt. Beachte dabei die Liste mit Ideen, die du auf der rechten Seite findest. Vergleiche danach deine Antworten mit denen von zwei anderen Kursteilnehmer/innen.

ganar	verdienen
creativo/a	kreativ
tratar con	zu tun haben mit
autónomo/a	selbstständig, unabhängig
monótono/a	eintönig, monoton
el accidente	Unfall
duro/a	hart, schwer

fuera (de)	draußen, außerhalb (von)
peligroso/a	gefährlich
desagradable	unangenehm

❷ Maribel sucht eine neue Arbeit

cambiar de trabajo	die Stelle wechseln
pasado/a	vergangen
el proyecto	Plan, Projekt

Actividades:

A Hör zu, was Maribel sagt, und vervollständige den Zettel.

ha vivido	sie hat gelebt
ha estado	sie ist gewesen
ha trabajado	sie hat gearbeitet

B Besprich nun mit den anderen Kurteilnehmer/innen, um welche Stelle sie sich bewerben kann.

el empleo	Stelle
solicitar	sich bewerben um
la medicina	Medizin
el extranjero	Ausland
la empresa	Unternehmen, Firma
hospitalario/a	Krankenhaus...
solicitar	suchen, erbitten
el perfil	Profil
requerido/a	gesucht
la venta	Verkauf
la disponibilidad	Bereitschaft, Verfügbarkeit
la buena presencia	gepflegtes Äußeres/Erscheinung
el don de gentes	Fähigkeit, mit Menschen umzugehen
el conocimiento	Kenntnis
ofrecer (zc)	(an)bieten
el contrato	Vertrag
laboral	Arbeits...
el alta en Seguridad Social	Eintritt in die Sozialversicherung
desde	seit, ab
el momento	Zeitpunkt, Moment
la incorporación	Einstellung
la formación	Aus-, Fortbildung
a cargo de	auf Kosten von
el sueldo	Gehalt
fijo/a	fest
más	plus
la comisión	Provision
el puesto de trabajo	Arbeitsplatz, Stelle, Posten
el vehículo	Fahrzeug
gastos pagados	Spesen, Erstattung der Unkosten
a mano	handschriftlich
el curriculum	Lebenslauf
mecanografiado/a	maschinengeschrieben
el ático	Dachgeschoss
precisar	benötigen
el/la encargado/a (de)	Mitarbeiter/in, zuständige Person (für)
similar	ähnlich, vergleichbar
liderar	leiten, führen
inmediato/a	sofortig/e
enviar	schicken, senden

Vocabulario

urgentemente	dringend, eilig
el C.V.	Lebenslauf
el fax	Fax, Faxgerät
la sede	Firmensitz
el titulado	Inhaber eines akademischen Titels
superior	höher
requerir *(ie)*	verlangen
la licenciatura universitaria	Universitätsexamen
el dominio	Beherrschung
hablado/a	gesprochen, mündlich
escrito/a	schriftlich
la capacidad	Fähigkeit
la remuneración	Bezahlung, Entlohnung
según	gemäß, je nach
el/la candidato/a	Bewerber/in
técnico/a	technisch
comercial	kaufmännisch
la duración	Dauer
remitir	übersenden
detallado/a	detailliert, ausführlich
reciente	aktuell, neuerlich
el contacto	Kontakt(aufnahme)
el apartado de correos	Postfach

LECCIÓN 22

❶ Wer hat diese Dinge gemacht?

Arbeitet in kleinen Gruppen. Eine/r von euch ist Sekretär/in und muss die Fragen stellen und die Antworten an die entsprechende Stelle schreiben. Welche Gruppe ist zuerst fertig?

el trofeo	Preis, Prämie
la película	Film
el/la mexicano/a	Mexikaner/in
el Tour de Francia	Tour de France
de origen cubano	kubanischer Herkunft
el presidente	Präsident
cantar	singen
el secretario general	Generalsekretär
la ONU (Organización de Naciones Unidas)	UNO
el Premio Nobel	Nobelpreis
la literatura	Literatur
el presidente de Gobierno	Regierungspräsident

❷ Wir sprechen über die Vergangenheit

In Übung 1 haben wir die Verben im Perfekt verwendet. Unterstreiche sie und schreibe den zugehörigen Infinitiv auf.

el pretérito perfecto	Perfekt, vollendete Gegenwart
el participio	Partizip, Mittelwort
la habilidad	Fähigkeit
el instrumento	Instrument
ningún/a	kein/e
el griego	Griechisch
el árabe	Arabisch

el francés	Französisch
entender *(ie)*	verstehen
el japonés	Japanisch
regular	mittelmäßig, durchschnittlich

❸ Ich bin noch nie in Sevilla gewesen

Übe mit zwei anderen Kursteilnehmer/innen. Du fragst sie und notierst ihre positiven (+) und negativen (−) Antworten in jedem einzelnen Fall.

perder *(ie)*	verlieren
la maleta	Koffer
el aeropuerto	Flughafen
hacer teatro	Theater spielen
el poema	Gedicht
el globo	Ballon
enamorarse	sich verlieben
a primera vista	auf den ersten Blick
la selva	Urwald

❹ Wahrheit oder Lüge?

Du sollst drei Sätze über dein Leben schreiben: Dinge, die du gemacht hast oder die du kannst. Mindestens ein Satz soll wahr sein, die anderen können gelogen sein. Du kannst die folgenden Ausdrücke verwenden.

por lo menos	mindestens
el ruso	Russisch
el chino	Chinesisch
el Japón	Japan
el conservatorio	Konservatorium, Musikhochschule

Arbeitet in Vierergruppen. Jede/r liest der Gruppe die Sätze vor, die er/sie geschrieben hat. Die übrigen müssen raten, welche wahr sind und welche nicht.

Pekín	Peking
(no) es verdad	das stimmt (nicht)

LECCIÓN 23

❶ Stellenanzeigen: was verlangen sie?

Du bist zu Hause und hörst im Radio eine Sendung für junge Leute. Darin ist die Rede von einer neuen Firma, die sich in einer spanischen Stadt niedergelassen hat. Sie wird viele Arbeitsplätze schaffen.
Hör zuerst was sie sagen, und fülle anschließend die Kärtchen aus. In der linken Spalte findest du die fehlenden Begriffe.

progresar	aufsteigen, Karriere machen
el nivel de lectura	Leseverstehen
el trabajo en equipo	Teamarbeit
especializado/a	spezialisiert
el trato con la gente	Umgang mit Menschen
abierto/a	offen
la voluntad	Wunsch, Wille

el/la administrativo/a	Verwaltungsangestellte/r
el usuario	Benutzer
el/la decorador/a	Dekorateur
la presentación	Vorstellung, Präsentation
el escaparate	Schaufenster
la sensibilidad	Einfühlungsvermögen, Sensibilität
el producto	Produkt
el mozo	Bursche
el almacén	Lager
libre de servicio militar	vom Wehrdienst befreit
la disposición	Eignung

❷ Bewerberauswahl

Du arbeitest mit zwei anderen Kursteilnehmer/innen in einer Personalberatung. Ihr müsst Mitarbeiter für „Heim und Komfort" auswählen. Die Stellen sind die auf den Kärtchen von Übung 1. Im Moment habt ihr 4 Bewerber/innen. Welche Stelle gebt ihr ihnen? Ihr müsst euch einigen und den besten Bewerber für jede Stelle aussuchen.

la fecha	Datum
el nacimiento	Geburt
el domicilio	Wohnsitz
actual	aktuell, derzeitig
los estudios	Studium, Ausbildung
licenciado/a en	diplomiert in
el mes	Monat
el test psicotécnico	psychologische Eignungsprüfung
otros	Sonstiges
BUP (Bachillerato Unificado Polivaliente)	Abitur
la construcción	Bau(gewerbe)
el autobús	Bus
la iniciativa	Initiative
el permiso de conducir	Führerschein
el camión	Lastwagen
servicio militar cumplido	Wehrdienst abgeleistet
los artes gráficas	Grafik
FP (Formación Profesional)	Berufsausbildung
tímido/a	schüchtern
EGB (Educación General Básica)	Hauptschulabschluss
la carpintería	Tischlerhandwerk
el/la recepcionista	Empfangsangestellte/r

❸ Dein Personalbogen

Nun erarbeite deinen eigenen Personalbogen. Auf welche Stelle möchtest du dich am liebsten bewerben?

LECCIÓN 24

a los 20 años	mit 20 Jahren
nació	er/sie wurde geboren
nacer	geboren werden
mayo	Mai
con ocasión de	anlässlich

el aniversario	Jubiläum
el número extraordinario	Sonderausgabe
la sección	Rubrik
consistir en	bestehen aus
el retrato	Porträt
que nacieron	die geboren wurden
es decir	das heißt
el punto de vista	Standpunkt
el feminismo	Feminismus, Frauenbewegung
paradójico/a	paradox
el compromiso social	gesellschaftliche Verpflichtung
la ilusión	Illusion, Hoffnung
polifacética	vielseitige Person

❶ Kannst du jedem Text einen dieser Slogans zuordnen?

Dafür ist es nicht nötig, dass du die Texte gründlich liest, es genügt, die Texte zu überfliegen.

el guión	Drehbuch
próximo/a/os/as	nächste/r/s
la beca	Stipendium
Erasmus	*Stipendienprogramm der EG*
acabar	beenden, abschließen
la carrera	Studium
antes de cumplir 22	bevor sie 22 wird
antes de	bevor
mientras tanto	inzwischen
bilbaíno/a	aus Bilbao
Deusto	*Stadtviertel in Bilbao*
repartir	aufteilen, verteilen
el estudio	Lernen
la asociación	Verein
empresarial	Unternehmens...
pacifista	pazifistisch
„Gesto por la Paz	„Geste für den Frieden"
la participación	Teilnahme, Mitwirkung
ocasional	gelegentlich
la tertulia	Gesprächsrunde
radiofónico/a	Radio...
salir	ausgehen
la sesión	Sitzung
el kárate	Karate
la válvula de escape	Ventil
la adrenalina	Adrenalin
sobrar	übrig bleiben, zu viel haben
indistintamente	gleichermaßen
Aute, Luis Eduardo	*spanischer Liedermacher*
la juventud	Jugend
vegetar	vor sich hin leben
se unió a ...	sie schloss sich ... an
qué más da	ist doch egal
gaditano	aus Cádiz
el barrio obrero	Arbeiterviertel
parado/a	arbeitslos
la cama	Bett
bajar	hinuntergehen
fumando	rauchend
hablando	plaudernd
el zumo	Saft
la fanta	Fanta, Limonade

Vocabulario

menos	außer
estar de camarero	als Kellner arbeiten
poner la tele	das Fernsehen einschalten
pasar	passieren, geschehen
militar	kämpfen
el partido	Partei
la organización	Organisation
ecologista	umweltbewusst
solidario	gemeinschaftsbewusst
de nacimiento	von Geburt an
aunque	obwohl
bakalao	Techno-Musik
le encantan	ihn begeistern
el reportaje	Reportage, Bericht
el animal	Tier
ir al campo	auf's Land fahren
pescar	angeln
espero que ... no tenga que trabajar	ich hoffe, dass sie nicht arbeiten muss
anacrónico/a	überholt, unzeitgemäß
la explicación	Erklärung
salir de casa	aus dem Haus gehen
limpiar	putzen
la hostelería	Hotelgewerbe
el instituto	Institut, Schule
invertir	investieren
el salario	Lohn
perfeccionar	vervollkommnen
en seis ocasiones	sechsmal
lejos	weit
simple	einfach
ejercer	ausüben
llegar a	schaffen, gelangen zu
ocupar	einnehmen
el puesto de responsabilidad	verantwortungsvolle Stelle
la reponsabilidad	Verantwortung
afirmar	aussagen
el/la vecino/a	Nachbar/in
el barrio de la Macarena	*Stadtviertel von Sevilla*
el seguidor	Anhänger
Betis	*Fußballclub von Sevilla*
el enemigo	Gegner
el amante	Liebhaber
el cine de acción	Action-Filme
la acción	Handlung
sí mismo/a	sich selbst
rutinario/a	voller Routine
dar una vuelta	spazieren gehen, eine Runde drehen
lo contrario	Gegenteil
el tópico	Klischee
andaluz/a	andalusisch
la Feria de Sevilla	*Volksfest in Sevilla*
la Semana Santa	Osterwoche
estar en contra (de)	gegen etw. sein
la actitud	Haltung, Einstellung
racista	rassistisch
xenófobo/a	fremdenfeindlich
el/la extranjero/a	Ausländer/in
el derecho	Recht

el trabajo es de todos	die Arbeit gehört allen
que se lo quede	es soll der sie bekommen
que esté más preparado	der am besten ausgebildet ist
quedarse	bleiben
preparado/a	bereit, gut vorbereitet, ausgebildet
la jornada	Tag, Tagesablauf
una carrera contrarreloj	ein Wettlauf gegen die Uhr
despierto/a	wach, aufgeweckt
el rato	Moment, kurze Zeit
el violín	Geige
el instituto	Gymnasium
practicar	üben
todavía	(immer) noch
colaborar	mitarbeiten
asociado/a (a)	verbunden (mit)
la iglesia evangélica	evangelische Kirche
adonde suele ir	wohin sie zu gehen pflegt
la fórmula	Grundsatz
organizarse	sich organisieren
aún	sogar
ir de gira	herumreisen
el orquesta	Orchester
hasta altas horas	bis in späte Stunden
la madrugada	Morgengrauen
salir de juerga	ausgehen, einen draufmachen
el dolor	Schmerz
impresionante	heftig
el cuento	Märchen
el relato	Erzählung
corto/a	kurz
fue seleccionado/a	wurde ausgewählt
Alfaguara	*spanischer Verlag*
la antología	(Literatur-) Sammlung
la realidad	Wirklichkeit
paralelo/a	parallel
era su primer intento	es war ihr erster Versuch
el intento	Versuch
el castellano	spanische Sprache
antes lo redactaba todo	früher schrieb sie alles
redactar	schreiben, redigieren
durante ... años	... Jahre lang

❷ Suche in jedem Text die Sätze, die den Standpunkt oder die Ansichten der Jugendlichen widerspiegeln.
Mit wem von ihnen stimmst du am meisten überein? Bist du mit etwas nicht einverstanden?
In den Texten tauchen möglicherweise Anspielungen auf die spanische Wirklichkeit auf, die du vielleicht nicht gut kennst. Dein/e Kursleiter/in gibt dir die nötigen Hintergrundinformationen.

gente que come bien

LECCIONES 25, 26, 27, 28

Leute, die gut essen

Wir werden das Kochbuch unserer Klasse mit unseren
besten Rezepten erstellen.
Wir werden lernen, uns in Geschäften und Restaurants
zurechtzufinden, indem wir
– Lebensmittel benennen,
– uns über die Besonderheiten eines Gerichts informieren.

❶ Spanische Produkte
Viele dieser Produkte werden in andere Länder exportiert und
einige von ihnen sind Zutaten der spanischen Küche. Weißt du,
wie sie heißen? Versuch es auf der Liste herauszufinden und überprüfe es mit Hilfe der anderen Kursteilnehmer/innen oder dem/
der Kursleiter/in.

Welche schmecken dir? Markiere sie mit diesen Zeichen.

los garbanzos	Kichererbsen
comer	essen
la gamba	Garnele
el aceite de oliva	Olivenöl
el aceite	Öl
el jamón serrano	Serrano-Schinken
el jamón	Schinken
la uva	Traube
el limón	Zitrone
el centollo	Meerspinne
el chorizo	Paprikasalami
la almendra	Mandel
la sardina	Sardine
el espárrago	Spargel
el cava	Sekt
la fresa	Erdbeere
la naranja	Orange
el plátano	Banane
la avellana	Haselnuss

Besprich es mit zwei anderen Kursteilnehmer/innen. Danach werdet ihr dem Rest der Gruppe erklären, worin ihr übereinstimmt.

explicar	erklären
coincidir	übereinstimmen
ninguno/a de los tres	keine/r von uns dreien

LECCIÓN 25

❶ Supermarkt Blasco
la dependienta	Verkäuferin
está hablando por telefono	sie telefoniert gerade

anotar	notieren
el pedido	Bestellung
el kilo	Kilo
la docena	Dutzend
el huevo	Ei
el queso manchego	Käse aus der Mancha
el queso	Käse
el cartón de leche	Milchtüte
la leche (entera)	(Voll-) Milch
entero/a	vollständig, ganz
Asturivaca	„Asturienkuh"
la botella	Flasche
el vino tinto	Rotwein
la lata	Dose
el paquete	Schachtel, Paket
el jamón york	gekochter Schinken
la cerveza	Bier
los espaguetis	Spaghetti

Actividades:
A Kannst du Gema helfen? Welches ist die Liste von Frau Millán?
B Schreib eine Liste mit dem, was du brauchst, um deine Spezialität zu kochen (Zutaten und Mengen).
C Ein Kursmitglied spielt nun Gema. Du rufst im Supermarkt an,
um deine Bestellung aufzugeben. Dein/e Kamerad/in wird sie
notieren.

❷ Mexikanische Küche
mexicano/a	mexikanisch
la camarera	Kellnerin
el plato	Gericht
el menú del día	Tagesmenü
la quesadilla	*mit Käse gefüllter Maisfladen*
el caldo	Suppe, klare Brühe
la cola del buey	Ochsenschwanz
el mole pueblano	*mexikan. Eintopfgericht*
el chile en nogada	Chili in Nusstunke
la capirotada	Arme Ritter *(Süßspeise aus eingeweichtem Weißbrot)*

Actividades:
A Lies die Speisekarte und höre die Aufnahme.
de primero	als Vorspeise, erster Gang
de segundo	als Hauptgericht
de postre	als Nachtisch

B Kannst du eine Liste von einigen Zutaten dieser Gerichte erstellen?

C Stell dir vor, du gehst in dieses Restaurant. Bestell dein Menü.

❸ Ernährung der Miteelmeerländer
entrevistar	befragen
famoso/a	berühmt
el dietetista	Ernährungswissenschaftler
el profesor	Professor
la moda	Mode(erscheinung)
la dieta mediterránea	Ernährung der Mittelmeerländer
en general	im Allgemeinen
el cordero	Lamm

V Vocabulario

cocinar	kochen
el cuarto (de litro)	Viertel(liter)
hacer dieta	eine Diät machen
preocupado/a	besorgt
mágico/a	magisch, Zauber...
solucionar	lösen
de dos maneras	auf zweierlei Art und Weise
el organismo	Organismus, Körper
unos dos litros y medio	etwa zweieinhalb Liter
el litro	Liter
medio/a	halb
o sea	das heißt
el líquido	Flüssigkeit
aportar	mitbringen
importante	wichtig
el calcio	Kalzium
el yogur	Jogurt
los lácteos	Milchprodukte
adulto/a	erwachsen
las mejores	die besten
opinar	meinen, denken
la comida rápida	„Fast food"
rápido/a	schnell
llamado/a	sogenannt
la sal	Salz
siendo vegetariano	als Vegetarier
por supuesto	selbstverständlich
el secreto	Geheimnis
combinar	kombinieren, miteinander verbinden
las legumbres	Gemüse
los cereales	Getreideprodukte
los dulces	Süßigkeiten
aves de corral	Geflügel
frutos secos	Trockenobst
las hortalizas	frisches Gemüse
el pan	Brot
la pasta	Nudeln
el arroz	Reis
el cuscús	Couscous
la polenta	Maisbrei, Polenta

la cebolla	Zwiebel
la carne de ternera	Kalbfleisch
el pollo	Hähnchen
la harina	Mehl
el pimiento	Paprika
el calamar	Tintenfisch
los mejillones	Miesmuscheln
los macarrones	Makkaroni
el gazpacho	*kalte Gemüsesuppe*
el cocido madrileño	*deftige Fleischbrühe mit Gemüse und Kichererbsen*
la escalopa milanesa	Mailänder Schnitzel
la tortilla	Kartoffelomelett
a la romana	in Eihülle gebacken
el flan	Karamelcreme

Stell dir nun vor, du bist im Restaurant „Casa Leonadro". Der Kellner (gespielt von einem anderen Kursmitglied) wird notieren, was jede/r von euch bestellt.

❷ Ist es Fleisch oder Fisch?
Das Essen Lateinamerikas und Spaniens ist sehr vielfältig. Daher ist es am besten, wenn man lernt, um genauere Angaben zu bitten. Frag deine/e Kursleiter/in nach folgenden Gerichten und unterstreiche diejenigen, die du probieren möchtest.

por tanto	daher, folglich
probar *(ue)*	probieren
el bacalao	Kabeljau
bacalao al pil pil	*baskisches Fischgericht*
angulas	Glasaale *(baskische Spezialität)*
pollo al chilindrón	*Hähnchen mit Tomaten-Pfeffer-Soße*
pulpo a la gallega	*Krakenstückchen in Öl, Salz und Paprika*
la fideuá	*valecianisches Paella-Gericht mit feinen Nudeln statt Reis*
calamares en su tinta	Tintenfische in ihrer Tinte
el cabrito	Zicklein
al horno	aus dem Backofen
pipirrana	*Salat aus Tomaten und Gurken*
el ajo	Knoblauch
ajo blanco	*kalte Suppe mit Knoblauch und Brotwürfeln*
la lubina a la sal	Seebarsch in Salzkruste
migas	*in Öl gebratene Brotstücke mit Zwiebeln und Schinken*
tortilla sacromonte	*Eierspeise aus Granada*
arroz a banda	*Gericht aus Reis, Fisch, Meeresfrüchten, die anders als bei der Paella separat serviert werden*
la zarzuela	*Gericht aus verschiedenen Fischsorten, Meeresfrüchten und Tomatensoße*
percebes	Entenmuscheln
cocochas	*bask. Fischgericht*
morteruelo	*Braten aus Schweineleber mit Gewürzen und geriebenem Brot*
pisto manchego	Gemüseeintopf
manchego/a	aus der Mancha

Actividades:
A Bevor du das Interview liest, werden wir sehen, wie unsere Ernährungsgewohnheiten sind. Stell einer Person aus dem Kurs die Fragen, die du auf der rechten Seite findest.

B Lies den Text und vergleiche die Antworten dieser Person mit der Information, die Doktor Rebollo gibt. Kannst du ihr einen Rat geben? Soll sie irgendeine Gewohnheit ändern?

LECCIÓN 26

❶ Einkäufe für das Tagesmenü
Der Koch von „Casa Leonardo" hat all diese Dinge gekauft, um das Menü von heute zuzubereiten. Was glaubst du ist in jedem Gericht? Nimm ein Wörterbuch zu Hilfe, wenn du willst, und stelle Vermutungen an. Besprich es danach mit den anderen Kursteilnehmer/innen.

por favor	bitte
un poco (más) de	(noch) etwas
otro/a	noch ein/e
vino rosado	Roséwein
el gas	Kohlensäure
el café solo	Espresso
el cortado	Espresso mit etwas Milch
la cuenta	Rechnung
asado/a	gebraten
frito/a	frittiert
hervido/a	gekocht, gedünstet
guisado/a	geschmort
a la brasa	gegrillt
fuerte	scharf
picante	scharf
graso/a	fett
¿Qué lleva?	Was ist darin?
llevar	beinhalten
¿Lleva salsa?	Ist Soße dabei?
la cantidad	Menge, Mengenangabe
suficiente	genug, genügend
no lleva arroz	es ist kein Reis dabei
no ... nada	kein/e/n
el peso	Gewicht
la medida	Maß
medio kilo	ein Pfund
medio litro	ein halber Liter
el atún	Thunfisch
la aceituna	Olive

❸ Gute und schlechte Gewohnheiten

Denk an die Ernährungsgewohnheiten in deinem Land. Danach kannst du, wenn du willst, noch einmal das Interview mit Dr. Rebollo lesen. Notiere auf diesen Zetteln drei gesunde und drei schlechte Gewohnheiten. Danach besprichst du es mit den anderen Kursteilnehmer/innen.

❹ Essen für den Ausflug

Familie Zalacán will vier Tage im Gebirge zelten. Es sind fünf Personen, drei Erwachsene und zwei Kinder. Sie nehmen das ganze Essen mit, denn dort gibt es keine Geschäfte. Das ist die Liste, die sie gemacht haben. Wie findest du sie? Haben sie etwas Wichtiges vergessen? Streiche Dinge durch oder füge welche hinzu und besprich es mit den anderen Kursteilnehmer/innen.

de acampada	beim Camping
el/la adulto/a	Erwachsene/r
tachar	durchstreichen
la mantequilla	Butter

LECCIÓN 27

❶ Die Kartoffeltortilla

Um etwas über die spanische Küche zu erfahren, lies diese Texte.

frío/a	kalt
caliente	warm, heiß
a media mañana	am Vormittag

la esquina	Ecke
a la hora de	bei, beim
el aperitivo	Aperitiv
el entrante	Vorspeise
el segundo plato	Hauptgericht
a media tarde	am Nachmittag
merendar (ie)	vespern
cenar	zu Abend essen
ir de picinic	ein Picknick machen
completo/a	vollständig
equilibrado/a	ausgewogen
la fécula	Stärke
vegetal	pflanzlich
el resumen	Zusammenfassung
perfecto/a	perfekt
la dificultad	Schwierigkeit
el ingrediente	Zutat
pelado/a	geschält
cortar	(klein-) schneiden
la rodaja	rundes Scheibchen
fino/a	dünn
picado/a	klein gehackt
la taza	Tasse
calentar	erhitzen
la sartén	Pfanne
echar	hinzufügen, hineingeben
salar	salzen
a fuego lento	auf kleiner Flamme
el fuego	Feuer
hasta que	bis
blandito/a	weich
mover	bewegen, umrühren
pegar(se)	festkleben
escurrir	abtropfen
batir	schlagen
añadir	hinzufügen
mezclar	mischen
poner (yo pongo)	geben
la cucharada	Löffel voll
la mezcla	Mischung
dejar	lassen
por cada lado	auf jeder Seite
dar la vuelta	umdrehen
el truco	Trick, Kniff
freír	braten
sacar	wegnehmen
un poquito	ein kleines bisschen

❷ Rezepte

Bildet kleine Gruppen. Jede Gruppe wird ein Rezept aufschreiben. Es kann ein einfaches Gericht sein oder etwas, was jemand zubereiten kann. Zuerst müsst ihr ein Gericht auswählen und diesen Zettel ausfüllen.

Nun wird das Rezept geschrieben. Beachtet das Tortillarezept, es kann euch als Muster dienen. Ihr könnt mit einem Wörterbuch arbeiten.

la olla	Pfanne
la cazuela	Topf

Vocabulario

la fuente	Schüssel, Platte
hervir	kochen, garen
asar	grillen
servir *(i)*	dienen (zu)
el modelo	Modell, Beispiel
la preparación	Zubereitung

❸ Die Einkaufsliste
Ein/e Kursteilnehmer/in einer anderen Gruppe wird zum Einkaufen geschickt. Ihr müsst ihm/ihr die Liste diktieren.

❹ Das „Kochbuch" der Klasse
Jede Gruppe erklärt der ganzen Klasse die Zubereitung des Rezepts, das sie aufgeschrieben hat. Am Ende können wir sie an die Pinwand heften oder alle Rezepte fotokopieren und ein Buch mit unseren Spezialitäten zusammenstellen.

LECCIÓN 28

me ha sentado mal algo	mir ist etwas schlecht bekommen
no estar nada bien	sich gar nicht wohl fühlen
el compañero de trabajo	Kollege
baratito/a	sehr preiswert
seguramente	bestimmt
rico/a	lecker
la ensalada	Salat
lo normal	das Übliche
el café con leche	Milchkaffee
el bocadillo	belegtes Brötchen
la manzanilla	Kamillentee
quizá	vielleicht
fatal	schrecklich

❶ Pepe Corriente ist eine ganz normale Person, ein Durchschnittsspanier.
Markiere die Dinge, die Pepe tut und die du nie tust. Bestimmt entdeckst du die eine oder andere typisch spanische Gepflogenheit.

❷ Gedichte
In der Gruppe sollt ihr mit Hilfe eines Wörterbuchs eine Liste der Begriffe erstellen, die euch zu einem bestimmten Lebensmittel einfallen, zum Beispiel Brot, Wein, Zitrone, Schokolade, Erdbeere ... Danach werden wir versuchen, mit diesen Wörtern ein Gedicht zu schreiben, so wie diese beiden Gedichte von Pablo Neruda.

la oda	Ode, Lobgedicht
por desgracia	leider
asesinar	töten, ermorden
se hunde el cuchillo	das Messer dringt ein
hundir	untergehen, eindringen
el cuchillo	Messer
la pulpa	Fruchtfleisch
viviente	lebendig
la víscera	Eingeweide
fresco/a	frisch

profundo/a	tief
inagotable	unerschöpflich
llenar	füllen
casarse	sich vereinigen
alegremente	fröhlich
claro/a	klar, durchsichtig
celebrar	feiern
dejarse caer	sich fallen lassen
caer *(yo caigo)*	fallen
escencial	wesentlich, Hauptsache
el olivo	Olivenbaum
el hemisferio	Halbkugel
entreabiertos	halb geöffnet
agregar	hinzufügen
la pimienta	Pfeffer
la fragancia	Duft
el magnetismo	Magnetismus
el planeta	Planet
destinado/a (a)	bestimmt (zu)
relucir	glänzen, leuchten
la constelación	Konstellation, Sternbild
constante	dauerhaft
redondo/a	rund
la rosa	Rose
la mesa	Tisch
pobre	arm

gente que viaja
LECCIONES 29, 30, 31, 32

Leute auf Reisen

> In dieser Lektionsfolge werden wir Reisen organisieren.
> Wir werden lernen
> – Termine, Uhrzeiten und Orte anzugeben,
> – Auskunft über Wegstrecken, Verkehrsmittel und Unterkunft einzuholen.

la agenda	Terminkalender
la fábrica	Fabrik
el localizador	*Buchungsnummer des Fluges*
el despacho	Büroraum, Arbeitszimmer
reservar	reservieren
ver	sehen, ansehen
la campaña	(Werbe-) Kampagne
la inauguración	Einweihung
la exposición	Ausstellung
fijar	festlegen
recoger	abholen
el traje	Anzug
la tintorería	Reinigung

❶ Der Terminkalender von Ariadna Anguera
Dies ist der Terminkalender von Ariadna Anguera, einer sehr dynamischen Führungskraft, die in Madrid lebt. Sie arbeitet für ein Unternehmen, das Büromöbel herstellt. Du möchtest mit ihr sprechen. Wann und wo kannst du sie treffen?

Schau jetzt die Fotos an. Es sind Dinge, die man normalerweise auf Reisen braucht. Welche brauchst du, wenn du verreist?

LECCIÓN 29

la leyenda	Legende
el apóstol	Apostel
Santiago	heiliger Jacob
estar enterrado/a	begraben sein
la Edad Media	Mittelalter
el peregrino	Pilger
cruzar	überqueren
los Pirineos	Pyrenäen
la tumba	Grab
a caballo	zu Pferd
por motivos religiosos	aus religiösen Gründen
la catedral	Kathedrale
pintoresco/a	malerisch
variado/a	vielfältig
cada pocos kilómetros	alle paar Kilometer
la posada	Herberge
donde	wo, in dem, in der
gratis	kostenlos
la ducha	Dusche
en total	insgesamt
la media	Durchschnitt
el Consejo de Europa	Europarat
definió	er erklärte ... zu
definir	definieren, bestimmen
el Camino de Santiago	Jakobsweg
como	als
el itinerario	Weg, Strecke
declarar	erklären (zu)
el Patrimonio Cultural de la Humanidad	Weltkulturerbe

❶ Der Jakobsweg

Actividades:
Schau dir die Landkarte an und lies die Informationen. So erfährst du, wer jeder Einzelne ist: Jaime, Santi, Jaume, Yago, Jack, Jacques, Jacob und Jim.

el punto	Punkt, Stelle
acaba de cruzar	er hat gerade überquert
acabar de + Inf.	etwas gerade getan haben
ya	schon
pasar por	gehen, fahren über/durch
estar a punto de	kurz davor sein
esta mañana	heute morgen

❷ Ein Spanischkurs in Granada

inscribirse	sich einschreiben
la llamada (telefónica)	Anruf, Telefongespräch
el curso	Kurs
intensivo/a	intensiv
la duración	Dauer
la visita guiada	Führung
la sevillana	Sevillana (Tanz)
ocuparse (de)	sich kümmern (um)
la reserva	Reservierung
el importe de la matrícula	Einschreibegebühr
optativo/a	freiwillig
incluido/a	inklusive
la forma de pago	Zahlungsweise
la transferencia bancaria	Überweisung
el giro postal	Postgiro

Actividades:
Lies den Prospekt und hör die Gespräche, um die folgenden Angaben zu ergänzen.

el folleto	Prospekt
el prefijo	Vorwahl
empezar (ie)	anfangen, beginnen
la dirección	Anschrift

LECCIÓN 30

❶ Ein Spiel: Oviedo – Sevilla – Oviedo
Eine bekannte Zigarettenfirma, Dromedar, hat eine Rallye durch einen Teil von Spanien organisiert. Ihr müsst kleine Gruppen von drei oder vier Personen bilden. Es gewinnt derjenige, der die Rundfahrt als erster beendet. Aber Achtung, die Verkehrsmittel und die Geschwindigkeit werden durch Würfeln folgendermaßen festgelegt:

si le sale un ...	wenn er/sie eine ... würfelt
la jugada	Spielrunde
recorrer	durchlaufen, durchfahren
siguiente	folgende/r
tendréis que esperar un turno	ihr müsst eine Runde aussetzen
esperar	warten
el turno	Runde
la gasolina	Benzin
la avería	Panne
el pinchazo	Reifenpanne

❷ Wann ist dein Geburtstag?
Kennst du die Geburtstage der anderen Kursteilnehmer/innen? Mal sehen, wer es schafft, in fünf Minuten die meisten Namen und Geburtstage wie in dem Beispiel zu notieren.

la distancia	Entfernung
la hora	Uhrzeit
¿Qué hora es?	Wie spät ist es?

❸ Hotel Picos de Europa
Du bist Empfangsangestellte/r eines kleinen Hotels in den Bergen.

Vocabulario

Das Hotel hat nur neun Zimmer. Einige Gäste möchten Reservierungen vornehmen, ändern oder bestätigen. Hör die Aufnahme. Welche Änderungen oder Bemerkungen musst du im Reservierungsbuch notieren?

❹ Von 9 bis 14 Uhr
Welche von diesen Gebäuden und Einrichtungen sind in diesem Moment, während ihr im Unterricht seid, geöffnet?

la clínica dental	Zahnklinik
la gestoría	*Verwaltungsagentur*
el arenque	Hering
el arte marcial	Kampfsportart
el acuario	Aquarium

Sind diese Öffnungszeiten ähnlich wie die in deinem Land oder ganz verschieden?

LECCIÓN 31

❶ Eine Geschäftsreise
Ihr habt euch in die Sekretäre/innen von Herrn Berenstain verwandelt. Er ist ein leitender Angestellter, der in Frankfurt arbeitet und viel reist. In Zweiergruppen sollt ihr für ihn eine Reise nach Spanien organisieren: Sucht die Flüge aus. Ihr kennt seinen Terminkalender, seine „Marotten" und habt außerdem ein Fax mit den Flugzeiten.

próximo/a	nächste/r
el Paseo de la Castellana	*große Straße in Madrid*
de noche	nachts
céntrico/a	zentral gelegen
a la hora	pünktlich
pronto	bald
de día	tagsüber
alumnos de español	Spanischlerner
la salida	Abflug
la llegada	Ankunft
el código	Code, Abkürzung

Macht nun die Reservierung. Der/Die Kursleiter/in spielt den Angestellten des Reisebüros.

❷ Das Hotel
Ihr müsst auch ein Hotel reservieren. Das sind die Hotels, die das Reisebüro euch vorschlägt. Welches wollt ihr reservieren? Hört die Aufnahme, um noch mehr Informationen zu erhalten.

el paso	Schritt
la Ciudad Universitaria	Universtätscampus
el centro de negocios	Einkaufszentrum
el aire acondicionado	Klimaanlage
bien comunicado/a	verkehrsgünstig gelegen
la estrella	Stern
especial	besonders
la caja fuerte	Tresor
la antena parabólica	Satellitenschüssel

el jacuzzi	Whirlpool
la situación estratégica	günstige Lage
la relación	(Verkehrs-) Verbindung
Chamartín	*Bahnhof in Madrid*
el Recinto Ferial	Messegelände
la carretera	Landstraße
el aparcamiento	Parkplatz, Parkhaus
propio/a	eigen

Jetzt ruft eine/r von euch an, um das Zimmer für Herrn Berenstain zu reservieren. Ein/e andere/r spielt die/den Empfangsangestellte/n.

❸ Ein Fax für den Chef
Ihr müsst auch den Text für ein Fax an euren Chef vorbereiten, in dem ihr ihm den Reiseverlauf erklärt.

Da es seine erste Reise nach Spanien ist, könnt ihr ihm einige Empfehlungen und nützliche Informationen geben.

LECCIÓN 32

raro/a	eigenartig
descubrir	entdecken
actuar	handeln
comunicarse	miteinander reden
la multinacional	internationales Unternehmen
los nórdicos	Nordeuropäer
curioso/a	sonderbar
aburrido/a	langweilig
tomar algo	etwas trinken gehen
picar unas tapas	Häppchen essen
la tapa	Appetithäppchen
ruidoso/a	laut
la contaminación	Abgase, Umweltverschmutzung
el negocio	Geschäft
el sándwich	belegtes Brot
respecto a	in Bezug auf
el malentendido	Missverständnis
reunirse	sich zusammensetzen
llevar	mitbringen
al mismo tiempo	gleichzeitig
responsable	verantwortlich, verantwortungsbewusst
soso/a	fad
afectivo/a	gefühlsbetont
tener razón	Recht haben
peor	schlechter
simplemente	nur einfach
extranjero/a	fremd, ausländisch
relacionarse	miteinander in Beziehung treten
sentir *(ie)*	empfinden

❶ Wie denkt eine Führungskraft aus deinem Land? Wie Herr Wais oder wie Herr Blanco?

gente de ciudad

LECCIONES 33, 34, 35, 36

Leute aus der Stadt

> Wir werden über die Probleme einer Stadt diskutieren und Prioritäten für ihre Lösung aufstellen.
> Dazu werden wir lernen
> – Orte zu beschreiben, zu vergleichen und zu bewerten,
> – unsere Meinung zu äußern und zu diskutieren.

❶ Vier Städte, in denen man Spanisch spricht.

Auf welche Städte glaubst du beziehen sich diese Informationen? Einige können sich auf mehrere Städte beziehen. Kreuze die entsprechenden Kästchen an.

el área (f)	Gebiet, Umgebung
metropolitano/a	hauptstädtisch
la Feria de Abril	*Volksfest in Sevilla*
la vida nocturna	Nachtleben
la capital	Hauptstadt
el nivel del mar	Meeresspiegel
la Plaza de Mayo	*Platz in Zentrum von Buenos Aires*
la Casa Rosada	*Regierungsgebäude in Buenos Aires*
la sede del Gobierno	Regierungssitz
el puerto	Hafen
la industria pesquera	Fischerei, Fischindustrie
la industria	Industrie
pesquero/a	Fisch...
tabacalero/a	Tabak...
el recurso económico	Einnahmequelle
económico/a	wirtschaftlich, Wirtschafts...
administrativo/a	Verwaltungs...
la costa	Küste

Vergleiche deine Antworten mit denen der anderen Kursteilnehmer/innen.

LECCIÓN 33

❶ Lebensqualität

la encuesta	Umfrage
la calidad de vida	Lebensqualität
la calidad	Qualität
el/la ciudadano/a	Bürger/in

Actividades:

A Fülle zuerst allein den Fragebogen aus. Lies danach deine Antworten und gib der Stadt oder dem Dorf eine allgemeine Zensur (maximal 10, minimal 0).

B Informiere die anderen Kursteilnehmer/innen über deine Entscheidung. Erkläre ihnen warum, indem du die positiven und negativen Aspekte nennst, die du für die wichtigsten hältst.

el urbanismo	Städtebau
el tamaño	Größe, Umfang
funcionar	funktionieren
los transportes (públicos)	(öffentliche) Verkehrsmittel
la educación	Bildung, Erziehung
la sanidad	Gesundheitswesen
el colegio	Gymnasium
la guardería	Kindergarten, -tagesstätte
el servicio sanitario	Gesundheitseinrichtung
el ocio	Freizeit, Muße
la conferencia	Vortrag
el ambiente nocturno	Nachtleben
los alrededores	Umgebung
la ecología	Umweltschutz
la zona verde	Grünanlage
el jardín	Garten
el parque	Park
llover	regnen
el comercio	Handel
participativo/a	anteilnehmend, engagiert
la droga	Droge
la delincuencia	Kriminalität
la violencia	Gewalt
discriminar	diskriminieren
lo peor	das Schlimmste
faltar	fehlen

❷ Zwei Städte zum Leben

Actividades:

A Was ist das Wichtigste für dich in einer Stadt? Geh noch einmal die Aspekte (Umwelt, Klima etc.) des Fragebogens von 1 durch und erstelle deine Prioritätenliste.

B Lies die Texte und entscheide, wo du lieber zwei Jahre verbringen würdest. Erkläre den anderen Kursteilnehmer/innen die Gründe für deine Wahl.

situado/a	gelegen
al norte de	im Norden von
los Andes	die Anden
el Océano Pacífico	Pazifischer Ozean
templado/a	gemäßigt
sudamericano/a	südamerikanisch
el Pacífico	Pazifik
intenso/a	stark, intensiv
industrial	Industrie...
el atractivo	Anziehungspunkt
el cerro	Hügel
rodear	umgeben
crecer (zc)	wachsen
la colina	Hügel
adaptarse	sich anpassen
el relieve	Relief
estrecho/a	eng
empinado/a	steil, abschüssig
el ascensor	Aufzug

Vocabulario

el encanto	Zauber
especial	besondere/r/s
colorido/a	bunt, farbig
el anfiteatro	Amphitheater
recibir	erhalten, erfahren
la influencia	Einfluss
instalarse	sich einrichten, einziehen
tropical	tropisch
la temperatura media	Durchschnittstemperatur
sin lugar a dudas	zweifellos
la duda	Zweifel
colonial	im Kolonialstil
declarar	erklären (zu)
por una parte	auf der einen Seite
militar	militärisch, Militär...
por otra (parte)	andererseits
junto a	nahe bei, neben
el casino	Kasino
por último	schließlich
islas del Rosario	*Inselgruppe,*
	Teil des Nationalparks
el complejo	Gruppe, Komplex
el islote	Inselchen
la playa coralina	Korallenriff
formar parte de	Teil sein von
natural	Natur...
el evento	Ereignis
el Caribe	Karibik
reunir	zusammenführen, vereinen
representativo/a	repräsentativ, typisch
el ritmo	Rhythmus
caribeño/a	karibisch
reggae, salsa, socca	*karibische Musikrichtungen*
acogedor/a	herzlich, freundlich

LECCIÓN 34

❶ Villajuan, Aldehuela und Rocalba
In den Büros der Gemeindeverwaltung hat es ein Durcheinander mit einigen statistischen Daten über diese drei Städte gegeben. Kannst du behilflich sein?

el doble	doppelte Menge

Jetzt werden wir alle Dienstleistungen der drei Städt vergleichen. Ein/e Kursteilnehmer/in vergleicht zwei Städte, aber ohne den Namen der ersten zu sagen. Mal sehen, wer am schnellsten rät, von welcher Stadt die Rede ist.

❷ Städte der Welt
Ein/e Kursteilnehmer/in sagt etwas über einen Ort (ein Land, eine Stadt, eine Region oder ein Dorf), den die anderen kennen könnten. Die übrigen raten, um welchen Ort es sich handelt.

el rascacielo	Wolkenkratzer
Nueva York	New York
comparar	vergleichen
más ... que	mehr ... als

indicar	angeben
la superioridad	Überlegenheit
la igualdad	Gleichheit
tan + *Adj.* como	so ... wie
la oración de relativo	Relativsatz
en la que	in der
que	der, die, den, das
La Habana	Havanna
ma gustaría	ich würde gern
con	mit
contigo	mit dir

❸ Mir gefallen große Städte
Welche Art von Städten gefallen dir? Ergänze die folgenden Sätze.

Jetzt erstellt alle zusammen an der Tafel eine Liste mit euren Vorlieben. Ausgehend von euren Vorschlägen können wir „unsere ideale Stadt" beschreiben.

❹ Paris, London oder Rom?
Wähl Städte aus, um die Sätze zu vervollständigen.

Moscú	Moskau
Ciudad del Cabo	Kapstadt
Ginebra	Genf
Viena	Wien
Jerusalén	Jerusalem
Taipeh	*ehem. Hauptstadt von Formosa*
Calcuta	Kalkutta
Londres	London
la temporada	Zeit(lang), Zeitraum

❺ Land oder Stadt?
Denk an die Vor- und Nachteile, auf dem Land oder in der Stadt zu leben. Hier sind einige Ideen. Wähl eine von ihnen aus oder formuliere deine eigene Meinung. Notiere danach die Namen der anderen Kursteilnehmer/innen, mit denen du einer Meinung bist.

cerrado/a	verschlossen
aburrirse	sich langweilen
sentirse *(ie)*	sich fühlen
la intimidad	Intimität

LECCIÓN 35

❶ Villarreal
Villareal ist eine Fantasiestadt, die einigen kleinen spanischen Städten gleicht. Lies diese Informationen, die vor kurzem die örtliche Presse publiziert hat. Du wirst zusammen mit den anderen Kursteilnehmer/innen wichtige Entscheidungen für die Zukunft der Stadt treffen.

el índice de paro	Arbeitslosenquote
el índice	Index
la población activa	berufstätige Bevölkerung
la población	Bevölkerung
existir	existieren, bestehen
la línea de autobús	Buslinie

el casco antiguo	Altstadt
el casco	Stadtkern
producirse	entstehen, vorkommen
con frecuencia	oft
grave	schwerwiegend, bedeutend
la capacidad	Aufnahmefähigkeit, Kapazität
crear	gründen, einrichten
la zona peatonal	Fußgängerzone
criticar	kritisieren
los comerciantes	Geschäftsleute
el comercio	Handel
instalar	installieren, einrichten
la superficie comercial	Einkaufszentrum
la crisis	Krise
el permiso de construcción	Baugenehmigung
en muy mal estado	in sehr schlechtem Zustand
el estadio	Stadion
descubierto/a	offen, nicht überdacht
el baloncesto	Basketball
el gimnasio	Turnhalle
la vivienda	Wohnung
desocupado/a	unbewohnt, leerstehend
el alquiler	Miete
representar	darstellen, bedeuten
el ingreso	Einkommen, Einnahme
privado/a	privat
púbico/a	öffentlich
la enseñanza secundaria	Oberstufe
provincial	Provinz...
la clínica	(Privat-) Klinik
el toxicómano	Süchtiger
estimar	schätzen
en la actualidad	zur Zeit
el centro de atención	Betreuungszentrum
la residencia	(Alters-) Heim
el/la anciano/a	alter Mann, alte Frau
la seguridad	Sicherheit
el polígono industrial	Industrieviertel
el plástico	Plastik
contaminar	verschmutzen, vergiften
urgente	dringend, eilig

Hör nun eine Radio-Umfrage. Schreibt auf, welche Probleme die Stadt hat.

Bildet Dreiergruppen und entscheidet, welches die vier dringlichsten Probleme der Stadt sind. Anschließend informiert ihr die Klasse darüber.

❷ Die Finanzen von Villareal
Jetzt müssen Haushaltspläne für das nächste Jahr gemacht werden. In Gruppen: seht euch den Stadtplan an, geht noch einmal den Zeitungsartikel durch und die Notizen, die ihr bei der Umfrage gemacht habt.
Ihr verfügt über einen Etat von 1.000 Millionen „Villareales", um in neue Infrastruktur zu investieren. Wie viel gebt ihr für jeden Posten aus?

las finanzas	Finanzen
el presupuesto	Budget

el informe	Bericht
disponer de (yo dispongo)	verfügen über
invertir (ie)	investieren
destinar	widmen, zuschreiben
el concepto	Begriff, Aspekt

Ein Gruppensprecher wird das Budget seiner Gruppe in einer Sitzung des Rathauses verteidigen. Ihr anderen könnt es kritisieren.

❸ Veränderungen in unserer Stadt
Und euer wirkliches Dorf oder eure Stadt? Welche Veränderungen hat sie nötig? Erstellt eine Liste.

LECCIÓN 36

la avenida	Allee
el paseo	Promenade
el callejón	Gasse
la luz	Licht
el semáforo	Ampel
la sirena	Sirene
el mercado	Markt
el hipermercado	großer Supermarkt
la camioneta	Lieferwagen
el claxón	Hupe
la voz	Stimme
el perro	Hund
el canario	Kanarienvogel
el/la enfermero/a	Krankenpfleger/-schwester
el/la empresario/a	Unternehmer/in
el mecánico	Mechaniker
el cura	Priester
el obrero	Arbeiter
la antena	Antenne
el cartel	Schild
el neón	Neonlicht
el cabaret	Kabarett
la taberna	Kneipe
el chiringuito	Strandbar
la ventana	Fenster
la puerta	Tür
el portal	Tor
la entrada	Eingang
la salida	Ausgang
el ruido	Lärm
el humo	Rauch
el olor	Geruch
la noticia	Nachricht
el mendigo	Bettler
la prostituta	Prostituierte
el yonki	Drogensüchtiger
el bombero	Feuerwehrmann
el travesti	Transvestit
el banquero	Bankier
la alegría	Freude
la esperanza	Hoffnung
el sótano	Untergeschoss
el amor	Liebe

Vocabulario

el desamor	Lieblosigkeit
la raza	Rasse

❶ Sieh dir diese Fotos an.
Sie sind von drei lateinamerikanischen Städten: Oaxaca (Mexiko), Buenos Aires (Argentinien) und Baracoa (Cuba). Wie glaubst du sind sie? Mit welchen Elementen dieser Liste verbindest du jede von ihnen?

asociar	verbinden
misterioso/a	rätselhaft
el espectáculo	Aufführung, Theater
la sala	Saal
el enclave	Enklave
arqueológico/a	archäologisch

❷ Jetzt höre drei Personen, die über diese Städte sprechen.
Überprüfe, ob du Recht hattest. Ist es das, was du in Übung 1 vermutet hattest?

❸ Deine Stadt
Wenn du willst, kannst du den anderen Kursteilnehmer/innen die Besonderheiten deiner Stadt oder deines Herkunftsortes erläutern.

gente en casa

LECCIONES 37, 38, 39, 40

Leute zu Hause

> **W**ir werden eine spanische Familie in ihrem Haus besuchen.
> Wir werden lernen
> – uns zu begrüßen und zu verabschieden,
> – jemanden vorzustellen,
> – uns für unsere Freunde und deren Familienmitglieder zu interessieren.

❶ Wohin stellen wir das?
Familie Velasco Flores ist umgezogen. Jetzt holen sie gerade die Möbel aus dem Möbelwagen. Du und ein/e andere/r Kursteilnehmer/in sollt entscheiden, wohin ihr einige Dinge stellt. Vergleicht danach eure Ergebnisse mit denen einer anderen Zweiergruppe.

la mesilla	Nachttisch, -schränkchen
el televisor	Fernsehapparat
el sillón	Sessel
el armario	Schrank
es espejo	Spiegel
la silla	Stuhl
el sofá	Sofa
la estantería	Regal
la mesa	Tisch

la terrazza	Terrasse
el estudio	Studio, Arbeitszimmer
la cocina	Küche
el recibidor	Diele
el (cuarto de) baño	Badezimmer
el pasillo	Flug, Gang
el salón	Wohnzimmer
el comedor	Esszimmer

In welcher Art von Häusern glaubst du lebt die Mehrheit der Spanier? In Häusern wie A, wie B...?

LECCIÓN 37

❶ Ein Film: zu Besuch bei Freunden

de visita	zu Besuch
residente en	wohnhaft in
el diálogo	Dialog
debajo de	unter, unterhalb von
el fotograma	Standbild *(aus Film)*

Actividades:

A Wer spricht in jeder Situation? Schreibe vor jeden Satz den Anfangsbuchstaben des Namens der Person, die ihn sagt.

B Beobachte, was diese Personen tun und sagen. Was wäre anders in einer ähnlichen Situation in deinem Land?

la letra inicial	Anfangsbuchstabe
hola	hallo
¿Qué tal?	Wie geht's?
muy bien	sehr gut
gracias	danke
pasad, pasad	kommt rein
por aquí	hier entlang
adelante	herein, vorwärts
pon *(Inf. poner)*	stelle
poner *(yo pongo)*	setzen, stellen, legen
el frigorífico	Kühlschrank
si no hacía falta	das war doch nicht nötig
la sobrina	Nichte
mucho gusto	sehr erfreut
encantado/a	sehr erfreut, angenehm
sentaos	setzt euch
sentarse *(ie)*	sich hinsetzen
enseñar	zeigen
buenas noches	guten Abend
ven *(Inf. venir)*	komm
te presento a ...	darf ich dir ... vorstellen
presentar	vorstellen
se está haciendo tarde	es ist schon spät
irse	weggehen, nach Hause gehen
madrugar	früh aufstehen
quedar	sich verabreden, sich treffen

❷ Wohnung zu vermieten

en alquiler	zu vermieten
amplio/a	groß, geräumig
el piso	Wohnung

la zona residencial	Wohngebiet
el vestíbulo	Diele, Eingangshalle
común	gemeinsam
comunitario/a	gemeinschaftlich
la calefacción	Heizung
opcional	freiwillig, nach Wahl
luminoso/a	hell, mit viel Licht
soleado/a	sonnig

Actividades:

A Schau die Anzeigen an. Worin unterscheiden sich die beiden Wohnungen?

B Hör das Telefongespräch und sage:
– Bei welcher glaubst du hat er/sie angerufen?
– Was wird er/sie tun? Warum?

C Hör das Gespräch in der Wohnung. Weißt du jetzt mehr über die Wohnung? Glaubst du, dass sie gut ist? Warum?

LECCIÓN 38

❶ Anschriften
Du wirst vier Gespräche hören, in denen einige Spanier ihre Adressen angeben. Es sind vier von den folgenden. Welche?

Hast du auf die Abkürzungen geachtet? Kannst du jetzt alle Anschriften auf der Liste lesen?
Anschließend könnt ihr, wenn ihr wollt, mit zwei oder drei anderen Kursteilnehmer/innen üben. Ihr fragt sie nach ihrer Anschrift und schreibt sie auf.

❷ Die erste rechts
Schau diesen Plan an und suche eine der angegebenen Adressen von 1 bis 10 aus (ohne zu sagen welche). Du sollst einem anderen Kursmitglied erklären, wie man dorthin kommt. Er oder sie muss raten, welche Adresse du ausgesucht hast.
Wir stellen uns vor, dass wir von der „Plaza de España" losgehen.

sigue por esta calle	geh diese Straße weiter
seguir	weitergehen, fortfahren
todo recto	geradeaus
el final	Ende

Wenn du willst, erkläre jetzt den anderen Kursteilnehmer/innen, wie sie von der Schule zu dir nach Hause kommen.

❸ Ist Alexander da?
Hör diese Gespräche und ergänze die Tabelle.

el imperativo	Befehlsform, Imperativ
la instrucción	Anweisung
el permiso	Erlaubnis
por	entlang
tercer/o/a	dritte/r/s
la dirección	Richtung; Anschrift
la estrella	Stern
bajar	aussteigen
cambiar	umsteigen
coger	nehmen

la línea	Linie
el gerundio	Verlaufsform, Gerundium
la sed	Durst
el helado	Eis
el refresco	Erfrischungsgetränk
estar	da sein, anwesend sein
¿De parte de quién?	Wer ist am Apparat?
ponerse	ans Telefon kommen
el recado	Nachricht
dejar un recado	eine Nachricht hinterlassen

❹ Du oder Sie?
Beobachte, welche Anrede die Personen dieser Zeichnungen wählen und markiere in den Texten, was dir geholfen hat, das herauszufinden.

¿Perdone?	Wie bitte?
la Facultad	Fakultät, Universität

Die Wahl zwischen „du" oder „Sie" ist sehr schwierig. Sie hängt von vielen Faktoren ab. Schau dir die Situationen auf den vorherigen Zeichnungen an. Warum entscheidet sich jede Person für die eine oder andere Anredeform? Welche Faktoren glaubst du spielen eine Rolle?
Wäre es in deiner Sprache in diesen Situationen ebenso?

Höre nun andere Gespräche und achte darauf, ob „du" oder „Sie" verwendet wird. Oder „ihr" oder „Sie", wenn es Mehrzahl ist.

LECCIÓN 39

❶ Gäste zu Hause: ein Telefonanruf
Arbeitet zu zweit. Ihr werdet telefonieren und die Rollen der beiden Zettel einnehmen.

lo que mejor les vaya a ellos	was ihnen am besten passt
inventar	erfinden, sich ausdenken
tomar notas	Notizen machen
estupendo/a	prima, toll
el ofrecimiento	Angebot
entregar	überreichen
el obsequio	Geschenk, Mitbringsel
¿Por qué os habéis molestado?	Das war doch nicht nötig!
molestarse	sich die Mühe machen
el cumplido	Kompliment
darle recuerdos a alguien	jemanden grüßen
de mi parte	von mir

❷ Der Besuch: Vorbereitung des Drehbuchs
Arbeitet jeweils zu zweit an einer der beiden Rollen: entweder ihr stellt Juan Ramón bzw. Elisa mit Partern/in dar, oder die beiden Ausländer. Was werdet ihr sagen? Dies ist die ungefähre Abfolge des Besuchs (ihr könnt noch andere Dinge mit aufnehmen):

el saludo	Begrüßung
el anfitrión	Gastgeber
el huésped	Gast
la alusión	Anspielung

Vocabulario

la despedida	Abschied
la tarta	Torte, Kuchen
insistir	darauf bestehen
venga (*Inf.* venir)	los, komm

❸ Der Besuch: auf die Bühne

Jede Vierergruppe stellt die Szene unter sich dar, so als ob es eine Probe für einen Film wäre.
Am Schluss spielt eine Gruppe von Freiwilligen vor Publikum. Dein/e Kursleiter/in oder ein anderes Kursmitglied spielt den Regisseur.

LECCIÓN 40

la agencia inmobiliaria	Immobilienagentur
transcurrir	verlaufen, vergehen
alquilar	vermieten
la competencia	Konkurrenz
el/la profesional	Berufstätige/r
huy	hui, pfui, au
guapo/a	hübsch, gutaussehend
aspirar a	anstreben, hoffen auf
por su parte	seinerseits
atender (ie)	sich kümmern um, bedienen
la clientela	Kundschaft
el contrato	Vertrag
la exigencia	Anspruch
cuidar	pflegen, versorgen
los gastos	Kosten
exigente	anspruchsvoll
recordar (ue)	sich erinnern
ayer	gestern
el espacio	Raum, Platz
el billar	Billard(tisch)
alquileres	Vermietungen
el chalet unifamiliar	Einfamilienhaus
el edificado	bebaute Fläche
la biblioteca	Bibliothek
el garaje	Garage
la galería-lavadero	Waschraum
la bodega	Weinkeller
la vista	Aussicht
la sierra	Gebirge
el terreno	Grundstück
construido/a	bebaut
la chimenea	Kamin
la cocina office	Anrichteraum
ajardinado/a	Garten...
el solar	Grundstück
la sala de juegos	Spielraum
el cuarto de lavado	Waschraum
el trastero	Abstellkammer
la casa adosada	Reihenhaus
la planta baja	Erdgeschoss
el aseo	Toilette
particular	Einzel...
a dos niveles	auf zwei Ebenen
el baño completo	Badezimmer (*mit Badewanne*)

la salida	Ausgang
el armario empotrado	Einbauschrank
la habitación doble	Doppelzimmer
el balcón	Balkon
el parquet	Parkett, Holzfußboden
el terrazo	*mosaikartiger Fußbodenbelag*
exterior	außen gelegen
totalmente	komplett, total
renovado/a	renoviert

❶ Wer glaubst du wird diese Wohnungen wählen?

❷ Du wirst nach Barcelona gehen und dort leben.

Ein Freund empfiehlt dir diese Wohnungen. Gefallen sie dir? Welche Dinge brauchst du und welche nicht?

frente a	gegenüber von
extenso/a	weit, ausgedehnt
privilegiado/a	bevorzugt
excepcional	außergewöhnlich
inmejorable	unübertroffen
el pulmón	Lunge
natural	natürlich
rodeado de	umgeben von
el recreo	Freizeit, Pause, Erholung
la puerta de acceso	Eingangstür
blindado/a	gepanzert
equipado/a	eingerichtet
alto/a	hoch
bajo/a	niedrig
el horno	Herd
eléctrico/a	elektrisch
la campana extractora	Dunstabzugshaube
el microondas	Mikrowelle
el vídeo-portero	video-überwachter Eingang
el Puerto Olímpico	Olympiahafen

gente e historias

LECCIONES 41, 42, 43, 44

Leute und Geschichten

Wir werden die Biografie einer Person unseres Landes schreiben.
Wir werden lernen
– uns auf biografische und historische Daten zu beziehen,
– die Ereignisse in ihrer Zeit zu situieren,
– die Begleitumstände anzugeben, unter denen sie geschahen.

❶ Wichtige Daten

Kannst du jede Zeitungsüberschrift dem entsprechenden Datum zuordnen? Vergleiche anschließend deine Antworten mit denen der anderen Kursteilnehmer/innen.

la caída	Fall	las afueras	Umgebung
el muro	Mauer	en el interior	drinnen
perfectamente	perfekt, genau	pasarlo bien	sich amüsieren
la coronación	Krönung	Balas sobre Broadway	„Kugeln überm Broadway"
Juan Carlos I	*König von Spanien*	encontrarse con	treffen auf
la inauguración	Eröffnung, Einweihung	la manifestación	Demonstration, Kundgebung
los Juegos Olímpicos	Olympische Spiele	por	wegen, für, zugunsten von
el golpe de estado	Staatsstreich	unirse a	sich anschließen
contra	gegen	la marcha	Marsch
el ingreso	Beitritt, Eintritt	bajar	hinuntergehen
la Unión Soviética	Sowjetunion	terminar	enden, beenden
el asesinato	Ermordung, Mord	el silencio	Schweigen, Ruhe
el acuerdo	Abkommen	puesto/a	eingeschaltet
la retirada	Rückzug	las elecciones	Wahlen
los EE.UU. (*Estados Unidos*)	USA	las noticias	Nachrichten
la conferecia	Konferenz	la gira	Tournee, Rundreise
el éxito	Erfolg		
la luna	Mond		

❷ Und in deinem Land?

Gibt es ein besonders wichtiges Datum in deiner Stadt, deinem Land?

LECCIÓN 41

❶ 1953, 1978, 1995: Tagebücher von spanischen Jugendlichen

pertencer	gehören
el/la jubilado/a	Rentner/in
nacido/a	geboren
técnico de telecomunicaciones	Fernmeldetechniker

Actividades:

Welches Foto gehört zu welchem Tagebuch? Warum? Besprich es mit einem der anderen Kursteilnehmer/innen.

Encuentros en la tercera fase	„Begegnungen der dritten Art"
Cantando bajo la lluvia	„Singing in the Rain" (Amerik. Film)
la película muscial	Musikfilm
al salir	beim Gehen
la firma	Unterschrift
el paso	Schritt
la entrada	Eintritt, Beitritt
el futbolista	Fußballspieler
hacía mucho frío	es war sehr kalt
entrar	hineingehen, eintreten
el churro	in Fett gebackener Kringel
la sesión	Vorstellung
el Corte Inglés	*span. Kaufhauskette*
aún	noch
que	denn
el informe semanal	Wochenbericht
el bebé probeta	Retortenbaby
la constitución	Verfassung
el referendum	Referendum, Volksbefragung
ponerse a	anfangen zu
la urbanización	Neubausiedlung

❷ Vergangene Zeiten

Actividades:

Wir haben einige Texte gelesen, in denen drei verschiedene Verbformen vorkommen, um über die Vergangenheit zu sprechen. Es sind: das Perfekt (das wir schon kennen), das Indefinido und das Imperfekt.

Eine dieser Formen gebraucht man mit dem Adverb **ayer**, eine andere mit **hoy** und eine mit beiden. Weißt du, zu welcher Zeitform welches Adverb gehört? Schreib es unter die entsprechende Spalte.

Jetzt können wir die verschiedenen Vergangenheitszeiten identifizieren. Wann sie gebraucht werden, lernen wir nach und nach.

LECCIÓN 42

❶ Wichtige Jahre im Leben unserer Gruppe

Ergänze mit den anderen Kursteilnehmer/innen die unten stehende Tabelle mit den wichtigen Daten aus eurem Leben.

abajo	unten
divorciar(se)	sich scheiden lassen
jubilarse	in Rente gehen

❷ Erinnerungen im Radio

Javier Burgos spricht über seine Erinnerungen. Mach Notizen von dem, was er sagt, und von dem Jahr, in dem es geschah.

❸ Wie war das Leben in deiner Kindheit?

Erstelle eine Liste mit den Dingen, die es noch nicht gab, als du Kind warst. Besprich es danach mit den anderen Kursteilnehmer/innen.

la infancia	Kindheit
el pretérito indefinido	Indefinido, historische Vergangenheit
el pretérito imperfecto	Imperfekt
el acontecimiento	Ereignis

165

Vocabulario

el marcador	Signalwort, Markierer
la circunstancia	Begleitumstand
el contraste	Gegensatz
entonces	damals, dann (also)
en esa época	zu der Zeit
la época	Zeit (-raum), Epoche
relacionar	verbinden
así que	daher, also, folglich

❹ Um 7 Uhr 45 ist er weggegangen

Valerio Luzán hat heute Morgen folgende Dinge gemacht. Ein Privatdetektiv folgt ihm und notiert, wohin er geht.

vuelve a entrar	er geht wieder hinein
volver a + *Inf.*	etwas wieder tun
llamar al timbre	klingeln
parar	anhalten
a su lado	neben ihm

Schreibe du nun den Bericht des Detektivs und verwende dabei das Perfekt.

Jetzt hör zu, was Valerio um 9 Uhr 45 seinen Kollegen erklärt. Kannst du den Bericht mit den folgenden Begleitumständen und Signalwörtern ergänzen?

la llave	Schlüssel
el paraguas	Regenschirm

LECCIÓN 43

❶ Persönliche Geschichten von Spaniern

Wie könnte die Lebensgeschichte der Personen auf den Zeichnungen lauten? In Dreiergruppen: jede Gruppe wählt eine Person und konstruiert ihre Geschichte. Wie das geht? Mit Hilfe der Sätze aus den Listen A, B, C, D und E: nimm, welche du willst. Du kannst sie auch nach deinem Geschmack verändern.
Wenn die Geschichte fertig ist, liest sie ein/e Kursteilnehmer/in aus jeder Gruppe laut vor. Der Rest der Klasse hört zu und muss raten, zu welcher Person sie gehört.

anarquista	anarchistisch
la provinicia	Provinz
el pueblecito	kleines Dorf
gallego/a	galicisch
Finisterre	*Kap, Landzunge in der Provinz La Coruña*
el pescador	Fischer
el campesino	Bauer
pobre	arm
la burguesía	Bürgertum
de niño/a	als Kind
educarse	erzogen werden
libertario/a	freiheitlich, unabhängig
el Pirineo aragonés	*Teil der Pyrenäen, der nach Aragón reicht*
estudiar bachillerato	das Abitur machen

el bachillerato	Abitur
el cuerpo de funcionarios	Beamtentum
Correos	Post(amt)
estallar	ausbrechen
la guerra civil	Bürgerkrieg
la guerra	Krieg
alistarse	sich freiwillig melden
el/la voluntario/a	Freiwillige/r
la milicia	Miliz
la república	Republik
el/la compañero/a	Lebensgefährte/in
la democracia	Demokratie
formar	gründen
ecologista	ökologisch, Umwelt...
la libertad de asociación	Versammlungsfreiheit
la libertad	Freiheit
político/a	politisch
sindical	gewerkschaftlich
trasladarse	umziehen, umsiedeln
la cárcel	Gefängnis
participar	teilnehmen
constante	andauernd
la lucha	Kampf
la postguerra	Nachkriegszeit

Wir können die Biografien mit diesem Abschnitt ergänzen: „Wir haben mit ihm/ihr gesprochen und er/sie hat gesagt, dass er/sie sich besonders an folgende Ereignisse erinnert, die er/sie mit besonderem Interesse erlebt hat..."

el bombardeo	Bombardierung
la independencia	Unabhängigkeit
Argelia	Algerien
la boda	Hochzeit
la Revolución de los Claveles	Nelkenrevolution
la muerte	Tod
la legalización	Legalisierung, Zulassung
el Partido Comunista	Kommunistische Partei
el partido	Partei
la huelga	Streik
la solidaridad	Solidarität
el astillero	Werft
Gdansk	Danzig
Polonia	Polen
el intento	Versuch
Tejero	*Anführer des Staatsstreichs von 1981*

❷ Eine uns bekannte Persönlichkeit

Jetzt werden wir die Geschichte einer Person schreiben, die wir kennen. Bildet Gruppen je nach euren Vorlieben:

conocido/a	bekannt, berühmt
anónimo/a	anonym, unbekannt
representativo/a	repäsentativ, typisch für
el círculo	Kreis
adecuado/a	passend, angemessen
cuando tenía ... años	als er/sie ... Jahre alt war
al terminar la guerra	bei Kriegsende
al + *Inf.*	als, bei

desde ... hasta | von ... bis
en el/la que | in dem, in der (Relativpron.)

Wie arbeiten wir? Die Listen der vorherigen Übung dienen uns als Leitfaden: wir fügen die Angaben, Daten, Ereignisse und Begleitumstände zusammen, die zu unserer Person passen.
Am Ende präsentiert jede Gruppe der Klasse ihre neue Persönlichkeit.

LECCIÓN 44

extraños en la noche	„Fremde in der Nacht"
el murmullo	Murmeln
acompañar	begleiten
la banda sonora	Sound-Track
cómo serían los países	wie die Länder wären
desde los que	von denen
aquellos/as	jene
por lo menos	wenigstens, mindestens
no como la mía	nicht wie meine
no me importaba	es war mir egal
importar	wichtig sein
el Vaticano	Vatikan
cuyo/a	dessen, deren
la emisora	Sendung
conectar	anschließen, einschalten
el Papa	Papst
sobre todo	vor allem
aquel/la	jene/r/s
extraño/a	seltsam, fremd
el Principado de Andorra	Fürstentum Andorra
irreal	unwirklich
la locutora	Sprecherin
aparte de sonar a país de cuento	abgesehen davon, dass es nach Märchenland klang
ni siquiera venía en el mapa	es war nicht mal auf der Landkarte
ni siquiera	nicht einmal
el pensamiento	Gedanke, Überlegung
repetido/a	wiederholt

igual de	gleichermaßen
monótono/a	eintönig, monoton
sin embargo	jedoch, hingegen
vino a romper la rutina	durchbrach die Routine
de repente	plötzlich
interrumpir	unterbrechen
anunciar	ankündigen
escuetamente	schlicht, knapp
tras	durch ... hindurch
correspondiente	entsprechend
la señal de alarma	Alarmzeichen
que el presidente había sido asesinado	dass der Präsident ermordet worden war
el tono de voz	Tonfall
la seriedad	Ernsthaftigkeit
el miedo	Angst
comprender	verstehen
tener que ver con	zu tun haben mit
preocupar	Sorgen bereiten
lo que acabara de pasar en un país	was in einem Land geschehen war
que imaginaba que tampoco vendría siquiera en el mapa	von dem ich mir vorstellte, dass es ebensowenig auf der Landkarte wäre
gobernar	regieren
sorprendente	überraschend
su nombre quedó impreso	sein Name blieb eingraviert
unido para siempre al de la radio	für immer mit dem aus dem Radio verbunden
la mina	Bergwerk
morir	sterben
el cine mudo	Stummfilm

❶ **Die Hauptfigur**
Wie alt glaubst du ist die Hauptfigur zu dem Zeitpunkt, als der Roman „Fremde in der Nacht" erscheint? Wie stellst du sie dir vor zu dem Zeitpunkt als sie erzählt: Alter, Aussehen, Kleidung, Zimmer in dem sie sich befindet...?

❷ **Ein sehr kurzes Märchen. Lies es.**

breve	kurz
el dinosaurio	Dinosaurier

Alphabetisches Wörterverzeichnis

Dieses Wörterverzeichnis ist als Hilfe zum Nachschlagen, nicht als Lernwortschatz gedacht. Um das Auffinden zu erleichtern, wurde auf die Angabe des Artikels verzichtet. Wenn nichts anderes angegeben ist, sind Substantive, die auf **-o** enden, männlichen und Substantive, die auf **-a** enden, weiblichen Geschlechts. Bei Substantiven mit einer anderen Endung ist der Artikel angegeben. Wörter, die in unterschiedlichen Bedeutungen vorkommen, sind durch Strichpunkt voneinander getrennt.
Anders als in vielen spanischen Wörterbüchern finden Sie **ch** und **ll** innerhalb von **c** und **l**; **ñ** folgt auf **n**.

A

a   nach, zu, in
a caballo   zu Pferd
a cargo de   auf Kosten von, zu Lasten von
a casa   nach Hause
a causa (de)   wegen
a continuación   im Folgenden
¿A cuánto está(n)...?   Wie viel kostet/ kosten...?
a dos niveles   auf zwei Ebenen
a eso de las dos   ungefähr um zwei Uhr
a escala humana   für Menschen gemacht
a fondo   gründlich
a fuego lento   auf kleiner Flamme
a la brasa   gegrillt
a (la) derecha   (nach) rechts
a la gallega   auf galicische Art
a la hora   pünktlich
a la hora de   bei, beim
a (la) izquierda   (nach) links
a la misma hora   zur selben Zeit
a la plancha   gegrillt
a la romana   in Eihülle gebacken
a las seis   um sechs Uhr
a lo largo de   während; entlang
a lo mejor   vielleicht
a los ... años   mit ... Jahren
a mano   handschriftlich
a media mañana   am späten Vormittag
a media tarde   am späten Nachmittag
a menudo   oft
a mí   mich, mir *(betont)*
a orillas de   am, am Ufer von
a partir de   ausgehend von
a pie   zu Fuß
a primera vista   auf den ersten Blick
a todas partes   überall hin
a veces   manchmal
a ver   mal sehen
abaratamiento   Preisverfall
abajo   unten

abandonado/a   verlassen
abierto/a   offen
abogado/a   Rechtsanwalt/-anwältin
abrazo   Kuss, Umarmung
abreviatura   Abkürzung
abrigo   Mantel
abrir   öffnen
abuelitos   Großeltern *(Koseform)*
abuelo/a   Großvater/-mutter
aburrido/a   langweilig
aburrimiento   Langeweile
aburrirse   sich langweilen
acabado/a en   mit der Endung, endend auf
acabar   beenden, abschließen
acabar de + *Inf.*   gerade etwas getan haben
acampar   zelten, campen
acceso   Zugang
accidente, *el*   Unfall
acción, *la*   Handlung
aceite (de oliva), *el*   (Oliven-) Öl
aceituna   Olive
aceptar   annehmen, akzeptieren
acercarse   sich nähern
acertado/a   richtig, treffend
acogedor/a   herzlich, einnehmend
acolchado/a   gepolstert, wattiert
acompañar   begleiten
aconsejable   empfehlenswert
aconsejar   empfehlen
acontecimiento   Ereignis
acostarse   ins Bett gehen, sich hinlegen
acostumbrado/a (a)   gewöhnt (zu, an)
acostumbrar a + *Inf.*   etwas zu tun pflegen
actitud, *la*   Haltung, Einstellung, Benehmen
actividad, *la*   Aufgabe; Tätigkeit, Aktivität
actividad física   körperliche Aktivität
activo/a   aktiv
actor, *el*   Schauspieler
actriz, *la*   Schauspielerin
actual   derzeitig, aktuell
actualmente   zur Zeit
actuar   handeln
acuario   Aquarium
acueducto   Aquädukt *(über eine Brücke geführte antike Wasserleitung)*
acuerdo   Abkommen
adaptarse   sich anpassen
adecuado/a   passend, angemessen
adelante   herein, vorwärts
adelgazar   abnehmen
además   außerdem
adiós   auf Wiedersehen
adivinar   (er)raten; vorhersehen
adjetivo   Adjektiv, Eigenschaftswort
administrativo/a   Verwaltungsangestellte/r
administrativo/a   Verwaltungs...
admirar   bewundern
admitir   zulassen
adolescente   Jugendliche/r

adonde   wohin *(Relativpron.)*
adoptar   annehmen
adorar   anbeten
adrenalina   Adrenalin
adulto/a   erwachsen; Erwachsene/r
adverbio   Adverb, Umstandswort
aéro/a   Flug..., Luft...
Aeroméxico   *mexikan. Fluggesellschaft*
aeropuerto   Flughafen
afectivo/a   gefühlsbetont, Gefühls...
afeitarse   sich rasieren
afición, *la*   Hobby, Neigung
aficionado/a (a)   begeistert (von)
afines, *los*   angrenzende Bereiche
afirmar   bekräftigen, bestätigen
afirmativo/a   zustimmend, bejahend
afueras, *las*   Umgebung
agencia   Agentur
agencia de publicidad   Werbeagentur
agencia de viajes   Reisebüro
agencia inmobiliaria   Immobilienagentur
agenda   Terminkalender
ágil   beweglich, gelenkig
agosto   August
agradable   angenehm
agregar   hinzufügen
agricultor/a   Landwirt/in
agrupado/a   gruppiert
agua, *el (f)*   Wasser
agua mineral   Mineralwasser
aguacate, *el*   Avocado
ahora   jetzt
aire acondicionado, *el*   Klimaanlage
aislado/a   einsam, isoliert
ajardinado/a   Garten...
ajillo a la romana   *Kartoffelgericht aus Zentralspanien*
ajedrez, *el*   Schach
ajo   Knoblauch
ajo blanco   *kalte Suppe aus Wasser, Essig, gehackten Mandeln, Knoblauch und Brotwürfeln*
ajonjolí, *el*   Sesam
ajustable   regulierbar
al día   pro Tag
al final   am Schluss
al horno   aus dem Backofen
al igual que   ebenso wie
al + *Inf.*   als, bei
al lado   nebenan, daneben
al lado de   neben
al mismo tiempo   gleichzeitig
al norte de   im Norden von
al revés   im Gegenteil, umgekehrt
al salir   beim Gehen
albañil, *el*   Maurer
albergue, *el*   (einfache) Unterkunft, Pension
albergue de juventud   Jugendherberge
alcachofa   Artischocke

Vocabulario

Alcalá de Guadaira *spanische Stadt in der Provinz Sevilla*
alcohol, *el* Alkohol
alcohólico/a alkoholisch
alegre(mente) fröhlich
alegría Freude
alejado/a abgelegen
alemán Deutsch
alemán, alemana deutsch; Deutsche/r
Alemania Deutschland
alfabéticamente alphabetisch
alfabeto Alphabet
Alfaguara *spanischer Verlag*
Alfredo Distefano *argent. Fußballspieler*
algo etwas
alguien jemand
alguno/a irgendein/e
algunos/as einige
alimentación, *la* Ernährung
alimentario/a Ernährungs...
alimentarse sich ernähren
alimento Lebensmittel
alistarse sich freiwillig melden
alma, *el (f)* Seele
almacén, *el* Lager
almendra Mandel
alojamiento Unterkunft, Unterbringung
alojarse (vorübergehend) wohnen
alquilar mieten, leihen; vermieten
alquiler, *el* Miete; Vermietung
alrededor de ... um ... herum, gegen (+ Uhrzeit)
alrededores, *los* Umgebung
alta, *el (f)* **(en Seguridad Social)** Eintritt (in die Sozialversicherung)
altas horas späte Stunden
alternar abwechseln
alto/a hoch, gehoben
alucinante unglaublich
alumno/a Schüler/in, Lerner/in
alusión, *la* Anspielung
allí dort
ama de casa, *el (f)* Hausfrau
amable nett
amante Liebhaber/in
amarillo/a gelb
ambiente nocturno Nachtleben
ámbito Bereich
ambos beide
ambulatorio Ambulanz
América Amerika
americana Jackett, Sakko
americano/a amerikanisch
amigo/a Freund/in
amistad, *la* Freundschaft
amor, *el* Liebe
amplio/a weit, groß, geräumig
anacrónico/a anachronistisch, überholt, unzeitgemäß
anarquista anarchistisch

anciano/a alter Mann/alte Frau
Andalucía Andalusien
andaluz/a andalusisch
andar laufen, zu Fuß gehen
Andes, *los* Anden
anfiteatro Amphitheater
anfitrión/-ona Gastgeber/in
angula Glasaal *(kleiner Aal, typisch für die baskische Küche)*
animado/a belebt, lebendig
animal, *el* Tier
anímico/a seelisch
aniversario Jubiläum
anoche gestern Abend
anónimo/a anonym, unbekannt
anotar aufschreiben, notieren
ante bei, vor, angesichts
anteayer vorgestern
antecesores, *los* Vorfahren, Ahnen
antena Antenne
antena parabólica Satellitenschüssel
anterior/a vorausgehend, vorig
antes vorher, zuerst
antes de bevor, vor
antiguo/a alt, ehemalig
antipático/a unsympathisch
antología (Literatur-) Sammlung
anular stornieren, annullieren
anunciar ankündigen
anuncio Anzeige; Reklame
añadir hinzufügen
año Jahr
Año Nuevo Neujahr
anticuario Antiquariat
aparcamiento Parkplatz, Parkhaus
aparecer auftauchen, erscheinen
aparcar parken
apartado Absatz, Anschnitt
apartado/a abgelegen
apartado de correos Postfach
apartamento Wohnung, Appartement
aparte de außer
apellido Nachname
apenas kaum
aperitivo Aperitiv
apetecer *(me apetece)* Lust haben auf/zu *(ich habe Lust auf)*
aplicar anwenden
aportar liefern; mitbringen
apóstol, *el* Apostel
apoyado/a aufgestützt
apoyar aufstützen, unterstützen
apreciar schätzen, bewundern
aprender (a) lernen (zu)
aproximadamente etwa, ungefähr
aproximado/a ungefähr, etwaig
aptitud, *la* Fähigkeit, Fertigkeit
aquellos/as jene
aquí hier
árabe Arabisch; arabisch; Araber/in

Aragón *Autonome Region im Nordosten Spaniens*
aragonés/-esa aus Aragon
árbol, *el* Baum
árbol genealógico Stammbaum
área, *el (f)* Gebiet, Umgebung
arenque, *el* Hering
Argelia Algerien
Argentina Argentinien
argentino/a Argentinier/in, argentinisch
armario Schrank
armario empotrado Einbauschrank
arqueológico/a archäologisch
arquitecto/a Architekt/in
arquitectura Architektur
arriesgado/a riskant
arroz, *el* Reis
arroz a banda *valencianisches Gericht aus Reis, Fisch und Meeresfrüchten*
arte, *el (f)* Kunst
artes gráficas Grafik, grafisches Gewerbe
artes marciales Kampfsportarten
artes plásticas Bildhauerei
artístico/a künstlerisch
asado/a gebraten
asar braten
ascensor, *el* Aufzug
asegurarse sich vergewissern
aseo Toilette
asesinar töten, ermorden
asesinato Ermordung, Mord
así so
así que daher, also, folglich
así sucesivamente und so fort
asignar zuweisen, zuordnen
asistente social Sozialarbeiter/in
asistir (a) teilnehmen (an)
asociación, *la* Verein
asociado/a (a) verbunden (mit)
asociar verbinden
asomarse (a la ventana) sich (zum Fenster) hinauslehnen, hinausblicken
aspecto Aspekt
aspecto físico Aussehen
aspiración, *la* Einatmen; Hauch *(bei der Aussprache)*
aspirar a anstreben, hoffen auf
aspirina Aspirin
astillero Schiffswerft
Astorga *spanische Stadt in der Provinz León*
Asturivaca „Asturienkuh" *(Markenname)*
asunto Sache, Angelegenheit
asustado/a erschreckt, erschocken
atasco Stau
atender sich kümmern um, bedienen
atento/a aufmerksam
ático Dachgeschoss
atractivo Anziehungspunkt, Reiz
atún, *el* Thunfisch
audición, *la* Hören, Hörverstehen

aumentar   wachsen, ansteigen lassen
aún   sogar; noch
aunque   obwohl
australiano/a   australisch
Austria   Österreich
austríaco/a   österreichisch; Österreicher/in
Aute, Luis Eduardo   *spanischer Liedermacher*
autobús, *el*   Bus
autocar, *el*   Reisebus
autónomo/a   selbstständig, unabhängig, autonom
autostop, *el*   Trampen
avanzar   vorankommen, Fortschritte machen
avance, *el*   Fortschritt
ave, *el*   Vogel
avellana   Haselnuss
avenida   Allee
aventura   Abenteuer
aventurero/a   Abenteurer/in
avería   Panne
aves de corral   Geflügel
avión, *el*   Flugzeug
ayer   gestern
ayuda   Hilfe
ayudar   helfen
ayuntamiento   Rathaus
azúcar, *el*   Zucker
azul   blau

Ⓑ

bacalao   Kabeljau, Stockfisch
bacalao al pil pil   *baskisches Fischgericht aus Stockfisch mit einer Soße aus Knoblauch und Olivenöl*
bachillerato   Abitur
bahía   Bucht
bailar   tanzen
bajar   senken; hinuntergehen; aussteigen
bajito/a   klein
bajo/a   niedrig
bakalao   Techno(musik)
Balas sobre Broadway   Kugeln überm Broadway *(amerikanischer Film von 1995)*
balcón, *el*   Balkon
balneario/a   Bade...
baloncesto   Basketball
balonmano   Handball
ballet, *el*   Ballett
banco   Bank
banda   Band; Streifen
banda sonora   Soundtrack
bandera (de ajuste)   Band, Streifen (zum Einstellen)
bandolera   Riemen
banquero   Bankier
bañarse   baden, schwimmen
baño   Badezimmer
bar, *el*   Kneipe, Bar, Lokal

Baracoa   *kubanische Hafenstadt*
baratito/a   sehr preiswert
barato/a   billig
barba   (Voll-) Bart
barbacoa   Grillen
barrio   Stadtviertel
barrio de la Macarena   *Stadtviertel von Sevilla*
barrio obrero   Arbeiterviertel
bastante   ziemlich, genügend
bastar (con)   genügen, ausreichen
batería, *el*   Schlagzeuger
batería   Schlagzeug
batir   schlagen
bebé probeta, *el*   Retortenbaby
bebida   Getränk
beca   Stipendium
belga   belgisch
Bélgica   Belgien
belleza   Schönheit
beneficio   Vorteil, Begünstigung, Gewinn
Benidorm   *Ferienort in der Provinz Alicante*
beso   Kuss
Betis   *Fußballclub von Sevilla*
biblioteca   Bibliothek, Bücherei
bici(cleta)   Fahrrad
bien   gut
bien comunicado/a   verkehrsgünstig gelegen
bilbaíno/a   aus Bilbao
billar, *el*   Billard(tisch)
billete (de banco), *el*   Geldschein, Banknote
biografía   Biografie, Lebensgeschichte
biográfico/a   biografisch
biología   Biologie
biólogo/a   Biologe/Biologin
blanco/a   weiß
blandito/a   weich
blindado/a   gepanzert
boca   Mund
bocadillo   belegtes Brötchen
Bocagrande   *Urlaubsgebiet in Kolumbien*
boda   Hochzeit
bodega   Weinhandlung; Weinkeller
Bogotá   *Hauptstadt von Kolumbien*
bolígrafo   Kugelschreiber
Bolivia   Bolivien
bolsa   Tüte
bolsillo   Tasche *(in Kleidung)*
bombardeo   Bombardierung
bombero   Feuerwehrmann
bota (de esquiar)   (Schi-) Stiefel
botella   Flasche
brasileño/a   Brasilianer/in
brazo   Arm
breve   kurz, knapp
buceo   Tauchen, Tauchsport
buena presencia   gepflegtes Äußeres
buenas noches   guten Abend
bueno/a   gut

Buenos Aires   *Hauptstadt von Argentinien*
bufete de abogados, *el*   Anwaltskanzlei
BUP *(Bachillerato Unificado Polivaliente)*   Abitur, gymnasiale Oberstufe
burbuja   Seifenblase, Sprechblase
burguesía   Bürgertum
buscar   suchen
buzón, *el*   Briefkasten

Ⓒ

C.V. *(Curriculum Vitae)*, *el*   Lebenslauf
caballero   Herr
caballo   Pferd
cabaret, *el*   Kabaret; zwielichtiges Nachtlokal
cabeza   Kopf
cable, *el*   Kabel
cabrito   Zicklein
cacerola   (Brat-) Topf
cada (uno/a)   jede/r
caer   fallen
café, *el*   Kaffee
café con leche   Milchkaffee
(café) cortado   Espresso mit etwas Milch
café solo   Espresso
cafetera   Kaffeekanne
cafetería   Café, Lokal
caída   Fall
caja   Kasten
caja de ahorros   Sparkasse
caja fuerte   Tresor
calamar, *el*   Tintenfisch
calcetín, *el*   Socke
calcio   Kalzium
calculadora   Taschenrechner
cálculo   Berechnung
Calcuta   Kalkutta
caldo   Brühe, Bouillon
calefacción, *la*   Heizung
calendario   Kalender
calentar   erhitzen
calidad, *la*   Qualität
calidad de vida   Lebensqualität
caliente   warm, heiß
calma   Ruhe
calor, *el*   Hitze
caluroso/a   heiß
calzado   Schuhwerk, Schuhe
callado/a   schweigsam, ruhig
calle, *la*   Straße
Calle Mayor   Hauptstraße
callejear   bummeln
callejón, *el*   Gasse
cama   Bett
cámara (de vídeo)   (Video-) Kamera
cámara de fotos   Fotoapparat
camarero/a   Kellner/in
cambiar   (ver)ändern, wechseln; umsteigen
cambiar de casa   umziehen
cambiar de (trabajo)   (die Stelle) wechseln

Vocabulario

cambio Veränderung, Tausch, Wechsel
camello Kamel
camino Weg
Camino de Santiago Jakobsweg
camión, el Lastwagen
camión de mudanza Möbelwagen
camionero/a Fernfahrer/in
camioneta Lieferwagen
camisa Hemd
camiseta T-Shirt
campana extractora Dunstabzugshaube
campaña Kampagne
campesino Bauer
cámping, el Camping, Zelten; Campingplatz
campo Feld; Land
campo de golf Golfplatz
canadiense kanadisch
canario Kanarienvogel
canción, la Lied
Cancun Ferienort auf der Halbinsel Yucatán
candidato/a Bewerber/in
cangrejo Krebs (Schalentier)
canguro, la Babysitter
canoa Kanu
cansado/a müde, ermüdend
Cantando bajo la lluvia Singing in the
  Rain, Kultfilm der 50er Jahre
cantante Sänger/in
cantar singen
cantidad, la Menge
capacidad, la (Aufnahme) Fähigkeit,
  Kapazität
capaz (de) fähig, in der Lage (zu)
capirotada Arme Ritter (mexikan. Gericht
  aus altem Weißbrot)
capital, la Hauptstadt
capricho Laune
carácter, el Wesen, Charakter
característica Eigenschaft, Charakterzug
caravana Wohnwagen
carbón, el Kohle
cárcel, la Gefängnis
Caribe, el Karibik
caribeño/a karibisch
cariñoso/a lieb, zärtlich
carne, la Fleisch
carne de ternera Kalbfleisch
carnet de conducir, el Führerschein
caro/a teuer
carpeta Mappe, Ordner
carpintería Tischlerhandwerk
carrera Studium; Rennen, Wettlauf
carretera Landstraße
carro Wagen
carta Brief; Charta
Cartagena de Indias kolumbianische
  Großstadt, bekannt für ihre Gebäude in
  Kolonialstil
cartel, el Schild

cartero/a Briefträger/in
cartón, el Packung
cartón de leche Milchtüte
casa Haus
casa adosada Reihenhaus
Casa Rosada Regierungsgebäude in Buenos
  Aires
casado/a verheiratet
casarse heiraten; sich vereinigen
casco (antiguo) Stadtkern, Altstadt
casi fast
casilla Kästchen
casino Kasino
caso Fall
castellano spanische Sprache
castellano/a kastilisch
Castilla y León Nordkastilien
castillo Burg, Schloss
catalán, el Katalanisch
Cataluña Katalonien
cataratas, las Wasserfälle
catedral, la Kathedrale, Dom
caudaloso/a wasserreich
causa Ursache, Grund
cava, el (spanischer) Sekt
caza Jagd
cazar jagen
cazadora Blouson, Windjacke
cazuela Topf
CC.OO (Comisiones Obreras) kommunist.
  Gewerkschaftsbund
CD-Rom, el CD-Rom (-Laufwerk)
cebolla Zwiebel
celebrar feiern
cena Abendessen
cenar zu Abend essen
centollo Meerspinne
centrarse en sich konzentrieren auf
céntrico/a zentral gelegen
centro Zentrum, Mitte
centro comercial Einkaufszentrum
centro de atención Betreuungszentrum
centro de negocios Einkaufszentrum
centro social Begegnungsstätte
Centroamérica Mittelamerika
cerca (de) nah, in der Nähe (von)
cercano/a nahe gelegen
cereales, los Getreide(produkte)
cerrado/a verschlossen
cerrar schließen
cerro Hügel
cervecería Kneipe, Bierlokal
cervecita Bierchen
cerveza Bier
chalet (unifamiliar), el Einfamilienhaus
Chamartín Bahnhof in Madrid
chaleco Weste
chaqueta Jacke, Sakko, Blazer
charlar plaudern
chelín, el Schilling

chica Mädchen
chiles en nogada Chili in Nusstunke
chileno/a Chilene, Chilenin; chilenisch
chimenea Kamin
chino Chinesisch
chiringuito Strandbar
chiste, el Witz
chocolate, el Schokolade
chorizo Paprikasalami
churro fritiertes Spritzgebäck
cien hundert
ciencias, las (Natur-) Wissenschaften
ciencias exactas Mathematik
cierto/a sicher, zutreffend, gewiss
cine, el Kino
cine de acción Action-Kino
cine mudo Stummfilm
cinta Band
cinta de vídeo Videokassette
cintura Taille
circulación, la Kreislauf
circular fahren, verkehren
círculo Kreis
circunstancia Umstand, Begleiterscheinung
ciruela Pflaume
citarse sich verabreden
ciudad (estado), la Stadt (-staat)
Ciudad del Cabo Kapstadt
Ciudad Real Stadt in Zentralspanien
Ciudad Universitaria Campus
ciudadano/a Bürger
civilización, la Kultur, Zivilisation
claro/a klar, durchsichtig
clase, la Klasse, Kurs, Unterricht(sraum);
  Art, Sorte
clásico/a klassisch
clasificar einteilen, zuordnen, klassifizieren
clavel, el Nelke
claxón, el Hupe
cliente Kunde, Kundin
clientela Kundschaft
clima, el Klima
clínica (Privat-) Klinik
clínica dental Zahnklinik
cocacola Coca-Cola
cocer kochen, erhitzen
cocido deftige Fleischbrühe mit Gemüse und
  Kichererbsen
cocina Küche, Kochkunst
cocina equipada Einbauküche
cocina office Anrichteraum
cocinar kochen
cocochas baskisches Fischgericht
coche, el Auto
coche de empresa Geschäftswagen
coche deportivo Sportwagen
código Code, Abkürzung
código civil bürgerliches Gesetzbuch
codo Ellenbogen
coger nehmen; Telefon abheben

cognac, *el* Cognac
coincidir übereinstimmen
cola del buey Ochsenschwanz
colaborar mitarbeiten, zusammenarbeiten
coleccionar sammeln
colega Kollege, Kollegin
colegio Gymnasium
colina Hügel
Colombia Kolumbien
Colón Kolumbus
colonia Kölnisch Wasser
colonial Kolonial..., im Kolonialstil
colorido/a bunt, farbig
columna Spalte
compañero/a de trabajo Kollege, Kollegin
combinar kombinieren, miteinander verbinden
comedor, *el* Esszimmer
comentar besprechen, kommentieren
comer essen
comercial kaufmännisch, Geschäfts...,
    Verkaufs...
comerciante Geschäftsmann, -frau
comercio Handel
cómic, *el* Comic-Strip
comida Essen; Mittagessen; Lebensmittel,
    Nahrung
comida de excursión Picknick
comida rápida „Fast food"
comisión, *la* Provision
cómo wie
como wie; als
como si fuera ... als ob es ... wäre
cómodo/a bequem
compañero/a Kamerad/in, Mitschüler/in;
    Lebensgefährte/-gefährtin
compañero/a de viaje Reisegefährte/-in,
    Mitreisende/r
compañía Gesellschaft
comparar vergleichen
compartimento Abteil; Fach
competencia Konkurrenz
complejo Gruppe, Komplex
complemento Ergänzung
completar ausfüllen, vervollständigen
completo/a vollständig; ausgebucht
complicado/a schwierig, kompliziert
Compostela Santiago de Compostela
    (Pilgerstadt in Galicien)
compra Einkauf, Kauf
comprar (ein)kaufen
comprender verstehen
comprobar überprüfen; feststellen
compromiso Kompromiss; Verpflichtung
compuesto/a (a) zusammengesetzt (aus)
común gewöhnlich, durchschnittlich;
    gemeinsam, gemeinschaftlich
comunicado/a verkehrsmäßig angebunden
comunicarse miteinander reden
comunicativo/a gesprächig, mitteilsam

comunidad, *la* Dorf; Gemeinschaft
comunitario/a gemeinsam, gemeinschaftlich
con mit
con frecuencia oft
con ocasión de anlässlich
¿con quién? mit wem?
concentrarse sich konzentrieren
concepto Begriff, Aspekt
concierto Konzert
concurso Wetbewerb, Quiz
condición, *la* Bedingung
conducir fahren, ein Fahrzeug lenken
conectar anschließen, einschalten
conferencia Konferenz; Vortrag
confidenciabilidad, *la* Vertraulichkeit
confirmar bestätigen
congreso Kongress
conjugación, *la* Konjugation, Beugung
    des Verbs
conjugar verbinden; konjugieren
conjunto Komplex
conocer kennen(lernen)
conocido/a bekannt, berühmt
conocimiento Kenntnis, Wissen
consecución, *la* Erreichung
conseguir erreichen, schaffen
consejo Rat, Ratschlag
Consejo de Europa Europarat
conservar aufbewahren, konservieren
conservatorio Konservatorium, Musikhochschule
considerar betrachten, berücksichtigen,
    ansehen als
consistir en bestehen aus
consonante, *la* Konsonant, Mitlaut
constante regelmäßig, dauerhaft
constar de bestehen aus
constelación, *la* Konstellation, Sternbild
constitución, *la* Verfassung
construido/a bebaut
construir erstellen, konstruieren, bauen
constituirse auftreten als
construcción, *la* Bau (-gewerbe)
consulta Praxis
consultar zu Rat ziehen, konsultieren
consumir verbrauchen, konsumieren
consumista, *el/la* auf Konsum ausgerichteter Mensch
contacto Kontakt (-aufnahme)
contaminación, *la* Abgase, Luftverschmutzung
contaminar verschmutzen, vergiften
contar zählen; erzählen, berichten
contemplar betrachten
contemporáneo/a gegenwärtig, jetzig
contener enthalten
contenido Inhalt
contestador, *el* Anrufbeantworter
contestar (be-) antworten

contexto Zusammenhang, Situation
contigo mit dir
continente, *el* Kontinent, Erdteil
contra gegen
contrario Gegenteil
contrarreloj Wettrennen auf Zeit
contraste, *el* Gegensatz
contrato Vertrag
contribuir (a) beitragen (zu)
control, *el* Kontrolle
controlar kontrollieren
conveniente angebracht, passend
convenir passen, geeignet sein, angebracht sein; vereinbaren, verabreden
conversación, *la* Gespräch, Konversation
convertirse (en) sich verwandeln (in)
coñac, *el* Cognac, Weinbrand
cooperar zusammenwirken
corazón, *el* Herz
corbata Krawatte
cordero Lamm
corona Krone
coronación, *la* Krönung
correcto/a richtig, korrekt
correo Post
correo electrónico e-mail
Correos Post, Postamt
correr laufen, rennen
correspondencia Schriftwechsel
corresponder entsprechen
correspondiente entsprechend, zugehörig
corrida de toros Stierkampf
cortado, *el* Espresso mit Milch
cortar (klein)schneiden
corte, *la* Hof
Corte Inglés, *el* spanische Kaufhauskette
corto/a kurz
cosa Ding, Sache
cosméticos, *los* Kosmetikartikel
costa Küste
costar kosten
costumbre, *la* Brauch, Gepflogenheit;
    Gewohnheit, Angewohnheit
crear schaffen, hevorbringen; gründen,
    einrichten
creativo/a kreativ
crecer wachsen
creer glauben, meinen
crisis, *la* Krise
criticar kritisieren
crucero Kreuzfahrt
crudo/a roh
cruz, *la* Kreuz
cruzar überqueren, kreuzen
cuadro Rechteck, Feld, Bild
¿cuál? welche/r/s?
¿cuáles? welche?
cualidad, *la* Eigenschaft, Fähigkeit
cualquier/a jegliche/r/s (beliebige)
cuando wenn; als

Vocabulario

cuantificación, *la*   zahlenmäßige Erfassung
¿cuánto?   wie viel?
¿cuántos/as?   wie viele?
cuarto de lavado   Waschraum
cuarto (de baño)   (Bade-) Zimmer
cuarto (de litro)   Viertel (-liter)
cubrir   abdecken, besetzen
cucharada   Löffel voll
cuchillo   Messer
cuenta   Rechnung
cuento   Märchen, Erzählung
cuerpo   Körper
cuerpo de funcionarios   Beamtentum
cuestionario   Fragebogen
¡cuidado!   Vorsicht!
cuidar   pflegen, versorgen
culpabilidad, *la*   Schuld, Schuldgefühl
cultivarse   angebaut werden
cultura   Kultur, Landeskunde
cultural   kuturell
cumpleaños, *el*   Geburtstag
cumplido   Kompliment, Glückwunsch
cumplir   vollenden
cumplir (años)   (Jahre alt) werden
cuñado/a   Schwager/Schwägerin
cura, *el*   Priester
curar   heilen
curioso/a   eigenartig
curriculum, *el*   Lebenslauf
curso   Kurs
cuscús, *el*   Kuskus (*nordafrikan. Eintopf-gericht*)
cuyo/a   dessen, deren

D

dado   Würfel
danés/-esa   dänisch
dar   geben, angeben
dar la vuelta   umdrehen, umkehren
dar las gracias   sich bedanken
dar un paseo   spazieren gehen
dar una vuelta   spazieren gehen, eine Runde drehen
darle recuerdos a alg.   jmd. grüßen
datos, *los*   Angaben, Daten
de   von, aus
de acampada   beim Camping
de acuerdo   einverstanden
de día   tagsüber
¿de dónde?   woher? von wo?
de hecho   tatsächlich
de mi parte   von mir
de momento   zur Zeit
de nacimietno   von Geburt an
de niño/a   als Kind
de noche   nachts
de origen cubano   kubanischer Herkunft
¿De parte de quién?   Wer ist am Apparat?
de pie   im Stehen

de primer orden   ersten Ranges
de primero   als Vorspeise
¿de quién?   von wem?
de repente   plötzlich
de urgencias   dringend
de vez en cuando   ab und zu
de visita   zu Besuch
debajo de   unter, unterhalb von
debatir   diskulieren, debattieren
deber   müssen
decidir   entscheiden, beschließen, be-stimmen
decir   sagen
decisión, *la*   Entscheidung, Beschluss
declarar   erklären (zu)
decorador/a   Dekorateur/in
dedicar   widmen
dedicarse a   von Beruf sein, sich widmen
defender   verteidigen
definir   definieren, bestimmen
dejar   lassen, hinterlassen
dejar un recado   eine Nachricht hinter-lassen
dejarse caer   sich fallen lassen
delante (de)   vor; davor
delantero/a   Vorder...
deletrear   buchstabieren
delgado/a   schlank
delincuencia   Kriminalität
demás, *los/las*   andere (Leute), Mit-menschen
demasiado   zu, zu viel, zu sehr
demasiado/a/os/as   zu viel/e
democracia   Demokratie
democrático/a   demokratisch
demostrativo   Demonstrativbegleiter, hinweisendes Fürwort
dentista   Zahnarzt/-ärztin
depende   es kommt drauf an
depender (de)   abhängen (von)
dependienta   Verkäuferin
deporte, *el*   Sport
deportista   Sportler/in
deportivo/a   sportlich, Sport...
deprimido/a   deprimiert
deprisa   eilig, schnell
derecha   rechte/r
Derecho   Jura; Recht
derechos civiles   Bürgerrechte
desagradable   unangenehm
desamor, *el*   Lieblosigkeit, Abneigung
desaparecer   verschwinden
desarrollo   Entwicklung
desayunar   frühstücken
descansar   sich ausruhen, sich erholen
descanso   Pause; Ruhetag
desciendente de   abstammend von
describir   beschreiben
descubierto/a   offen, nicht überdacht
descubrir   entdecken

desde   seit, ab; von
desde hace   seit
desde ... hasta   von ... bis
desenvolverse   sich zurechtfinden
deshacer (la maleta)   auspacken
desierto/a   einsam, leer
deslizarse   gleiten
deslumbrar   blenden
desnatado   entfettet, Mager...
desnudo/a   nackt
desocupado/a   unbewohnt, leerstehend
desodorante, *el*   Deodorant
despacio   langsam
despacho   Büroraum, Arbeitszimmer
despedida   Abschied
despedirse   sich verabschieden
despertarse   aufwachen
despierto/a   wach, aufgeweckt
desplazamiento   Reise, Ortsveränderung
desplazarse   sich fortbewegen
después   dann, danach, anschließend
después de   nach
destacar   hervorheben, herausragen
destinado/a   bestimmt, für
destinar   widmen, zuschreiben
destino   Ziel
destruir   zerstören
desventaja   Nachteil
detallado/a   detailliert, ausführlich
detalle, *el*   Einzelheit; Aufmerksamkeit
detective privado, *el*   Privatdetektiv
determinado/a   bestimmte/r/s
detrás de   hinter
Deusto   *Stadtteil von Bilbao*
devolver   zurückgeben, erwidern
día, *el*   Tag
diálogo   Dialog
diario   Tagebuch
diario/a   täglich, pro Tag
dibujar   zeichnen
dibujo   Zeichnung
diccionario   Wörterbuch
diciembre   Dezember
dictar   diktieren
dieta, *la*   Ernährung; Diät
dieta mediterránea   Ernährung der Mittel-meerländer
dietetista   Ernährungswissenschaftler/in
diferente   anders, verschieden, unter-schiedlich
difícil   schwierig
dificultad, *la*   Schwierigkeit
dimisión, *la*   Rücktritt
Dinamarca   Dänemark
dinámico/a   dynamisch
dinamismo   Dynamik, Bewegung
dinero   Geld
dinosaurio   Dinosaurier
dios   Gott
dirección, *la*   Anschrift; Richtung; Leitung

directivo/a leitende/r Angestellte/r
director/a de cine Regisseur/in
disco Schallplatte
discográfico/a Schallplatten...
discoteca Discothek
discriminar diskriminieren
discutir besprechen, diskutieren, streiten
diseñado/a vorgesehen
disfrutar (de) genießen
disimular so tun als ob
disperso/a verstreut, weit auseinander
disponer de verfügen über
disponibilidad, *la* Bereitschaft, Verfügbarkeit
disposición, *la* Eignung
dispuesto/a (a) bereit (zu)
distinguir(se) (sich) unterscheiden
distinción, *la* Unterscheidung
distinto/a unterschiedlich, verschieden
distribución, *la* Anordnung, Verteilung
distribuir anordnen, verteilen
diversión, *la* Unterhaltung, Abwechslung
divertido/a unterhaltsam, interessant, lustig
divorciado/a geschieden
divorciar(se) sich scheiden lassen
doblar beugen
doble, *el* doppelte Menge
docena Dutzend
doctor, *el* Doktor, Arzt
dólar, *el* Dollar
doler schmerzen, weh tun
dolor, *el* Schmerz
doméstico/a häuslich, Haus...
domicilio Wohnsitz
domingo Sonntag
dominio Beherrschung
don de gentes, *el* Fähigkeit, mit Menschen umzugehen
¿dónde? wo?
donde wo, in dem, in der
Donostia *baskischer Name für San Sebastián*
dormir schlafen
dormirse einschlafen
dote, *la* Begabung
dracma Drachme *(griech. Währung)*
droga Droge
ducha Dusche
ducharse sich duschen
duda Zweifel
dulce, *el* Süßigkeit
duración, *la* Dauer
durante während
durante ... años ... Jahre lang
duro/a hart, schwer

E

e *(vor i)* und
ecología Umweltschutz, Ökologie
ecologista umweltbewusst, ökologisch, Umwelt...
economía Wirtschaft
Económicas, las Wirtschaftswissenschaften
económico/a wirschaftlich, Wirtschafts...
echar hinzufügen, hineingeben
edad, *la* Alter
Edad Media Mittelalter
edificar errichten
edificación, *la* Bauwerk
edificado bebaute Fläche
edificio Gebäude
edificio comercial Geschäftshaus
editorial, *la* Verlag
educación, *la* Bildung, Erziehung
educarse erzogen werden
EE.UU. *(Estados Unidos), los* USA
efectivo/a wirksam
eficacia Wirksamkeit, Wirkung
eficaz wirksam, effektiv
EGB *(Educación General Básica) Hauptschulabschluss, span. Grundschulwesen*
egipcio/a Ägypter/in
Egipto Ägypten
egoísta egoistisch
ejecutivo/a Führungskraft, leitende/r Angestellte/r
ejemplo Beispiel
ejercer ausüben
ejercicio Übung
ejercicio físico körperliche Betätigung
el *männl. bestimmter Artikel*
él er
El Laguito *Urlaubsgebiet in Kolumbien*
elaborar ausarbeiten, anfertigen, entwickeln
elección, *la* Wahl
elecciones, *las* Wahlen
eléctrico/a elektrisch
electrodomésticos, *los* Elektrogeräte, Haushaltsgeräte
elegante elegant
elegir aussuchen, auswählen
ella sie
ellas sie *(weibl. Pl.)*
ellos sie *(männl. Pl.)*
embutidos, *los* Wurstwaren, Aufschnitt
emigrante Auswanderer/in
emisora Sendung
emoción, *la* Gefühl
emperador, *el* Kaiser
empezar anfangen, beginnen
empinado/a steil, abschüssig
empleado/a (de banca) (Bank-) Angestellte/r
empleo Stelle
empresa Firma, Unternehmen

empresarial Unternehmens...
empresario/a Unternehmer/in
en in, an, auf
en alquiler zu vermieten
en casa zu Hause
en compañía de in Gesellschaft von
en cuanto a in Bezug auf
en directo live *(Direktübertragung)*
en efecto tatsächlich
en el campo auf dem Land
en el interior drinnen
en el/la que in dem, in der *(Relativpron.)*
en esa época zu der Zeit
en español auf Spanisch
en forma in Form
en función de je nach, in Abhängigkeit von
en general im Allgemeinen
en la actualidad zur Zeit
en los que in denen; wo
en menor medida in geringerem Umfang
en otras palabras mit anderen Worten
en parejas zu zweit
en particular im Besonderen, im Einzelnen
en primer lugar in erster Linie, zuerst
en público öffentlich, vor Publikum
en total insgesamt
en voz alta laut
enamorarse sich verlieben
encantado/a sehr erfreut
encantar begeistern, sehr gefallen
encanto Zauber
encargado/a (de) Mitarbeiter/in, zuständige/beauftragte Person (für)
encargar bestellen
encargarse (de) sich kümmern (um)
enclave, *la* Enklave
encontrar finden, treffen (auf), antreffen
encontrarse con treffen auf
encuentro Begegnung
encuesta Befragung, Umfrage
Encuentros en la tercera fase Begegnungen der dritten Art *(Science-Fiction-Film der 70er Jahre)*
enemigo Gegner
enero Januar
enfadado/a wütend, ärgerlich
enfadarse (con) wütend werden (auf)
enfermedad, *la* Krankheit
enfermero/a Krankenpfleger/-schwester
enfermo/a krank
enfrente (de) gegenüber (von)
engordar dick werden, zunehmen
enhorabuena herzlichen Glückwunsch
enigmático/a rätselhaft, geheimnisvoll
ensalada Salat
ensayo Versuch, Probe
enseñanza secundaria Oberstufe
enseñar zeigen; unterrichten
entender verstehen

Vocabulario

enterarse (de)   erfahren
entero/a   voll(ständig), ganz
enterrado/a   begraben
entidad, la   Firma
entonces   damals, dann (also)
entorno   Umfeld, Umgebung
entrada   Eintritt, Eintrittskarte; Eingang; Beitritt
entrante, el   Vorspeise
entrar   hineingehen, eintreten
entre   zwischen; dividiert durch
entreabierto/a   halb geöffnet
entregar   (über-) reichen, (über-) geben
entrevista   Interview
entrevistar   befragen
enviar   schicken, senden
época   Zeit (-raum), Epoche
equilibrado/a   ausgewogen
equilibrio   Gleichgewicht
equipado/a   eingerichtet, ausgestattet
equipo   Team, Mannschaft, Gruppe
equivocarse   sich irren, Fehler machen
era   Zeitalter
error, el   Fehler, Irrtum
erupción, la   Ausbruch
es decir   das heißt
es que   denn, nämlich, es ist so dass
escalera   Treppe
escalopa   Schnitzel
escaparate, el   Schaufenster
escapar(se)   fliehen, entkommen
escena   Szene
escenificar   aufführen, darstellen
esclavo   Sklave
escocés/-esa   schottisch
escoger   auswählen
escribir   schreiben
escrito/a   schriftlich
escritor/a   Schriftsteller/in
escritura   Schreiben, Schrift
escuchar   (zu)hören
escudo   Escudo (portugies. Währung)
escuela (primaria)   (Grund-) Schule
escuela de idiomas   Sprachschule
escuetamente   schlicht, knapp
escurrir   abtropfen
ese/a/os/as   diese/r/s (da)
esencial   wesentlich, Haupt...
eslogan, el   Slogan, Schlagzeile
eso sí   das ja
espacio   Raum, Platz; Weltraum
espaguetis, los   Spaghetti
espalda   Rücken
España   Spanien
español, el   Spanisch
español/a   Spanier/in; spanisch
espárrago   Spargel
especial   besondere/r/s; besonders
especialidad, la   Spezialität
especializado/a   spezialisiert

especialmente   besonders
especie, la   Art
espectáculo   Aufführung, Theater
espejo   Spiegel
esperanza   Hoffnung
esperanza de vida   Lebenserwartung
esperar   warten
espina   Gräte
espuma de afeitar   Rasierschaum
esquí, el   Schisport
esquiar   Schi fahren
esquí(e)s, los   Schier
esquina   Ecke
ésta   diese hier
esta mañana   heute morgen
establecer   herstellen; errichten, aufstellen
establecimiento   Einrichtung
estación, la   Bahnhof
estadio   Stadion
estadista, el   Staatsmann
estadística   Statistik
estado   Zustand
estado civil   Familienstand
estallar   ausbrechen
estantería   Regal
estar   sein, sich befinden; da sein, anwesend sein
estar a punto de   kurz davor sein
estar atento a   achten auf
estar bien   sich wohl fühlen
estar de (+ Beruf)   als ... arbeiten
estar en contra   gegen etw. sein
estar en desacuerdo   nicht einverstanden sein
estar en forma   gut in Form sein
estar (+ Gerundium)   gerade etwas tun
estar mal de dinero   finanziell schlecht dran sein
estar sentado/a   sitzen
este, el   Osten
este/a   diese/r/s
estético/a   ästhetisch, schön
estereotipo   Stereotyp, Klischee
(libra) esterlina   (Pfund) Sterling (engl. Währung)
estimar   schätzen
estirar   ausstrecken
esto   das hier
estos/as   diese
estratégico/a   strategisch
estrecho/a   eng
estrella   Stern
estrés, el   Stress
estricto/a   streng
estudiante   Lerner/in, Student/in
estudiar   lernen, studieren
estudiar bachillerato   das Abitur machen
estudio   Untersuchung, Studie; Lernen; Studio, Arbeitszimmer
estudio de arquitectura   Architekturbüro

estudios, los   Studium, Ausbildung
estupendo/a   prima, toll
etiqueta   Etikett
europeo/a   europäisch
evento   Ereignis
evidente   offensichtlich
evitar   vermeiden
exagerar   übertreiben
excepcional   außergewöhnlich
exceso   Übermaß
excursión, la   Ausflug
exigencia   Forderung, Anspruch
exigente   anspruchsvoll
exigir   verlangen
existir   existieren, bestehen
éxito   Erfolg
exótico/a   exotisch
experiencia   Erfahrung
explicación, la   Erklärung
explicar   erklären
exponer   darstellen, vortragen
exportar   exportieren
exposición, la   Ausstellung
expresar(se)   (sich) ausdrücken
expresión, la   Ausdruck
extenderse   sich ausbreiten
extenso/a   weit, ausgedehnt
exterior   außen gelegen
extraer   heraussuchen, -ziehen
extranjero   Ausland
extranjero/a   Ausländer/in; fremd, ausländisch
extraño/a   seltsam, fremd
extraños en la noche   Fremde in der Nacht (Strangers in th Night; Hit von Frank Sinatra)
extraordinario/a   außergewöhnlich
extraterrestre, el   Außerirdischer
extrovertido/a   extrovertiert, nach außen gekehrt

F

fábrica   Fabrik
fabricar   herstellen
fabuloso/a   märchenhaft
fácil   leicht, einfach
facilidad de trato, la   Verhandlungs- geschick
facilitar   zur Verfügung stellen; erleichtern
factor, el   Faktor, Kriterium
factura   Rechnung
Facultad, la   Fakultät, Universität
falda   Rock
Fallas (de Valencia)   Fest, bei dem riesige Pappfiguren (satirische Darstellung von Prominenten) verbrannt werden
¿Falta mucho?   Ist es noch weit?
faltar   fehlen
fama   Ruf

familia   Familie
familiar   Familien..., die Familie betreffend; Verwandte/r
famoso/a   berühmt
fanta   Fanta, Limonade
faraón, el   Pharao *(altägyptischer König)*
farmacéutico/a   Apotheker/in
farmacia   Apotheke; Pharmazie
fatal   schlimm, schrecklich
favor, el   Gefallen
fax, el   Fax, Faxgerät
fécula   (Speise-) Stärke
fecha   Datum, Temin
¡Felicidades!   Herzlichen Glückwunsch!
feliz   glücklich
Feliz Navidad   Fröhliche Weihnachten
femenino/a   weiblich
feminismo   Feminismus, Frauenbewegung
feria   Messe, Ausstellung; Kirmes
Feria de Abril   *Volksfest in Sevilla*
Feria de Sevilla   *berühmtes Frühlingsfest*
ferrocarril   Eisenbahn...
festival, el   das Festival
Festival de Cine   Filmfestival
festivo/a   Fest..., Feier...
FF.CC *(ferrocarriles)*   Eisenbahn...
fibra   Ballaststoff
ficha   Zettel, Karteikarte
fideuá   *valencianisches Paellagericht mit ganz feinen Nudeln statt Reis*
fiel   treu
fiesta   Fest, Feier
fiesta popular   Volksfest
figurar   vorkommen, sich befinden
fijar   festlegen
fijarse (en)   achten (auf)
fijo/a   fest, dauerhaft
filete, el   Steak
Filipinas   Philippinen
fin, el   Ende
fin de semana, el   Wochenende
final, el   Ende
finalmente   schließlich
financiación, la   Finanzierung
financiero/a   Finanz...
finanzas, las   Finanzen
finca   Bauernhof, Bauernhaus
Finisterre   *Kap, Landzunge in der Provinz La Coruña*
finlandés/-esa   finnisch
Finlandia   Finnland
fino/a   dünn
firma   Unterschrift
física   Physik
físico/a   körperlich
flamenco   Flamenco
flan, el   Karamelcreme
flexión, la   Beugen, Kniebeuge
flor, la   Blume
florín, el   Gulden

floristería   Blumengeschäft
fluido/a   flüssig
folclórico   volkstümlich
folleto   Prospekt
fonética   Phonetik, Aussprachelehre
forma   Form; Gesundheit; Art und Weise
forma de pago   Zahlungsweise
forma verbal   Verbform
formación, la   Aus-, Fortbildung
formación profesional   Berufsausbildung
formar   bilden; gründen
formar parte de   Teil sein von
fórmula   Formel, Grundsatz
formular   formulieren
Forrrest Gump   *amerik. Film von 1995*
foto(grafía), la   Foto(grafie)
fotocopiar   fotokopieren
fotógrafo/a   Fotograf/in
fotograma, el   Standbild, Einzelaufnahme
fragancia   Duft
francés, el   Französisch
francés, francesa   französisch; Franzose, Französin
Francia   Frankreich
franco   Franc
Franco   *Chef der spanischen Militärregierung von 1939–1975*
frase, la   Satz
frecuencia   Häufigkeit
frecuentement   oft
freír   braten
frente, la   Stirn
frente a   gegenüber von
fresa   Erdbeere
fresco/a   frisch
frigorífico   Kühlschrank
frío   Kälte
frío/a   kalt
frito/a   gebraten; frittiert
Frómista   *Stadt in Nordspanien*
fruta   Obst
fuego   Feuer
fuente, la   Platte, Schüssel
fuera (de)   draußen, außerhalb (von)
fuerte   stark; scharf
fumar   rauchen
función, la   Funktion, Amt, Tätigkeit
funcionamiento   Funktionieren
funcionar   funktionieren
funcionario/a   Beamter/Beamtin
fundamental   wesentlich, entscheidend
fundamentalmente   hauptsächlich
funerario/a   Grab...
fútbol, el   Fußball
futbolista, el   Fußballspieler

G

gaditano/a   Einwohner/in von Cádiz
gafas (de sol/de esquí), las   (Sonnen-/Schi-) Brille
galería comercial   Kaufhaus
galería-lavadero   Waschraum, Wirtschafts-raum
gallego/a   galicisch, aus Galicien
gamba   Garnele
ganador/a   Sieger...
ganar   gewinnen; verdienen
garaje, el   Garage
garantizar   garantieren
garbanzo   Kichererbse
gas, el   Kohlensäure; Gas
gasolina   Benzin
Gaspar   Kaspar
gastar   (Geld) ausgeben
gastos, los   Kosten, Unkosten, Ausgaben
gastos pagados   Spesen, Erstattung der Unkosten
gato   Katze
gaviota   Möwe
gazpacho   Gazpacho *(kalte Gemüsesuppe)*
Gdansk   Danzig
gemelos/as   Zwillinge
generalmente   im allgemeinen, meistens
género   Geschlecht
gente, la   Leute
geografía   Geografie, Erdkunde
gerundio   Verlaufsform, Gerundium
gesto   Geste
gestión, la   (Geschäfts-) Führung
gestoría   Agentur für Verwaltungsangele-genheiten
gimnasia   Turnen, Gymnastik
gimnasio   Turnhalle
Ginebra   Genf
gira   Tournee, Rundfahrt
girar   drehen
giro postal   Postgiro
global   global, allgemein
globo   Ballon
gobernar   regieren
gobierno   Regierung
golf, el   Golfsport, Golf
golpe de estado, el   Staatsstreich, Putsch
gordo/a   dick
gótico/a   gotisch
gozar de ...   sich ... erfreuen, genießen
grabación, la   Aufnahme
grabar   (auf Band) aufnehmen; eingravieren
gracias   danke
grado   Grad
gramática   Grammatik
gramo   Gramm
Gran Bretaña   Großbritannien
gran *(vor Subst.)*   groß
granada   Granatapfel
grande   groß

177

Vocabulario

grasa   Fett
graso/a   fett
gratis   kostenlos
grave   schwerwiegend, bedeutend
Grecia   Griechenland
griego/a   griechisch; Grieche, Griechin
gris   grau
grupo   Gruppe
guapo/a   hübsch, gutaussehend
guardar   aufbewahren
guardería   Kindergarten, -tagesstätte
guardia de seguridad, el   Sicherheits-
   posten
guerra   Krieg
guerra civil   Bürgerkrieg
guía, el/la   Reiseleiter/in
guía   Führer; Leitfaden
Guinea Ecuatorial   Äquatorialguinea
   (afrikan. Staat)
guión, el   Drehbuch
guisado/a   geschmort
guisante, el   Erbse
guitarra   Gitarre
gustar   gefallen, mögen
gusto   Geschmack
Guyana Francesa   Französisch Guayana

H

haber   haben (Hilfsverb zur Bildung der
   Vergangenheit)
haber (hay)   existieren (es gibt)
habilidad, la   Fähigkeit
habitación, la   (Schlaf-) Zimmer
habitación doble   Doppelzimmer
habitante   Einwohner/in
hábito   Gewohnheit
hábitos alimentarios   Essgewohnheiten
habitualmente   gewöhnlich
hablado/a   gesprochen, mündlich
hablar   sprechen
hablar por telefono   telefonieren
hacer   machen, tun, herstellen
hacer de director   den Regisseur spielen
hacer deporte   Sport treiben
hacer dieta   eine Diät machen
hacer ejercicio   sich körperlich betätigen
hacer falta   nötig sein
hacer frío   kalt sein
hacer la compra   einkaufen gehen
hacer preguntas   Fragen stellen
hacer punto   stricken
hacer teatro   Theater spielen
hacerse tarde   spät werden
hacia   nach, in Richtung auf
harina   Mehl
hasta   bis (zu)
hasta que   bis
hay   es gibt
hay que   man muss

hecho   Ereignis
helado   (Speise-) Eis
helicóptero   Hubschrauber
hemisferio   (Erd-) Halbkugel
hermano/a   Bruder/Schwester
hervido/a   gekocht, gedünstet
hervir   kochen, garen (in Wasser)
hidromasaje, el   Unterwassermassage
hielo   Eis
hijo/a   Sohn, Tochter
hijos   Kinder
hipermercado   (großer) Supermarkt
hipódromo   Rennbahn
hipótesis, la   Vermutung, Hypothese
hispano/a   hispanisch, spanischsprachig
historia   Geschichte
histórico/a   historisch, geschichtlich
hola   hallo
Holanda   Holland
holandés/-esa   holländisch; Holländer/in
hombre, el   Mann
homogeneidad, la   Übereinstimmung,
   Gemeinsameit
hora   Stunde, Zeit; Uhrzeit
horario   Zeiplan, Stundenplan, Fahrplan,
   Öffnungszeit
horita   Stündchen
horno   Herd, Backofen
hortaliza   Gemüse
hospital, el   Krankenhaus
hospitalario/a   Krankenhaus...
hostal, el   Pension, einfaches Hotel, Gast-
   haus
hostelería   Hotelgewerbe
hotel, el   Hotel
hotelero/a   Hotel...
hoy   heute
huelga   Streik
hueso   Knochen
huésped, el   Gast
huevo   Ei
humanidad, la   Menschheit
humano/a   menschlich, den Menschen
   betreffend
húmedo/a   feucht
humo   Rauch
hundir(se)   untergehen, eindringen;
   abstürzen
huy   hui, pfui, au

I

Iberia   span. Fluggesellschaft
ida   Hinfahrt, Hinreise
idea   Idee, Einfall
ideal   ideal
identificar   herausfinden, identifizieren,
   erkennen
idioma, el   Sprache
iglesia (evangélica)   (evangelische) Kirche

igual   gleich
igual de (+ Adj.)   gleichermaßen
igualdad, la   Gleichheit
ilusión, la   Illusion
imagen, la   Bild
imaginar   sich vorstellen, ausdenken
imaginario/a   Fantasie...
impaciente   ungeduldig
imperativo   Befehlsform, Imperativ
imperfecto   Imperfekt, Präteritum
impermeable   wasserdicht
impersonal   unpersönlich
importancia   Bedeutung
importante   wichtig, bedeutend
importar   wichtig sein
importe, el   Betrag
importe de la matrícula   Einschreibe-
   gebühr
impresionante   beeindruckend, heftig
impreso/a   eingraviert, gedruckt
inagotable   unerschöpflich
inauguración, la   Einweihung, Eröffnung
incentivo   Anreiz
incial   Anfangs...
incluido/a   inklusive
incluir   einschließen, mit aufnehmen
incluso   sogar
incompleto/a   unvollständig
incorporación, la   Eingliederung, Einstellung
increíble   unglaublich
indefinido   Indefinido, historische Vergangenheit
independencia   Unabhängigkeit
independiente   selbstständig, unabhänigig
India   Indien
indicar   angeben
índice, el   Index
índice de paro   Arbeitslosenquote
indígena   eingeboren
indistintamente   gleichermaßen
individual   individuell, Einzel...
individualmente   allein
industria   Industrie
industria pesquera   Fischerei, Fischindustrie
industrial   Industrie...
infancia   Kindheit
infante/infanta   Thronfolger/in
infantil   Kinder...
infinitivo   Infinitiv, Grundform des Verb
influencia   Einfluss
información, la   Information, Auskunft,
   Wissensstand
informal   locker, ungezwungen, leger
informar   informieren
informarse   sich informieren
informática   Informatik
informe (semanal), el   (Wochen-) Bericht
infraestructura   Infrastruktur
ingeniero/a   Ingenieur/in

inglés Englisch
inglés, inglesa englisch; Engländer/in
ingrediente, *el* Zutat
ingreso Einkommen, Einnahme; Beitritt, Eintritt
iniciativa Initiative
inmediatamente sofort
inmediato/a sofortig/e/r
inmejorable unübertroffen
inscribirse sich einschreiben
insecto Insekt
inseguridad, *la* Unsicherheit
insistir darauf bestehen
instalación, *la* Einrichtung, Anlage
instalar installieren, einrichten
instalarse sich niederlassen; sich einrichten, einziehen
instituto Institut, Einrichtung; Gymnasium
instrucción, *la* Anweisung
instrumento (musical) (Musik-) Instrument
integrar(se) (sich) integrieren
intelectual geistig
inteligente intelligent
intensivo/a intensiv
intenso/a stark, intensiv
intentar versuchen
intento Versuch
interés, *el* Interesse
interesado/a Interessent/in
interesante interessant
interesar interessieren
interesarse (por) sich interessieren (für)
interior, *el* Innenraum, Innen...
interlocutor/a Gesprächspartner/in
intermitente wechselnd
internacional international
interpretar deuten
intérprete Dolmetscher/in
interrumpir unterbrechen
intervenir eine Rolle spielen
intimidad, *la* Intimität, Rückzugsmöglichkeit
introducción, *la* Einleitung, Einführung
introvertido/a introvertiert, in sich gekehrt
intuición, *la* Intuition, Einfühlungsvermögen
inventar erfinden, sich ausdenken
invertir investieren
investigación, *la* Forschung
invierno Winter
invisible unsichtbar
invitado/a Gast
invitar einladen
ir gehen, fahren, reisen
ir a + *Inf.* etwas zu tun beabsichtigen
ir de compras einkaufen gehen
ir de gira herumreisen
ir de picinic ein Picknick machen
ir en bici Rad fahren

Irlanda Irland
irlandés/-esa irisch
irreal unwirklich
irregular unregelmäßig
irse weggehen, nach Hause gehen
isla Insel
Islas Baleares Balearen
Islas del Rosario *kolumbian. Inselgruppe, Teil des Nationalparks*
islote, *el* Inselchen
Italia Italien
italiano/a italienisch; Italiener/in
itinerario Weg, Strecke
IVA *(Impuesto sobre el valor añadido)* Mehrwertsteuer
izquierda linke/r

J

jacuzzi, *el* Whirlpool
jamón, *el* Schinken
jamón serrano luftgetrockneter Schinken
jamón york gekochter Schinken
Japón, *el* Japan
japonés, *el* Japanisch
japonés/-esa japanisch; Japaner/in
jarabe, *el* Sirup
jardín Garten
jerarquía Hierarchie
jerez, *el* Sherry
(escritura) jeroglífica Hieroglyphenschrift, Bilderschrift
jersey, *el* Pullover
Jerusalén Jerusalem
jornada Tag, Tagesablauf
joven Jugendliche/r; jung
joya Schmuckstück
joyería Schmuckgeschäft
Juan Carlos I *König von Spanien*
jubilado/a im Ruhestand, pensioniert; Rentner/in
jubilarse in Rente gehen
juego Spiel
Juegos Olímpicos Olympische Spiele
juerga Rummel
jueves, *el* Donnerstag
jugada Spielrunde
jugador, *el* Spieler
jugar (a) spielen
juguete, *el* Spielzeug
junio Juni
juntar zusammenbringen, -fügen
junto a nahe bei, neben
junto/a zusammen, beieinander
jurar schwören
justificar rechtfertigen, begründen
juvenil jugendlich, Jugend...
juventud, *la* Jugend

K

kárate, *el* Karate
kilo Kilo
kilómetro (cuadrado) (Quadrat-) Kilometer

L

la *weibl. bestimmter Artikel*
La Habana Havanna *(Hauptstadt von Cuba)*
La Mota *Burg in Kastilien*
laboral Arbeits...
lácteos, *los* Milchprodukte
lado Seite
lago See
laguna Landzunge
largo/a lang
Las Huelgas *Zisterzienserkloster in der Nähe von Burgos*
Las Palmas *kanarische Insel*
lata Dose
Latinoamérica Lateinamerika
lationamericano/a Lateinamerikaner/in; lateinamerikanisch
lavabo Waschbecken
lavadora Waschmaschine
lavavajillas, *el* Spülmaschine
le ihr, ihm, Ihnen
lección, *la* Lektion
lectura Lesen, Lektüre
leche (entera), *la* (Voll-) Milch
leche de polvo Milchpulver
leer lesen
legalización, *la* Legalisierung, Zulassung
legumbres, *las* Gemüse; Hülsenfrüchte
lejos (de) weit, weit entfernt (von)
lengua Sprache; Zunge
León *Stadt im Nordosten Spaniens*
les ihnen, Ihnen
les va bien es passt ihnen gut
letra Buchstabe
letra incial Anfangsbuchstabe
levantar heben
levantarse aufstehen
leyenda Legende
libertad, *la* Freiheit
libertad de asociación Versammlungsfreiheit
libertario/a freiheitlich, unabhängig
libra Pfund
libre frei
libre de servicio militar vom Wehrdienst befreit
librería Buchhandlung
libro Buch
libro de cocina Kochbuch
libro de reservas Reservierungsbuch
licenciado/a en diplomiert in
licenciatura universitaria Universitätsexamen

Vocabulario

licor, *el* Likör
líder führend; Führer
liderar leiten, führen
ligereza Leichtigkeit
Ligonde *Stadt im Nordosten Spaniens*
Lima *Hauptstadt von Peru*
limón, *el* Zitrone
limpiar putzen, sauber machen, reinigen
línea Linie; Telefonleitung
línea de autobús Buslinie
lío Ärger
liquidación, *la* Ausverkauf
líquido Flüssigkeit
lira Lira *(ital. Währung)*
lista Liste
lista de la compra Einkaufsliste
literatura Literatur
litro Liter
llamada (telefónica) Anruf, Telefongespräch
llamado/a sogenannt
llamar anrufen, rufen
llamar al timbre klingeln
llamarse heißen
llano Ebene
lano/a flach
llave, *la* Schlüssel
llavero Schlüsselbund
llegada Ankunft
llegar (an)kommen, gelangen
llegar a schaffen, gelangen zu
llegar a casa nach Hause kommen
llenar füllen
lleno/a voll
¿Lleva salsa? Ist Soße dabei?
llevar mitnehmen, bei sich tragen; mitbringen; beinhalten
llevar (corbata) tragen
llevar una vida ein Leben führen
llorar weinen
llover regnen
lluvia Regen
lo es
lo más difícil das Schwierigste
lo más importante das Wichtigste
lo mejor das Beste
lo normal das Übliche
lo peor das Schlimmste
lo que das was
lo siento tut mir Leid
local örtlich, Lokal...
localizador, *el* *Buchungsnummer bei Flugreservierung*
locutor/a Sprecher/in
Londres London
los dos beide
los/las die(jenigen)
lotería Lotterie
lubina (a la sal) Seebarsch (in Salzkruste)
lucha Kampf
luchar kämpfen

luego dann, danach
lugar, *el* Ort
lujo Luxus
lujoso/a luxuriös
luminoso/a hell, beleuchtet, mit viel Licht
luna Mond
lunes, *el* Montag
Luxemburgo Luxemburg
luxemburgués/-esa luxemburgisch
luz, *la* Licht

M

macarrones, *los* Makkaroni
madera Holz
madre, *la* Mutter
madrileño/a aus Madrid
madrugada Morgengrauen
madrugar früh aufstehen
maestro/a Grundschullehrer/in
mágico/a magisch, Zauber...
magnetismo Magnetismus
mago Zauberer
magnicidio Mord an einem Staatsmann
majo/a hübsch, nett, fesch
mal schlecht
malentendido Missverständnis
maleta Koffer
maletín, *el* Handkoffer
malo/a schlecht, böse
manchego/a aus der Mancha
mandar führen, anordnen; schicken
manera Art und Weise
manía Eigenheit, Tick
manifestación, *la* Demonstration, Kundgebung
mano, *la* Hand
mantener aufrecht erhalten
mantenerse bleiben, sich erhalten
mantenerse en forma in Form bleiben
Manténgase a la espera. Bleiben Sie am Apparat.
mantenimiento Erhalt
mantequilla Butter
manzana Apfel
manzanilla Kamillentee
mañana Morgen; morgen
mapa Landkarte
mar, *el* Meer
marca Marke
marcador, *el* Signalwort, Markierung
marcar markieren, kennzeichnen, ankreuzen
marco D-Mark
marcha Marsch
marinero/a Meeres...
mariposa Schmetterling
mariscos, *los* Meeresfrüchte
Marte *(m)* Mars

martes, *el* Dienstag
marrón braun
Marruecos Marokko
más mehr, mehrere, am meisten; plus
más o menos mehr oder weniger, ungefähr
masculino/a männlich
matar töten
matinal morgendlich
matrimonio Ehepaar
máximo Maximum, Höchstmenge
maya *Indianerstamm auf der mexikan. Halbinsel Yucatán, Chiapas und in Guatemala*
mayo Mai
mayor älter; größer
mayores, *los* Erwachsene
mayoría Mehrheit, Mehrzahl
me mir, mich
mecánico Mechaniker
mecanografiado/a maschinengeschrieben
media Durchschnitt
media hora halbe Stunde
mediano/a mittelgroß
medicamento Medikament
medicina Medizin(studium); Medikament
médico Arzt
medida Maß; Maßnahme
medio Mittel
medio de locomoción Fortbewegungsmittel
medio kilo ein Pfund, ein halbes Kilo
medio litro ein halber Liter
medio/a halb; durchschnittlich
Mediterráneo Mittelmeer
mejillón, *el* Miesmuschel
mejor lieber, besser; am besten
mejora Verbesserung
Melchor Melchior
memoria Gedächtnis
mencionar nennen, erwähnen
mendigo Bettler
Meninas, *las* *berühmtes Gemälde von Diego Velázquez*
menos weniger; außer; minus
mensaje, *el* Nachricht
mensajero Bote
mente, *la* Geist, Verstand
mentira Lüge
menú del día, *el* Tagesmenü
mercado Markt
merecer la pena die Mühe wert sein
merendar vespern
merengue, *el* *karibischer Tanz*
merluza Seehecht
mermelada Marmelade
mes, *el* Monat
mesa Tisch
meseta Hochebene
mesilla Nachttisch, -schränkchen
metálico/a aus Metall, Metall...

metropolitano/a   hauptstädtisch

méxicano/a   Mexikaner/in; mexikanisch

México D. F. *(Distrito Federal)*   Mexiko-City

mezcla   Mischung

mezclar   mischen

mezquita   Moschee

mi   mein/e

microondas, el   Mikrowelle

miedo   Angst

miembro   Mitglied

mientras   während

mientras que   während, wohingegen

mientras tanto   inzwischen

miércoles, el   Mittwoch

migas   *in Öl gebratene Brotstücke mit Zwiebeln und Schinken*

mil   tausend

milanese   aus Mailand

milicia   Miliz, Truppe

militar   kämpfen

militar   militärisch, Militär...

millón, el   Million

mina   Bergwerk

mínimo   Minimum

minuto   Minute

mío/a   meins, meine/r

mirador, el   Erker(fenster), *typisch für die Bauweise in Nordspanien*

mirar   an-, hinsehen, betrachten

mis   meine

mismo/a   derselbe, dieselbe, dasselbe

mismos/as   dieselben

misterioso/a   rätselhaft

mitad, la   Hälfte

mito   Mythos

mochila   Rucksack

moda   Mode, Modeerscheinung

modelo   Modell, Beispiel

modernización, la   Modernisierung

modernista   Jugendstil...

moderno/a   modern

modificar   verändern, abwandeln, abändern

modo   Art und Weise

mojarse   nass werden

mole pueblano, el   *mexikan. Eintopfgericht aus Fleisch, Chili und Sesam*

molestarse   sich die Mühe machen

momento   Zeitpunkt, Moment

monasterio   Kloster

monasterio cisterciense   Zisterzienserkloster

moneda   Währung

mono/a   niedlich

monótono/a   eintönig, monoton

montaña   Gebirge, Berge

montar en bicicleta   Rad fahren

montón, el   Haufen

monumento   Monument, Denkmal

morir   sterben

morteruelo   *Braten aus Schweineleber mit Gewürzen und geriebenem Brot*

Moscú   Moskau

mostrar   zeigen

motivo   Grund, Motiv

moto, la   Motorrad

mover   bewegen, umrühren

movimiento   Bewegung; Ortsveränderung

mozo   Bursche

muchas veces   oft

muchísimo   sehr

mucho   sehr, viel

mucho gusto   sehr erfreut

mucho tiempo   lange Zeit

muchos/as   viele

mudanza   Umzug

mueble, el   Möbel(stück)

muela   Backenzahn

muerte, la   Tod

mujer, la   (Ehe-) Frau

multinacional   multinational

multinacional, la   internationales Unternehmen

múltiple   zahlreich

multitud, la   Menge, Vielzahl

mundo   Welt

municipal   städtisch, Gemeinde...

Múnich   München

muñeca   Puppe

muralla   Stadtmauer

murmullo   Murmeln

muro   Mauer

músculo   Muskel

museo (del Prado)   (Prado-) Museum

música   Musik

musical   musikalisch, Musik...

músico/a   Musiker/in

muy   sehr

muy bien   sehr gut

N

nacer   geboren werden

nacido/a   geboren

nacimiento   Geburt

nada   nichts

nada especial   nichts besonderes

nada más   nichts mehr, nichts anderes

nadar   schwimmen

naranja   Orange; orange(farben)

nata   Sahne

natación, la   Schwimmsport

natilla   Cremespeise

natural   natürlich, Natur...

naturaleza   Natur

navegar   surfen

Navidad, la   Weihnachten

necesario/a   notwendig

necesidad, la   Notwendigkeit

necesitar   brauchen, benötigen

negativo/a   negativ, schlecht; ablehnend, verneinend

negocio   Geschäft, Handel

negro/a   schwarz

neón, el   Neonlicht, Neonreklame

nervioso/a   nervös

ni/no ... ni   weder ... noch

ni siquiera   nicht einmal

nieto/a   Enkel/in

nieve, la   Schnee

ningún/a   kein/e

ninguno/a   keine/r

niño/a   Junge/Mädchen, Kind

nivel, el   Niveau

nivel de lectura   Lesefähigkeit

nivel del mar   Meeresspiegel

no   nein, nicht

no ... aún   noch nicht

(no) es verdad   das stimmt (nicht)

no obstante   trotz

no ... nada   überhaupt nicht; kein/e/n

no ... nunca   nie

noble   adelig

nocturno/a   Nacht...

noche, la   Nacht

Nochebuena   Heiligabend

nogada   Nusstunke

nombre, el   (Vor-) Name

nórdico/a   Nordeuropäer/in

normalmente   normalerweise

noroeste, el   Nordwesten

norte, el   Norden

norteamericano/a   (nord-) amerikanisch

noruego/a   Norweger/in; norwegisch

Noruega   Norwegen

nos   uns

nosotros/as   wir, uns

nota   Note, Zensur

noticia   Nachricht

novela   Roman

novio/a   (feste/r) Freund/in, Verlobte/r

nube, la   Wolke

nuestro/a   unser/e

nuestros/as   unsere

Nueva York   New York

nuevo/a   neu

nuez, la   Walnuss

número   Zahl, Nummer; Ausgabe

número extraordinario   Sonderausgabe

nunca   nie

O

o   oder

o sea   das heißt

Oaxaca   *Stadt in Mexiko*

obispo   Bischof

objetivo   Ziel

objeto   Ding, Gegenstand

objeto directo   direktes (Akkusativ-) Objekt
objeto indirecto   indirektes (Dativ-) Objekt
obligación, *la*   Verpflichtung
obra de teatro   Theaterstück
obrero/a   Arbeiter/in; Arbeiter...
obsequio   Geschenk, Mitbringsel
observación, *la*   Beobachtung, Bemerkung
observar   beobachten, beachten
observatorio astronómico   Sternwarte
(no) obstante   trotz, trotzdem
obtener   erhalten, bekommen
ocasión, *la*   Gelegenheit, Anlass
ocasional   gelegentlich
occidental   westlich
Océano Pacífico   Pazifik
ocio   Freizeit, Muße
ocupar   einnehmen
ocuparse (de)   sich kümmern (um)
oda   Ode, Lobgedicht
oeste, *el*   Westen
oferta (cultural)   (kulturelles) Angebot
oficina   Büro
oficina de correos   Postamt
oficina de turismo   Fremdenverkehrsbüro
ofrecer   (an)bieten
ofrecimiento   Angebot
oír   hören
ojo   Auge; Achtung!
olimpíada   Olympiade
olivo   Olivenbaum
olor, *el*   Geruch
olvidar   vergessen
olla   Kochtopf
ONU *(Organización de Naciones Unidas)*, *la*   UNO
opción, *la*   (Wahl-) Möglichkeit
opcional   freiwillig, nach Wahl
opinar   meinen, denken
opinión, *la*   Meinung, Ansicht
optativo/a   freiwillig
optimista   optimistisch
oración de relativo, *la*   Relativsatz
orden, *la*   Befehl, Anweisung
ordenado/a   ordentlich
ordenador, *el*   Computer
ordenar   ordnen
orfebrería   Goldschmiedekunst
organismo   Organismus, Körper
organización, *la*   Organisation
Organización Mundial de la Salud, *la*   Weltgesundheitsorganisation
organizado/a   ordentlich, gut organisiert
organizar(se)   (sich) organisieren
orgullo   Stolz
oriental   östlich, orientalisch
Oriente, *el*   Orient, Osten
origen, *el*   Ursprung, Herkunft
original   ursprünglich
orquesta   Orchester

orquídea   Orchidee
os   euch
ostra   Auster
otoño   Herbst
otra cosa   noch etwas
otra vez   nochmal
otro/a   ein/e andere/r, noch ein/e
otros   Sonstiges
otros/as   andere, weitere
Oviedo   *spanische Stadt in Asturien*

P

paciencia   Geduld
Pacífico   Pazifischer Ozean
pacifista   pazifistisch; Pazifist
padre, *el*   Vater
padres, *los*   Eltern
paella   Paella *(span. Reisgericht)*
pagar   bezahlen
página   Seite
pago   Zahlung
país, *el*   Land
país de cuento   Märchenland
país en desarrollo   Entwicklungsland
paisaje, *el*   Landschaft
pajarita   Fliege *(Kleidungsstück)*
palabra   Wort
Palacio Real   Königspalast *(in Madrid)*
Palau de música, *el*   Konzertgebäude in Barcelona
Palencia   *nordspanische Provinzhauptstadt*
pan, *el*   Brot
panel, *el*   Füllung, Futter
pantalones, *los*   Hose
pantalla   Tafel
pañuelo   (Taschen-) Tuch
Papa, *el*   Pabst
Papá Noel, *el*   Weihnachtsmann
papel, *el*   Papier; Rolle
papelería   Schreibwarengeschäft
paquete, *el*   Schachtel, Paket
un par de   einige
para   für; um zu
para ello   dafür
parado/a   arbeitslos; Arbeitslose/r
paradójico/a   paradox, widersprüchlich
paraguas, *el*   Regenschirm
paralelo/a   parallel
parar   anhalten
parecer   scheinen, erscheinen
parecerse   gleichen, ähneln
parecido   Ähnlichkeit
parecido/a   ähnlich, gleich
pareja   Paar; Partner/in
parking, *el*   Parkplatz
paro   Arbeitslosigkeit
parque, *el*   Park
parque nacional   Nationalpark
parquet, *el*   Parkett, Holzfußboden

parte, *la*   Teil; Seite
parte del cuerpo   Körperteil
participación, *la*   Teilnahme, Beteiligung, Mitwirkung
participar   teilnehmen, sich beteiligen
participativo/a   anteilnehmend, mitteilsam, engagiert
participio   Partizip, Mittelwort
particular   Privat...; Einzel...; eigenartig, besonders
partida   Partie
partido   Partei
Partido Comunista   Kommunistische Partei
partido de fútbol   Fußballspiel
pasa   Rosine
pasado   Vergangenheit
pasado/a   vergangen
pasado mañana   übermorgen
pasajero   Passagier, Reisender
pasar   reichen, weitergeben; verbringen; vorbeigehen; passieren, geschehen; hereinkommen
pasar por   gehen, fahren über/durch; durchqueren
pasarlo bien   sich amüsieren, zufrieden sein
pasear   spazieren gehen; spazieren führen (Hund)
paseo   Spazierfahrt, -gang; Promenade
Paseo de la Castellana   *Straße in Madrid mit breitem Fußgängerstreifen und zahlreichen Cafés*
pasillo   Flug, Gang
pasión, *la*   Leidenschaft
paso   Schritt
pasta   Nudeln
pastel, *el*   Kuchen
pastelería   Konditorei
patata   Kartoffel
patatas fritas, *las*   Kartoffelchips, Pommes frites
patinar   Schlittschuh laufen
patines, *los*   Schlittschuhe
patines en línea, *los*   Inline Skates
patrimonio   Erbe
Patrimonio Cultural de la Humanidad   Weltkulturerbe
paz, *la*   Frieden
pedante   pedantisch, schulmeisterlich
pediatra   Kinderarzt/-ärztin
pedido   Bestellung
pedir   (er)bitten, erfragen; bestellen
pegar(se)   festkleben
Pekín   Peking *(chines. Hauptstadt)*
pelado/a   geschält
pelar   schälen, pellen
pelo   Haar
pelota (de tenis)   (Tennis-) Ball
película   Film
película muscial   Musikfilm
peligroso/a   gefährlich

peluche, *el* Plüschtier
peluquería Frisör
pena Mühe
península Halbinsel
pensamiento Gedanke, Überlegung
pensar (en) denken (an), überlegen, nachdenken; meinen
Peñafiel *spanische Burg bei Valladolid*
peor schlechter
pequeño/a klein
percebe, *el* essbare Entenmuschel
perder verlieren
perder peso abnehmen
¿perdone? wie bitte?
peregrino Pilger
perezoso/a faul
perfeccionar vervollkommnen
perfectamente perfekt, genau
perfecto/a perfekt
perfil, *el* Profil
perfume, *el* Parfum
perfumería Parfümerie
periódico Zeitung
periodista Journalist/in
permanecer bleiben
permanente ausdauernd, ständig
permiso Erlaubnis
permiso de conducir Führerschein
permiso de construcción Baugenehmigung
permitir erlauben, gestatten
pero aber, jedoch
perro Hund
persona Person
personaje, *el* Person, Persönlichkeit
personal persönlich
personal, *el* Personal, Mitarbeiter
pertenecer gehören
pesca Fischfang
pescado Fisch, Fischgericht
pescador, *el* Fischer
pescar angeln
peseta Pesete
pesimista pessimistisch
peso Gewicht; Peso *(Währung)*
pesquero/a Fischer..., Fisch...
pez, *el* Fisch
pianista Pianist/in
piano Klavier
picado/a kleingehackt
picante scharf
picar picken
picar unas tapas Häppchen essen
(las tres y) pico kurz nach drei
pie, *el* Fuß
piel, *la* Haut, Fell, Pelz
pierna Bein
pila Batterie
pimienta Pfeffer
pimiento Paprika

piña Ananas
pinchazo Reifenpanne
piñón, *el* Pinienkern
pintar malen
pintor/a Maler/in
pintoresco/a malerisch
pintura Gemälde, Malerei
pipirrana *andalusischer Salat aus Tomaten und Gruken*
pirámide, *la* Pyramide
Pirineo aragonés *Teil der Pyrenäen, der in die autonome Region Aragón reicht*
Pirineos, los Pyrenäen
piscina Schwimmbad
piso Wohnung
pista Hinweis, Tipp
pista de tenis Tennisplatz
pisto manchego *Gemüseeintopf*
pizarra Tafel
pizza Pizza
plan, *el* Plan, Vorhaben
planchar bügeln
planeta, *el* Planet
plano (de la ciudad) (Stadt-) Plan
plano/a flach, eben
planta Etage
planta baja Erdgeschoss
plantilla Belegschaft
plástico Plastik
plátano Banane
plato Teller; Gericht, Essen
playa Strand
playa coralina Korallenriff
plaza Platz
Plaza de Mayo *Platz im Zentrum von Buenos Aires*
plural, *el* Mehrzahl
población, *la* Bevölkerung
población activa berufstätige Bevölkerung
pobre arm
poco etwas; wenig
poco/a wenig
poder können
poder judicial, *el* Gerichtsbarkeit
poema, *el* Gedicht
poesía Poesie, Gedichte
polenta Polenta, Maisbrei
policía Polizist/in; Polizei
polideportivo Sportzentrum
polígono industrial Industrie-, Gewerbegebiet
política Politik
políticas, las Politikwissenschaften
político/a Politiker/in; politisch
Polonia Polen
polución, *la* Umweltverschmutzung
pollo Hähnchen
pollo al chilindrón *Hähnchen mit einer Soße aus Fleischstücken, Tomaten und Pfeffer*

poner setzen, stellen, legen, machen, geben
poner (la tele) (das Fernsehen) einschalten
ponerse anziehen; werden; ans Telefon kommen
ponerse a anfangen zu
ponerse de acuerdo sich einig werden
ponerse en marcha sich in Bewegung setzen
ponerse nervioso nervös werden
popular bekannt, populär, volkstümlich
poquito kleines Bisschen
por durch, über, entlang; pro; wegen, zugunsten von; mal *(beim Multiplizieren)*
por allí dort entlang
por aquí hier in der Nähe; hier entlang
por cada lado auf jeder Seite
por ciento, *el* Prozent
por desgracia leider
por ejemplo zum Beispiel
por el otro (lado) auf der anderen (Seite)
por encima oberflächlich
por eso deshalb
por favor bitte
por la mañana morgens, vormittags
por la tarde nachmittags
por lo menos mindestens
por otra (parte) andererseits
por qué warum
por razones de wegen
por su cuenta selbst, allein; (*wörtl.: auf eigene Rechnung*)
por su parte seinerseits
por supuesto selbstverständlich
por tanto daher, folglich
por último schließlich
por un lado auf der einen Seite
por una parte auf der einen Seite
porque weil
porqué, *el* Warum
portal, *el* Tor
portátil tragbar
portavoz Sprecher/in
portugués/-esa portugiesisch
posada Herberge, Unterkunft
poseer besitzen
posibilidad, *la* Möglichkeit
posible möglich
posición, *la* Haltung, Position
positivo/a positiv
postal, *la* Ansichtskarte
postguerra Nachkriegszeit
postre, *el* Nachtisch
postura Haltung
práctica Durchführung; Übung
practicar ausüben, praktizieren; üben
precio Preis
precioso/a wunderschön
precisar benötigen
precursor, *el* Vorläufer, Vorgänger
preferencia Vorliebe

preferible vorzugsweise, bevorzugt
preferir vorziehen, bevorzugen
prefijo Vorwahl
pregunta Frage
preguntar fragen
prehistórico/a vorgeschichtlich, prähistorisch
premio Preis, Gewinn
Premio Nobel Nobelpreis
prenda de ropa Kleidungsstück
prensa Presse, Zeitung
preocupación, la (por) Sorge (um)
preocupado/a besorgt
preocupar Sorgen bereiten
preocuparse (por) sich kümmern (um); sich Sorgen machen
preparación, la Zubereitung
preparado/a vorbereitet, gemacht, fertig; geeignet; bereit, gut vorbereitet, ausgebildet
preparar vorbereiten; zubereiten
prepararse sich vorbereiten
presentación, la Vorstellung, Präsentation
presentar vorstellen, präsentieren
presentarse sich vorstellen
presente, el Präsens, Gegenwart
presidente, el Präsident
Presidente de Gobierno Regierungspräsident
prestar leihen
presupuesto Budget, Kostenvoranschlag
pretérito perfecto Perfekt, vollendete Gegenwart
previo/a vorhergehend, vorig
primo/a Cousin/e
primavera Frühling
primer/o/a erste/r
primero zuerst; Vorspeise, erster Gang
Principado de Andorra Fürstentum Andorra
principal Haupt...
prioridad, la Priorität
prisa Eile
privado/a privat
privilegiado/a bevorzugt
probar probieren
probarse anprobieren
problema, el Problem, Schwierigkeit
proceso Prozess, Vorgang
producirse entstehen, vorkommen; geschehen, vorfallen
producto Produkt
productora (Film-) Produktionsfirma
profesión, la Beruf
profesional beruflich, Berufs...; Berufstätige/r
profesor/a Lehrer/in, Kursleiter/in; Professor/in
profundo/a tief
progresar aufsteigen, Karriere machen
progresivamente nach und nach

progreso Fortschritt
promedio Durchschnitt
promotor comercial, el Verkaufsförderer
pronombre, el Fürwort
pronto früh, bald
pronunciación, la Aussprache
pronunciar aussprechen, betonen
propio/a eigen, eigene/r/s
propuesta Vorschlag
prostituta Prostituierte
protagonista, el/la Hauptfigur
protección, la Schutz
proteger(se) de (sich) schützen vor
proteína Eiweiß
provincia Provinz
provincial Provinz...
provocar hervorbringen
próximo/a nah, ähnlich
próximo/a/os/as nächste/r/s
proyecto Plan, Vorhaben, Projekt
psicólogo/a Psychologe/in
publicar veröffentlichen
publicidad, la Werbung
público Publikum, Zuschauer
público/a öffentlich
pueblecito kleines Dorf
pueblo Dorf
puente, el Brücke
puerta Tür
puerta blindada Sicherheitstür
puerta de acceso Eingangstür, Zugang
puerto Hafen
puerto olímpico Olympiahafen
pues nun
puesta en marcha Ingangsetzung
puesto Stelle, Arbeitsplatz, Posten
puesto de trabajo Arbeitsplatz
puesto/a eingeschaltet
pulga Floh
pulmón, el Lunge
pulpa Fruchtfleisch
pulpo Krake, Polyp
pulpo a la gallega *kaltes Gericht aus gekochten Krakenstrückchen in Öl, Salz und Paprika*
punto Punkt, Stelle
punto de vista Standpunkt

Q U

¿qué? was? welche/r/s?
que dass; als; der, die ,den, das; denn
¡qué! wie
¿Qué hora es? Wie spät ist es?
¿Qué le pongo? Was darf es sein?
¿Qué lleva? Was ist darin?
qué más da Was soll's?
qué remedio Was sonst?
¿Qué tal? Wie geht's? Wie ist ...?
qué va ach was

quemar(se) verbrennen (verbrannt werden), anbrennen
quedar bleiben; sich verabreden, sich treffen
quedar fuera ausscheiden
quedarse bleiben
querer wollen, mögen
querido/a liebe/r, geliebt
quesadilla *mit Käse gefüllter Maisfladen*
queso Käse
¿quién? wer?
quien wer (Relativpron.)
¿quiénes? wer? (Plural)
química Chemie
quiosco Kiosk
quizá vielleicht

R

racismo Rassismus
racista rassistisch
radio, la Radio, Rundfunk
radio (de acción), el (Aktions-) Radius
radiofónico/a Radio..., Rundfunk...
rally, el Rallye
ramo de flores Blumenstrauß
rápido/a schnell
raqueta (de tenis) (Tennis-) Schläger
raro/a eigenartig, seltsam; selten
rascacielo Wolkenkratzer
rato Moment, kurze Zeit
raza Rasse
razón, la Grund
razonable vernünftig
razonar begründen
real(mente) wirklich
Real Madrid *traditionsreicher Madrider Fußballclub*
realidad, la Wirklichkeit
realizar durchführen, realisieren
rebaja Preisnachlass, Ausverkauf
recado Nachricht
recepcionista Empfangsangestellte/r
receta Rezept
recibidor, el Diele, Vorzimmer
recibir erhalten, erfahren
reciente aktuell, neuerlich
recientemente kürzlich
Recinto Ferial Messegelände
recoger aufräumen; abholen
recomendable empfehlenswert
recomendación, la Empfehlung
recomendar empfehlen
reconocer (wieder-) erkennen
reconocimiento, el Anerkennung
recordar sich erinnern
recorrer durchlaufen, durchfahren
recreo Freizeit, Pause, Erholung
recto/a gerade, aufrecht
recuadro Kästchen

recuerdo   Erinnerung; Gruß
recurrir a   zurückgreifen auf
recurso   (Hilfs-) Mittel
recurso económico   Einnahmequelle
recursos humanos   Personal, Mitarbeiter, Arbeitskräfte
redactar   schreiben, redigieren
redondo/a   rund
reducir   verringern, vermindern
referencia (a)   Bezug (auf)
referendum, *el*   Referendum, Volks-befragung
referido a   bezogen auf
referirse (a)   sich beziehen (auf)
reflejar   widergeben
reformado/a   umgebaut
reforzado/a   verstärkt
refresco   Erfrischungsgetränk
regalar   schenken, verschenken
regalo   Geschenk
regar   gießen
reggae, *el*   Reggae *(karib. Musikrichtung)*
régimen, *el*   Regime
región, *la*   Gegend, Region
regional   regional
regla   Regel
regresar   zurückkommen
regular   regelmäßig; mittelmäßig, durch-schnittlich
rehabilitado/a   wiederhergestellt
Reina Sofía   *Kunstmuseum in Madrid*
relación, *la*   Beziehung; (Verkehrs-) Verbindung
relación familiar   Verwandtschafts-beziehung
relacionar   verbinden, zuordnen
relacionarse   miteinander in Beziehung treten
relativo a   in Bezug auf, bezogen auf
relato   Erzählung, Bericht
relieve, *el*   Relief
religión, *la*   Religion
religioso/a   religiös
reloj, *el*   Uhr
relucir   glänzen, leuchten
rellenar   ausfüllen
relleno/a   gefüllt
remitir   übersenden
remuneración, *la*   Bezahlung, Entlohnung
reno   Rentier
renovado/a   renoviert
repartir   aufteilen, verteilen
reparto   Verteilung
repasar   wiederholen, durchgehen; nochmals lesen
repetido/a   wiederholt
repetir   wiederholen
reportaje, *el*   Reportage, Bericht
representar   darstellen, aufführen, spielen; bedeuten

representativo/a   repräsentativ, typisch
reproducir   nachahmen, nachmachen
república   Republik
República Dominicana   Dominikanische Republik
repuesto   Ersatzteil
requerido/a   gesucht
requerir   verlangen
reserva   Reservierung
reservado/a   reserviert
reservar   reservieren
residencia   Wohnheim, (Alters-) Heim
residente en   wohnhaft in
residir en   liegen in, innewohnen
resistente   widerstandsfähig
respecto a   im Bezug auf
respirar   atmen
responder (a)   antworten (auf)
responsabilidad, *la*   Verantwortung
responsable   verantwortlich, verantwor-tungsbewusst
responsable   Verantwortliche/r
respuesta   Antwort
restaurado/a   restauriert
restaurante, *el*   Restaurant
resto   Rest
resultar   (das Ergebnis/die Folge) sein
resultado   Ergebnis
resumen, *el*   Zusammenfassung
retirada   Rückzug
retirar   wegnehmen, zurückziehen
retraso   Verspätung
retrato   Porträt
retribución, *la*   Vergütung, Entgelt
reunión, *la*   Zusammenkunft, Treffen
reunión de trabajo   Arbeitsbesprechung
reunir   zusammenführen, vereinen
reunirse   sich zusammensetzen
relevar (fotos)   entwickeln lassen
revista   Zeitschrift
Revolución de los Claveles, *la*   Nelken-revolution
rey, *el*   König
Reyes Católicos   die katholischen Könige *(Fernando und Isabel, durch deren Heirat die Königreiche Kastilien und Aragón vereinigt wurden)*
Reyes Magos   Heilige drei Könige
rico/a   reich; lecker
riesgo   Risiko
rígido/a   streng, steif, fest
río   Fluss
ritmo   Rhythmus
rodaja   Scheibe *(Wurst o.ä.)*
rodeado de   umgeben von
rodear   umgeben
rodilla   Knie
rojo/a   rot
Roma   Rom
románico/a   romanisch

romper   unterbrechen; kaputt machen
Roncesvalles   *Stadt in Nordostspanien, in der 788 das Heer von Karl dem Großen geschlagen wurde*
ropa   Kleidung
rosa   rosa; Rose
ruido   Lärm
ruidoso/a   laut
rumbo   Ziel, Wegrichtung
ruso   Russisch
ruso/a   russisch; Russe/Russin
ruta   Fahrtroute
Ruta del Duero   *Reiseweg entlang des Duero*
rutina   Routine
rutinario/a   gewohnheitsmäßig, routinemäßig

S

S.A. *(Sociedad Anónima)*, *la*   Aktiengesell-schaft
sábado   Samstag
saber   wissen, können, kennen
sacar   erschließen; (heraus-) nehmen, herausholen; wegnehmen; abholen
sacerdotal   priesterlich, Priester...
sacerdote, *el*   Priester
sacrificio   Opfer
Sagrada Familia   *unvollendete Kathedrale von Gaudí in Barcelona*
Sahagún   *mittelalterliche Stadt in Nord-spanien*
sal, *la*   Salz
sala   Saal
sala de juegos   Spielraum; Spielhölle
salar   salzen
salarial   Gehalts...
salario   Lohn
salida   Abflug; Ausgang
salir   vorkommen; abreisen, abfahren, losgehen; hinausgehen, herauskommen; ausgehen
salir de casa   aus dem Haus gehen
salir de juerga   ausgehen, feiern, einen draufmachen
salir en la televisión   in Fernsehen auf-treten
salón, *el*   Wohnzimmer
salsa, *la*   Soße; Salsa *(karibischer Tanz)*
saltar   springen
salud, *la*   Gesundheit
saludar   begrüßen, grüßen
saludo   Begrüßung
San Fermines   *Volksfest in Pamplona, bei dem Stiere durch die Straßen getrieben werden*
San Sebastián   *nordspanische Küstenstadt*
sándwich, *el*   belegtes Brot
sanidad, *la*   Gesundheit(swesen)

Vocabulario

sano/a   gesund
Santiago   heiliger Jacob
sardina   Sardine
sartén, la   Pfanne
sauna   Sauna
saxofón, el   Saxofon
se   sich
SEAT   spanische Autofabrik
sección, la   Rubrik
secador de pelo, el   Haartrockner, Fön
secar   trocknen
seco/a   trocken, getrocknet
secretario general   Generalsekretär
secretario/a   Sekretär/in
secreto   Geheimnis
sector, el   Sektor, Branche, Bereich
secuencia   (Lektions-) Folge, Abfolge
sed, la   Durst
seda   Seide
sede, la   Sitz, Firmensitz
sede de Gobierno   Regierungssitz
seguidor, el   Anhänger
seguir   weitergehen, fortfahren; folgen
seguir una orden   eine Anweisung
   befolgen
según   gemäß, je nach, entsprechend
segundo (plato)   Hauptgericht
segundo/a   der/die zweite
seguramente   bestimmt
seguridad, la   Sicherheit
seguridad social   Sozialversicherung
seguro   bestimmt, sicher
seguro/a   sicher
selección, la   Auswahl
seleccionar   auswählen
selva   Urwald
sello   Briefmarke
semáforo   Ampel
semana   Woche
Semana Santa   Osterwoche
semanal   wöchentlich
semejante   ähnlich
semi-tropical   subtropisch
semtimiento   Gefühl
sensibilidad, la   Einfühlungsvermögen,
   Sensibilität
sentar mal a alg.   jmd. schlecht bekommen
sentarse   sich (hin)setzen
sentido (de humor)   Sinn (für Humor)
sentir   bedauern; empfinden
sentirse   sich fühlen
señal de alarma, la   Alarmzeichen
señalar   angeben, (an)zeigen, auf etw.
   hinweisen
señora   Frau, Dame
separado/a   getrennt (lebend)
septiembre   September
ser   sein
ser capaz (de)   fähig sein,
   im Stande sein (zu)

ser de   stammen aus
serial, el   Sendereihe, (Fernseh-/Radio-)
   Serie
serie, la   Reihe, Abfolge
seriedad, la   Ernsthaftigkeit
serio/a   ernst, ernsthaft, serös
servicio   Dienstleistung
al servicio de   im Dienste von
servicio de traducciones   Übersetzungs-
   dienst
servicio militar   Wehrdienst
servicio militar cumplido   Wehrdienst
   abgeleistet
servicio sanitario   Gesundheitsdienst
servilleta   Serviette
servir   dienen (zu)
sesión, la   Sitzung, Vorstellung
sevillana   Flamenco-Musik bzw. zugehöriger
   Tanz aus Sevilla
sexo   Geschlecht
sí   ja
si   ob
sí mismo/a   sich selbst
siempre   immer
sierra   Gebirge
siglo   Jahrhundert
significado   Bedeutung, Sinn
significar   bedeuten
significativo/a   bedeutend
signo   Zeichen, Symbol
siguiente   folgende/r/s
sílaba   Silbe
silencio   Schweigen, Ruhe
silla   Stuhl
sillón, el   Sessel
Silos   Kloster in Kastilien
similar   ähnlich, vergleichbar
simpático/a   sympathisch
simple   einfach
simplemente   nur einfach
simular   so tun als ob
sin   ohne
sin embargo   jedoch, hingegen
sin lugar a dudas   zweifellos
sindical   gewerkschaftlich
singular, el   Einzahl
síntoma, el   Anzeichen, Symptom
(ni) siquiera   nicht einmal
sirena   Sirene
sistema aritmético, el   Rechensystem
sitio   Ort
situación, la   Situation, Gelegenheit
situación estratégica   günstige Lage
situado/a   gelegen
situar   situieren, platzieren, einordnen
slogan, el   Slogan, Werbespruch
sobrar   übrig bleiben, zuviel haben
sobre   über
sobre, el   Briefumschlag
sobre todo   vor allem

sobrina   Nichte
sociable   gesellig, umgänglich
social   gesellschaftlich
sociedad, la   Gesellschaft
sociólogo/a   Soziologe/in
sofá, el   Sofa
sofisticado/a   ausgeklügelt
sol, el   Sonne
solar, el   Grundstück
solarium, el   Sonnenbank
soleado/a   sonnig
soler + Inf.   etw. zu tun pflegen, gewöhnlich tun
solicitar   sich bewerben um; suchen,
   erbitten
solicitud, la   Bewerbung
solidaridad, la   Solidarität
solidario/a   solidarisch
sólo   nur
solo/a   allein
soltero/a   ledig
solución, la   Lösung
solucionar   lösen
sonar   klingen
sonido   Klang, Laut
sopa (del día)   (Tages-) Suppe
sorprendente   überraschend
sorprendido/a   überrascht
sorpresa   Überraschung
sorteo   Verlosung
soso/a   fad
sótano   Untergeschoss
su   sein/e, ihr/e
subir   hinaufgehen; hinaufbefördern
submarino   U-Boot
subrayar   unterstreichen
suceder   passieren
sucesivamente   nach und nach
sudamericano/a   südamerikanisch
Suecia   Schweden
sueco/a   schwedisch; Schwede/in
suegra   Schwiegermutter
sueldo   Gehalt
suele haber   es gibt gewöhnlich
suelo   Boden, Fußboden
sueño   Schlaf; Traum
suerte, la   Glück, Schicksal
suficiente   genug, genügend
sufrir   leiden unter
sugerir   suggerieren, vorschlagen,
   hervorrufen
suizo/a   Schweizer/in; schweizer...
sujetar   befestigen
superficie, la   Oberfläche
superficie comercial   Verkaufsfläche
superior   höher; hervorragend
superioridad, la   Überlegenheit
supermercado   Supermarkt
suplemento   Beilage
supletorio/a   zusätzlich

suponer   bedeuten, voraussetzen
sur, *el*   Süden
sureste, *el*   Südosten
sus   seine, ihre
sustantivo   Substantiv, Hauptwort

T

tabacalero/a   Tabak...
tabaco   Tabak(waren), Zigarretten
taberna   Kneipe
tablón, *el*   Anschlagbrett, Pinnwand
tacón, *el*   Absatz
tachar   durchstreichen
Taipeh   *chinesische Metropole, ehem. Hauptstadt von Formosa*
tal vez   vielleicht
talla   Größe
tamaño   Größe, Umfang
también   auch
tampoco   auch nicht
tan   so, ebenso
tan (+ *Adj.*) como   so ... wie
tango   Tango
tanto/a/os/as   (eben) so viel/e
tapa   Appetithäppchen
tardar   (Zeit) benötigen, dauern
tarde, *la*   Nachmittag, Abend
tarea   Aufgabe
tarea doméstica   Hausarbeit
tarjeta (de crédito)   (Kredit-) Karte
tarta   Torte, Kuchen
taxista   Taxifahrer/in
taza   Tasse
te   dir, dich
teatro   Theater(stücke)
teatro de la Zarzuela   Operettentheater
técnico/a   technisch
Tejero   *Anführer des Staatsstreichs 1981 im span. Parlament*
telecomunicaciones, *las*   Fernmeldetechnik, Telekommunikation
teledirigido/a   ferngesteuert
teléfono   Telefon(nummer)
teléfono móvil   Mobiltelefon, Handy
tele(visión), *la*   Fernsehen, Fernseher
televisor, *el*   Fernsehapparat
tema, *el*   Thema
temperatura   Temperatur
temperatura media   Durschnittstemperatur
templado/a   gemäßigt
temporada   Zeit(lang), Zeitraum, Saison
temprano   früh
tener   haben, besitzen
tener ... años   ... Jahre alt sein
tener ganas (de)   Lust haben (zu)
tener que   müssen
tener que ver con   zu tun haben mit
tener razón   Recht haben
Tenerife   Teneriffa

tercer/o/a   dritte/r/s
terminado/a   beendet
terminar   fertig werden, enden, beenden
ternera   Kalb
terrazza   Terasse
terrazo   Terrazzo *(mosaikartiger Fußboden-belag)*
terremoto   Erdbeben
terreno   Grundstück, Landstück
tertulia   Gesprächsrunde, Stammtisch
tesis doctoral, *la*   Doktorarbeit
test psicotécnico, *el*   psychologische Eignungsprüfung
texto   Text
ti   dich, dir
tía   Tante
ticket de la compra, *el*   Kassenzettel
tiempo   Zeit
tiempo libre   Freizeit
tienda   Geschäft
tienda de campaña   Zelt
tienda de deportes   Sportartikelgeschäft
Tierra de Fuego   Feuerland
timbre, *el*   Klingel
tímido/a   schüchtern
tinta   Farbe
tintorería   Reinigung
tío   Onkel
típicamente   typisch
típico/a   typisch
tipo   Art, Typ
tirar   ziehen; werfen
titulado/a   Hochschulabsolvent
titulación (universitaria), *la*   (Hochschul-) Diplom
titular, *el*   Zeitungsüberschrift, Headline
título   Diplom, Titel
tocar   (ein Instrument) spielen; berühren
tocarle a alguien   gewinnen
tocarse   berühren
todas las semanas   jede Woche
todavía   (immer) noch
todo   alles
todo recto   geradeaus
todo/a/os/as   alle
todos los días   jeden Tag
Todos los Santos   Allerheiligen
Toledo   *traditionsreiche Stadt in Zentralspanien*
tomar   nehmen; zu sich nehmen
tomar algo   etwas trinken gehen
tomar el sol   sich sonnen
tomar nota(s)   notieren, Notizen machen
tomate, *el*   Tomate
tono de los músculos   Muskeltonus
tono de voz   Tonfall
tontería   Dummheit
tópico   Klischee
toro   Stier
tortilla   Kartoffelomelett
tortilla sacromonte   *Eierspeise aus Granada*

totalmente   komplett, total
Tour de Francia, *el*   Tour de France
toxicómano   Süchtiger
trabajador/a   fleißig
trabajar   arbeiten
trabajo   Arbeit
trabajo en equipo   Teamarbeit
tradición, *la*   Tradition
traducción, *la*   Übersetzung
traductor/a   Übersetzer/in
traer   mitbringen; bringen
tráfico   Verkehr
traje, *el*   Anzug
tranquilidad, *la*   Ruhe
tranquilo/a   ruhig
transbordador, *el*   Fähre, Transporter
transcurrir   verlaufen, vergehen
transferencia bancaria   Überweisung
transmitir   übertragen
transporte, *el*   Transport(mittel)
transportes (públicos)   (öffentliche) Verkehrsmittel
tras   durch ... hindurch
trasladarse   umziehen, umsiedeln
trastero   Abstellkammer
tratado   Vertrag
tratamiento   Anrede
tratar   versuchen; behandeln
tratar de tú/usted   duzen/siezen
tratar con   zu tun haben mit
trato con la gente   Umgang mit Menschen
travesti, *el*   Transvestit
travieso/a   unartig
tren, *el*   Zug
trineo   Schlitten
trofeo   Preis, Prämie
tropical   tropisch
trozo   Stück
truco   Trick, Kniff
trucha   Forelle
tu   dein/e
tú   du
tubo (de aspirinas)   Röhrchen (Aspirin)
tumba   Grab
turista   Tourist/in
turístico/a   touristisch
turno   Runde
tus   deine
tutear(se)   (sich) duzen
tuyo/a/os/as   deins, deine

U

U.E. *Unión Europea*   Europäische Union
u (*vor o/ho*)   oder
ubicado/a   gelegen
últimamente   seit kurzem, in letzter Zeit
último/a   letzte/r
un poco de   etwas

187

Vocabulario

un poco más de   noch etwas
un/a   ein/e
unidad, la   Einheit, Lektionsfolge
unido/a (a)   verbunden (mit)
Unión Soviética, la   Sowjetunion
unir   verbinden
unirse (a)   sich anschließen, Mitglied
 werden
universidad, la   Universität
universitario/a   Universitäts...
unos/as   einige; *vor Zahlen:* ungefähr
urbanismo   Städtebau
urbanización, la   Wohnsiedlung
urbe, la   Großstadt, Metropole
de urgencias   dringend
urgente   dringend, eilig
urgentemente   dringend
usar   verwenden, benutzen, gebrauchen
usted   Sie *(Sg.)*
ustedes   Sie *(Pl.)*
uso   Gebrauch
usuario   Benutzer
útil   nützlich
utilizar   verwenden, benutzen
uva   Traube

vaca   Kuh
vacaciones, las   Urlaub, Ferien
vacilación, la   Zögern, Schwanken
vale   in Ordnung
valer   gültig sein, gelten; kosten; wert sein
valorar   bewerten, schätzen
válvula de escape   Ventil
vamos a + *Inf.*   wir werden, wir wollen
vaqueros, los   Jeans
variable   flexibel, variabel
variado/a   vielfältig, abwechslungsreich
varios/as   mehrere
varón   männlichen Geschlechts
vaso   Glas
Vaticano   Vatikan
vecino/a   Nachbar/in
vegetal   pflanzlich
vegetar   vor sich hin leben, dahindämmern
vegetariano/a   Vegetarier/in
vehículo   Fahrzeug
vejez, la   Alter
vela   Kerze
velcro   Klettverschluss

velocidad, la   Geschwindigkeit
vendedor/a   Verkäufer/in
vender   verkaufen
venga   los, komm!
venilo   Venyl
venir   kommen
venta   Verkauf
ventaja   Vorteil
ventajoso/a   vorteilhaft
ventana   Fenster
ver   sehen, ansehen
veranear   Urlaub machen
verano   Sommer
verbal   wörtlich
verbo   Verb, Tätigkeitswort
verbo reflexivo   rückbezügliches Verb
verdad, la   Wahrheit
verde   grün
verdura   Gemüse
vestíbulo   (Haus-) Flur, Empfangshalle
vestido   Kleid
vestirse   sich anziehen
veterinario   Tierarzt
vez, la   Mal
viajar   reisen
viaje, el   Reise
viaje de negocios   Geschäftsreise
viaje organizado   Gruppenreise
viajero/a   reiselustig
vida   Leben
vídeo-portero   video-überwachter Eingang
Viena   Wien
viernes, el   Freitag
villa   (historische) Kleinstadt
Villafranca del Bierzo   *Stadt in der Provinz*
 León mit histor. Altstadt
vino rosado   Roséwein
vino tinto   Rotwein
viñeta   kleine Zeichnung, Vignette
violencia   Gewalt
violento/a   heftig
violín, el   Geige
virgen   unberührt, jungfräulich
Virgen de Agosto, la   Maria Himmelfahrt
víscera   Eingeweide, Weichteile
visita   Besichtigung, Besuch
visita guiada   Führung
visitar   besichtigen, besuchen
visitante   Besucher/in
visitador médico, el   Pharmareferent
vista   Blick, Sicht, Aussicht; Sehvermögen

viudo/a   Witwe/r
vivienda   Wohnung
viviente   lebendig
vivir   wohnen, leben
vivo/a   lebendig, lebhaft
en vivo   live, Direktübertragung
vocabulario   Wortschatz, Vokabular
vocal, la   Vokal, Selbstlaut
voluntad, la   Wunsch, Wille
voluntario/a   Freiwillige/r; freiwillig
volver   zurückkehren, zurückkehren
volver a + *Inf.*   etwas wieder tun
vosotros/as   ihr, euch
votar   abstimmen, wählen
voz, la   Stimme
vuelo   Flug
vuelta   Rückkehr, Rückfahrt; Rundreise
vuestro/a/os/as   euer, eure

X

xenofobia   Fremdenfeindlichkeit
xenófobo/a   fremdenfeindlich

Y

y   und
ya   schon
ya que   da ja; da, weil
yen, el   Yen *(japan. Währungseinheit)*
yo   ich
yoga, el   Yoga
yogur, el   Jogurt
yonki   Drogensüchtige/r
Yucatán   *Halbinsel im Südosten Mexikos*

Z

zanahoria   Karotte, Möhre
zapato   Schuh
zapoteco/a   *Ureinwohner Mexikos*
Zaragoza   Saragossa *(Stadt in Nordost-*
 spanien)
zarzuela   *Operette; auch: Gericht aus ver-*
 schiedenen Fischsorten und Meeresfrüchten
 mit Tomatensoße
zona peatonal   Fußgängerzone
zona residencial   Wohngebiet, Wohn-
 viertel
zona verde   Grünanlage
zumo   Saft